Domsch

Systemgestützte Personalarbeit

Bochumer Beiträge
zur Unternehmungsführung und
Unternehmensforschung

Herausgegeben von

Prof. Dr. Hans Besters
Prof. Dr. Walther Busse von Colbe
Prof. Dr. Werner Engelhardt
Prof. Dr. Arno Jaeger
Prof. Dr. Gert Laßmann
Prof. Dr. Marcus Lutter
Prof. Dr. Rolf Wartmann

Band 23

Institut für Unternehmungsführung
und Unternehmensforschung
der Ruhr-Universität Bochum

Dr. Michel Domsch

o. Prof. der Betriebswirtschaftslehre
an der Hochschule der Bundeswehr Hamburg

Systemgestützte Personalarbeit

CIP-Kurztitelaufnahme der Deutschen Bibliothek

Domsch, Michel:
Systemgestützte Personalarbeit / Michel Domsch. —
Wiesbaden: Gabler, 1980.
(Bochumer Beiträge zur Unternehmungsführung
und Unternehmensforschung; Bd. 23)

ISBN 3-409-38631-9

© 1980 Betriebswirtschaftlicher Verlag Dr. Th. Gabler GmbH, Wiesbaden
Umschlagsgestaltung: H. Koblitz, Wiesbaden
Druck und Buchbinderei: IVD Industrie- und Verlagsdruck GmbH, Walluf bei Wiesbaden
Alle Rechte vorbehalten. Auch die fotomechanische Vervielfältigung des Werkes (Fotokopie, Mikrokopie) oder von Teilen daraus bedarf der vorherigen Zustimmung des Verlages.
Printed in Germany

ISBN 3 409 38631 9

Vorwort

Erfahrungen in vielen Wirtschaftsunternehmen und in Öffentlichen Verwaltungen zeigen, daß Personal- und Arbeitsplatzinformationssysteme zunehmend zum Standard-Instrumentarium einer erfolgreichen Personalführung und Personalverwaltung gehören. Allerdings sind die Erfahrungen, die bisher mit diesem Instrument in der Praxis gemacht wurden, sehr unterschiedlich. Illusion und Wirklichkeit über die Einsatzbreite sind realistisch gegenüberzustellen. Dies gilt auch gegenüber der immer wieder erhobenen Forderung, Personal- und Arbeitsplatzinformationssysteme auch für die Personalplanung einzusetzen. Zur Diskussion über systemgestützte Personalarbeit soll hiermit ein Beitrag geliefert werden.

Die Ausführungen basieren insbesondere auf vier verschiedenen Quellen:

— Der Verfasser erhielt aufgrund seiner Habilitationsschrift „Personaleinsatzplanung mit Hilfe eines Personal-Informationssystems" 1974 die Lehrbefugnis für das Fach Betriebswirtschaftslehre durch die Fakultät der Abteilung für Wirtschaftswissenschaften der Ruhr-Universität Bochum zugesprochen. Diese Arbeit wurde von Herrn Professor Dr. Walther Busse von Colbe während der gesamten Laufzeit betreut und gefördert. Der Verfasser möchte auch an dieser Stelle seinem akademischen Lehrer sehr herzlich danken, der durch seine Beratung und Anregungen am erfolgreichen Abschluß des Projektes beteiligt war. Teile der Habilitationsschrift werden aktualisiert in die vorliegende Veröffentlichung übernommen.

— In der Zeit von 1970 bis 1978 hat der Verfasser durch seine Beschäftigung bei der Karoli-Wirtschaftsprüfungs GmbH, Essen und ab 1972 bei der SCS Scientific Control Systems GmbH, Hamburg (Konzerngesellschaft der The British Petroleum Company Ltd. (BP) London) zahlreiche Projekte zum Aufbau und Betrieb von Personal-Informationssystemen betreut und als Bereichsleiter die Einführung bei verschiedenen Wirtschaftsunternehmen verantwortet. Die dabei gewonnenen Erfahrungen sind in die vorliegende Arbeit eingeflossen.

— In den letzten Jahren wurde die Problematik aus unterschiedlichen Blickwinkeln in Führungskräfteseminaren, insbesondere im Universitätsseminar der Wirtschaft (USW, Köln und Schloß Gracht/Erftstadt) und im Betriebswirtschaftlichen Institut für Organisation und Automation an der Universität zu Köln (BIFOA, Köln), mit über 500 Teilnehmern diskutiert. Dabei hat der Verfasser eine Fülle von Anregungen bekommen, aber auch eine Reihe von Ernüchterungen erlebt. Beide haben wesentlich zu der realistischen Einschätzung von Grenzen und Möglichkeiten des Einsatzes von Personal- und Arbeitsplatzinformationssystemen beigetragen. Seinen Gesprächspartnern möchte der Verfasser hiermit noch einmal für die zahlreichen Anregungen danken.

— Vom Verfasser wurden wiederholt empirische Untersuchungen zur Themenstellung durchgeführt. Sie bezogen sich einerseits auf umfangreiche Literaturanalysen im deutsch- und englischsprachigen Bereich sowie andererseits auf Erhebungen bei Anwendern in Wirtschaftsunternehmen. Die Ergebnisse werden in dieser Arbeit ebenfalls berücksichtigt. – Darüber hinaus wurden in einer Reihe von Veröffentlichungen vom Verfasser Einzelaspekte bereits diskutiert. Sie sind hier unter übergreifenden Gesichtspunkten zusammengefaßt und einer weiterführenden Diskussion zugeführt worden.

Herrn Dipl.-Kfm. Eduard Jochum danke ich für die kritische Durchsicht der Arbeit. Ein besonderer Dank gilt Frau Christa Zimmer, die mit Energie und Geduld das Verlagsmanuskript erstellt hat, sowie Herrn Gerd Krümmel für die Produktion der Abbildungen. Dem Direktorium des Instituts für Unternehmungsführung und Unternehmensforschung der Ruhr-Universität Bochum und dem Betriebswirtschaftlichen Verlag Dr. Th. Gabler dankt der Verfasser für die Aufnahme der Arbeit in die Schriftenreihe des Instituts.

MICHEL DOMSCH

Inhaltsverzeichnis

Vorwort 5
Verzeichnis der Abbildungen 10
Einführung 13

Teil A
Aufbau und Betrieb eines Personal- und Arbeitsplatzinformationssystems 15

I. Charakterisierung von Personal- und Arbeitsplatzinformationssystemen 15
   1. Begriff und Standort der Systeme 15
   2. Einsatzbereich der Systeme 19
   3. Struktur und Inhalt eines Systems 24
      a. Personal- und Arbeitsplatzdatenbank 24
      b. Methoden- und Modellbank 29
      c. EDV-Anlagenkonfiguration 30
   4. Verschiedene Typen und Entwicklungsstand 32
   5. Stufenweiser Aufbau und Eingliederung des Systems 36
      a. Hauptaktivitäten beim Aufbau und Betrieb 36
      b. Konzipierung und Realisierung 39
      c. Integration in den Informationsprozeß 41

II. Besondere Probleme beim Einsatz von Personal- und Arbeitsplatzinformationssystemen 46
   1. Zur Beachtung von rechtlichen Rahmenbedingungen 46
      a. Ziel und Geltungsbereich des Bundesdatenschutzgesetzes 47
      b. Individuelle Rechtsvorschriften gemäß Betriebsverfassungsgesetz und Bundesdatenschutzgesetz 49
         α. Behandlung der Betriebsangehörigen gem. §§ 75, 81, 82 BetrVG und § 3 BDSG 49
         β. Parallele Berücksichtigung des § 83 BetrVG und §§ 26, 27 BDSG 50
      c. Kollektive Schutzvorschriften des Betriebsverfassungsgesetzes 54
         α. Überwachung der Einhaltung von Arbeitnehmerschutzgesetzen gem. § 80 BetrVG 55
         β. Mitwirkung des Betriebsrates bei der Einführung des Informationssystems gem. §§ 87, 90 BetrVG 56
         γ. Mitwirkung des Betriebsrates bei der Personalplanung und Berufsausbildung gem. § 92 BetrVG 56

δ. Mitwirkung des Betriebsrates bei der Erstellung von Personalfragebögen, Beurteilungsgrundsätzen und Auswahlrichtlinien gem. §§ 94, 95 BetrVG sowie bei personellen Einzelmaßnahmen gem. § 99 BetrVG 57
2. Zum Einfluß der Partizipation 59
   a. Begriff und Dimensionen der Partizipation 60
   b. Forderungen der Gewerkschaften nach erhöhter Partizipation 63
   c. Mögliche Auswirkungen verschiedener Partizipation 65
      α. Pilotstudie zur Partizipation 65
      β. Differenzierung der Auswirkungen nach verschiedenen Partizipations-Strategien 67
   d. Bestimmung „optimaler" Partizipationsbereiche 72
3. Zur Kosten-Nutzen-Problematik 78
   a. Begriff und Entwicklungsstand von Kosten-Nutzen-Analysen 78
   b. Ergebnisse aus einer Untersuchung zu Kosten-Nutzen-Analysen 79
   c. Kosten-Nutzen-Analyse für ein Personal- und Arbeitsplatzinformationssystem 84
      α. Phase A: Charakterisierung relevanter Personal- und Arbeitsplatzinformationssystem-Alternativen 84
      β. Phase B: Kosten-Analyse 87
      γ. Phase C: Nutzen-Analyse 93
      δ. Phase D: Auswahl der zu realisierenden Personal- und Arbeitsplatzinformationssystem-Alternative 96

Teil B
Systemgestützte Personalplanung — am Beispiel der Personaleinsatzplanung 99

I. Personalplanung mit Hilfe eines Personal- und Arbeitsplatzinformationssystems 99
   1. Begriff und Standort der systemgestützten Personalplanung 99
   2. Entwicklungsstand der systemgestützten Personalplanung 100
      a. Bestandsaufnahme auf der Basis einer Literaturanalyse 101
      b. Bestandsaufnahme auf der Basis empirischer Erhebungen bei Anwendern 105
      c. Zwischenbilanz und Aspekte zukünftiger Entwicklungen 107
   3. Entwicklung eines Gesamtsystems zur Personalplanung 110

II. Grundlagen der Personaleinsatzplanung 117
   1. Begriff und Voraussetzungen der Personaleinsatzplanung 117
   2. Ursachen für eine Personaleinsatzplanung 120
      a. Änderung der Betriebsgröße und der Tätigkeitsbereiche 120
      b. Arbeitsplatzwechsel und Abwesenheit der Arbeitnehmer 122
      c. Personalentwicklungsmaßnahmen 124

	3. Ziele betrieblicher Personaleinsatzplanung	125
	a. Struktur des Zielsystems	125
	b. Zielinhalte	126
III.	Struktur und Inhalt eines Personal- und Arbeitsplatzinformationssystems für die Personaleinsatzplanung	131
	1. Aufbau einer Arbeitsplatzdatenbank	131
	a. Katalog von Anforderungsmerkmalen	131
	b. Flexible Anforderungsprofile	136
	c. Speicherung der Anforderungsprofile	139
	2. Aufbau einer Personaldatenbank	140
	a. Formaler Aufbau und Speicherung	141
	b. Ermittlung der Eignungsprofile	142
	α. Benutzung von Beurteilungsbögen	143
	β. Psychologische Testverfahren	145
	γ. Beeinflussung der Eignungswerte	150
	c. Zur Verdichtung der Eignungsscores	151
	3. Aufbau einer Methoden- und Modellbank	155
	a. Der „traditionelle" Modellansatz und seine Annahmen	155
	b. Der Einfluß von Niveauänderungen	157
	c. Die Berücksichtigung mehrerer Zielsetzungen	160
	α. Gleichrangige Ziele	162
	β. Zielhierarchie	165
	4. Fallbeispiel: Stillegung und Neuinvestition bei der BADER AG	167
	a. Problemstellung und Zielsetzung	167
	b. Zum Aufbau eines Personal- und Arbeitsplatzinformationssystems	168
	α. Arbeitsplatz- und Personaldatenbank	168
	β. Methoden- und Modellbank	171

Schlußbetrachtung 175

Literaturverzeichnis 177

Stichwortverzeichnis 199

Verzeichnis der Abbildungen

Abbildung 1: Das Personal- und Arbeitsplatzinformationssystem als Teil des Gesamtsystems
Abbildung 2: Vom Personal- und Arbeitsplatzinformationssystem erfaßte Mitarbeiter und Arbeitsplätze
Abbildung 3: Aufgaben im Personalbereich, für deren Wahrnehmung ein Personal- und Arbeitsplatzinformationssystem eingesetzt werden kann
Abbildung 4: Nutzer von Personal- und Arbeitsplatzinformationssystemen
Abbildung 5: Struktur eines Personal- und Arbeitsplatzinformationssystems
Abbildung 6: Merkmalskatalog für die Personaldatenbank (Beispiel)
Abbildung 7: Merkmalskatalog für die Arbeitsplatzdatenbank (Beispiel)
Abbildung 8: Beispiel für eine Hardware-Konfiguration mit verschiedenen Ein- und Ausgabemöglichkeiten
Abbildung 9: Verschiedene Typen von Personal- und Arbeitsplatzinformationssystemen
Abbildung 10: Die Bedeutung der EDV im Personalbereich
Abbildung 11: Aktivitäten im Rahmen der Konzeptionsphase, Realisierungs- und Betriebsphase
Abbildung 12: Stufenweiser Aufbau eines Personal- und Arbeitsplatzinformationssystems
Abbildung 13: Personaleinsatzplanung mit Hilfe eines Personal- und Arbeitsplatzinformationssystems
Abbildung 14: Ergebnis einer Gegenüberstellung (Matching) von Personal- und Arbeitsplatzdatenbank im Rahmen der Personaleinsatzplanung
Abbildung 15: Personalführung und Personalverwaltung mit Hilfe eines Personal- und Arbeitsplatzinformationssystems
Abbildung 16: Auswirkungen der Partizipation
Abbildung 17: Partizipations-Kontinuum
Abbildung 18: Beurteilungs-Matrix
Abbildung 19: Erhebungsbogen (Auszug)
Abbildung 20: Beurteilungen (Beispiele)
Abbildung 21: Mögliche Auswirkungen verschiedener Partizipationsgrade
Abbildung 22: Möglicher Einfluß verschiedener Partizipationsgrade auf Widerstand
Abbildung 23: Auswirkung verschiedener Partizipationsgrade auf Kosten und Nutzen (abstrahiertes Beispiel)
Abbildung 24: Ermittlung des „optimalen" Partizipationsgrades
Abbildung 25: Ableitung des zu realisierenden Partizipationsgrades
Abbildung 26: Alternative Partizipationsprofile
Abbildung 27: Übersicht über die untersuchten System-Investitionen
Abbildung 28: Ergebnisse der Untersuchung
Abbildung 29: Ergebnisse aus dem Soll-Ist-Vergleich ($\Delta \rightarrow$ Abweichungen)
Abbildung 30: Stufenweiser Ablauf einer Kosten-Nutzen-Analyse für Personal- und Arbeitsplatzinformationssysteme (PAS)

Abbildung 31:	Relevante Kostenarten beim Aufbau und Betrieb eines Personal- und Arbeitsplatzinformationssystems
Abbildung 32:	Formular für die Erfassung der Kosten der Aufbauphase für eine System-Alternative (PAS)
Abbildung 33:	Personalaufwand in Mannmonaten für den Aufbau eines EDV-gestützten Personal- und Arbeitsplatzinformationssystems (Beispiel)
Abbildung 34:	Aufbaukosten (auf der Basis von Einzelerhebungen)
Abbildung 35:	Kosten der Systempflege (auf der Basis von Einzelerhebungen)
Abbildung 36:	Beispiel für die Bewertung der relevanten System-Alternativen (PAS)
Abbildung 37:	Beispiel für Ergebnisse einer Kosten-Nutzen-Analyse für Personal- und Arbeitsplatzinformationssysteme (PAS)
Abbildung 38:	Ergebnis einer Gegenüberstellung der System-Alternativen (PAS)
Abbildung 39:	Ergebnisse aus der Literaturanalyse zum Thema „Systemgestützte Personalplanung"
Abbildung 40:	Theoretische und praxisorientierte Literatur zum Thema „Systemgestützte Personalplanung"
Abbildung 41:	Empirische Erhebungen im Bereich Personal- und Arbeitsplatzinformationssysteme
Abbildung 42:	Verknüpfung der Teilplanungen im Personalbereich
Abbildung 43:	Personalbedarfsplanung mit Hilfe eines (EDV-gestützten) Personal- und Arbeitsplatzinformationssystems
Abbildung 44:	Personalbeschaffungsplanung mit Hilfe eines (EDV-gestützten) Personal- und Arbeitsplatzinformationssystems
Abbildung 45:	Personalentwicklungsplanung mit Hilfe eines (EDV-gestützten) Personal- und Arbeitsplatzinformationssystems
Abbildung 46:	Personaleinsatzplanung mit Hilfe eines (EDV-gestützten) Personal- und Arbeitsplatzinformationssystems
Abbildung 47:	Systemgestützte Integration der Teilplanungen im Rahmen eines (EDV-gestützten) Personal- und Arbeitsplatzinformationssystems
Abbildung 48:	Mehrstufiges Zielsystem
Abbildung 49:	Ableitung von tätigkeitsbereichsspezifischen zielsystemrelevanten Anforderungsprofilen und Eignungsprofilen
Abbildung 50:	Schrittweise Erstellung von „flexiblen" Anforderungsprofilen für die Personaleinsatzplanung
Abbildung 51:	Abgrenzung der Merkmale der Anforderungs- und Eignungsprofile
Abbildung 52:	Abhängigkeit von Intelligenz und Erfolg
Abbildung 53:	Testwerte für das Eignungsmerkmal
Abbildung 54:	Eignungs-Matrix
Abbildung 55:	Algorithmus für die Verdichtung mit Hilfe der Nutzwertanalyse
Abbildung 56:	Einfluß der Niveauänderungen
Abbildung 57:	Niveau-Matrix
Abbildung 58:	Spezielle Eignungs-Matrix
Abbildung 59:	Einsatz-Matrix
Abbildung 60:	Gültigkeitsbereiche der Zielhierarchie
Abbildung 61:	Zielsystem bei Zielhierarchie
Abbildung 62:	Personalfluß nach der Stillegung
Abbildung 63:	Einfluß des Auszahlungsniveaus auf den verfügbaren Personalbestand
Abbildung 64:	Einsatz-Matrix mit systemrelevanten Informationen (bei Auszahlungsniveau N_h)

Einführung

Personal- und Arbeitsplatzinformationssysteme werden zunehmend in Wirtschaft und Verwaltung installiert. Diese Entwicklung wird sich fortsetzen. In wenigen Jahren werden EDV-gestützte Personal- und Arbeitsplatzinformationssysteme zum Standard-Instrumentarium der Personalarbeit gehören. So ist es heute keine Grundsatzfrage mehr, ob Personal- und Arbeitsplatzinformationssysteme überhaupt entwickelt werden sollen. Im Vordergrund stehen jetzt Probleme der Gestaltung und damit der Bestimmung des anwendungsspezifischen Entwicklungsgrades im Einzelfall. Diese Einsicht hat sich aufgrund ständig steigender Anforderungen an die betriebliche Personalarbeit in Wirtschaft und Verwaltung, bei Arbeitgeber- und Arbeitnehmerverbänden sowie im Bereich der Wissenschaft international durchgesetzt.

Praktische Erfahrungen beim Aufbau und Betrieb von Personal- und Arbeitsplatzinformationssystemen haben gezeigt, daß allerdings zum Teil erhebliche Unterschiede zwischen Idealvorstellungen und bisher in der Praxis realisierten und/oder geplanten Personal- und Arbeitsplatzinformationssystemen bestehen. Dabei sind die hohen Anforderungen an idealtypische Personal- und Arbeitsplatzinformationssysteme nicht nur von der Wissenschaft formuliert worden. Sie finden ebenfalls in einer Reihe von in der Praxis entwickelten Konzeptionen ihren Niederschlag. Die vorliegende Arbeit soll zu einer Annäherung von Illusion und Wirklichkeit beitragen. Damit steht das zur Zeit oder absehbar in der Praxis Realisierbare im Mittelpunkt. Veröffentlichungen, die in ihrem Anspruchsniveau oder Abstraktionsgrad weit darüber hinausgehen, belegen das wissenschaftlich Wünschbare in der Regel zwar theoretisch exakt, helfen als Handlungs- und Gestaltungsempfehlungen der Praxis aber wenig. Denn diese steht heute − nicht erst in fünf oder zehn oder noch mehr Jahren − vor dem Problem, Personal- und Arbeitsplatzinformationssysteme aufbauen zu wollen. Der Hinweis, es müßte noch eine Fülle ergänzender Untersuchungen durchgeführt werden, um insgesamt auf wissenschaftlich abgesicherten Ergebnissen aufzubauen, nützt dem Anwender somit nicht. Insofern ist die Annäherung von Illusion und Wirklichkeit immer ein Kompromiß, der das theoretische Optimum verfehlt, dem praktisch Durchsetzbaren aber nahesteht.

Personal- und Arbeitsplatzinformationssysteme können im Bereich der betrieblichen Personalarbeit grundsätzlich für Zwecke der Planung, Entscheidung, Durchführung und Kontrolle eingesetzt werden. Zum Einsatz von Personal- und Arbeitsplatzinformationssystemen im Bereich der Personalverwaltung (Durchführung und Kontrolle) ist bereits eine Reihe von Veröffentlichungen erschienen. Sie beziehen sich vorrangig auf Fragen der Personalstammdatenverwaltung, der Abrechnungen, des Berichts- und Meldewesens, der Personalstatistik etc. In der Praxis besteht in den letzten Jahren jedoch zunehmend ein Interesse an der Prüfung, ob und inwieweit ein Personal- und Arbeitsplatzinformationssystem auch für Zwecke der Personalplanung eingesetzt werden kann. In einem Schwerpunkt dieser Arbeit wird daher auf Möglichkeiten und Grenzen systemgestützter Personalplanung, diskutiert am Beispiel optimaler Personaleinsatzplanung, besonders eingegangen.

Grundsätzlich ist der Einsatz eines Personal- und Arbeitsplatzinformationssystems nicht auf einen bestimmten Teil der Arbeitskräfte beschränkt, sondern jeder Arbeitnehmer soll einbezogen werden. Ebenso ist die Problematik der Personalplanung nicht nur auf einen Teil des Personals beschränkt. Sie tritt in jedem Funktionsbereich und auf jeder Unternehmensebene auf. Damit ist jedoch nicht gesagt, daß die Durchführung der Personalplanung mit Hilfe eines Personal- und Arbeitsplatzinformationssystems für alle Arbeitnehmer die gleiche ist. Es sind jeweils gruppenspezifische Gegebenheiten zu beachten. Während die Ausführungen über Personal- und Arbeitsplatzinformationssysteme umfassender angelegt sind, wird bei der Behandlung des speziellen Verwendungszweckes „Personalplanung bzw. Personaleinsatzplanung" nur auf Arbeitskräfte unterer Unternehmensebenen Bezug genommen. Obwohl eine allgemein gültige Abgrenzung zwischen unteren und oberen Unternehmensebenen nicht besteht, soll die Grenze zur Orientierung zwischen Gruppenleiter/Meister einerseits und Abteilungsleiter andererseits angegeben werden. Diese Einschränkung ergibt sich aus der realistischen Einschätzung der Anwendung des in dieser Arbeit empfohlenen Instrumentariums für die systemgestützte optimale Personaleinsatzplanung.

Die Komplexität der betrieblichen Personalarbeit bedarf in der Regel einer interdisziplinären Betrachtungsweise. Diese Anforderung gilt auch für das personalwirtschaftliche Instrumentarium und damit auch für Aufbau und Betrieb von EDV-gestützten Personal- und Arbeitsplatzinformationssystemen. Einer umfassenden interdisziplinären Abhandlung kann und will die vorliegende Arbeit allerdings nicht gerecht werden. Im Vordergrund stehen hier vielmehr personalwirtschaftliche Aspekte aus der Sicht der Betriebswirtschaft. Es wird dabei auf die Literatur aus den Jahren ab 1970 hingewiesen. Dies wird als hinreichend angesehen, da es zum einen nicht Ziel der Arbeit ist, eine umfassende Bibliographie zu publizieren. Zum anderen ist die Diskussion über systemgestützte Personalarbeit erst in den letzten Jahren verstärkt geführt worden, so daß die einschlägige Literatur aus diesem Zeitraum stammt.

Angebote (Standard-Software) von Hardware- und Softwareherstellern sowie konkrete Anwendungen aus ausgewählten Unternehmen zur systemgestützten Personalarbeit sind in dieser Arbeit im Rahmen der empirischen Untersuchungen berücksichtigt worden. Sie werden hier aber nicht in Form einer Einzeldarstellung behandelt. Eine entsprechende Beschreibung und kritische Analyse sind Inhalt eines zur Zeit laufenden Forschungsprojektes. Es ist geplant, die Ergebnisse in einer späteren Veröffentlichung vorzustellen.

Die vorliegende Arbeit enthält auf Basis der genannten Zielsetzungen und Abgrenzungen

- eine Darstellung zum Aufbau des personalwirtschaftlichen Instruments „Personal- und Arbeitsplatzinformationssystem" (Teil A)
- eine Demonstration zum Einsatz des Instruments „Personal- und Arbeitsplatzinformationssystem" am Beispiel der Personaleinsatzplanung (Teil B).

Die Arbeit richtet sich primär an Praktiker, die im Personalbereich beschäftigt sind sowie an Studenten, die im Rahmen der Betriebswirtschaft als Vertiefungsfach Personalwesen gewählt haben. Die Arbeit ist weniger für Informatiker oder Spezialisten aus dem EDV- und Organisationsbereich gedacht, da hiermit weder ein Projekthandbuch noch eine Systemdokumentation vorgelegt werden soll. Vielmehr sollen aus der Sicht der Personalwirtschaft Gestaltungshinweise für Personal- und Arbeitsplatzinformationssysteme gegeben werden.

Teil A
Aufbau und Betrieb eines Personal- und Arbeitsplatzinformationssystems

I. Charakterisierung von Personal- und Arbeitsplatzinformationssystemen

1. Begriff und Standort der Systeme

Die Forderung nach einer Verbesserung des personalwirtschaftlichen Instrumentariums ist in den letzten Jahren zunehmend erhoben worden. Denn die betriebliche Personalarbeit ist heute schwieriger, damit aber auch zunehmend interessanter geworden. Sie ist aus ihrer passiven Rolle des Nachvollziehens, aus der einseitigen Betrachtung als Kostenverursacher herausgewachsen. Heute nimmt die Personalarbeit eine der zentralen aktiven Stellungen innerhalb des betrieblichen Gesamtsystems ein. Besonders folgende Faktoren haben diese Entwicklung mitbestimmt[1]:

— Bis Mitte der 50er Jahre standen Personalprobleme nur selten im Vordergrund betriebswirtschaftlicher Überlegungen. Denn von den Kriegsjahren abgesehen, wurde der Bedarf an Arbeitskräften überwiegend durch das vorhandene Angebot gedeckt. Mit dem Beginn der 60er Jahre machte sich dann in der Bundesrepublik Deutschland zunehmend eine Verknappung des Arbeitskräfteangebotes bemerkbar. Zwar besteht z. Zt. eine erhebliche Arbeitslosenquote; bezogen auf bestimmte Qualifikationen liegt jedoch weiterhin sektorale Arbeitskräfteknappheit vor. So ergeben sich im Planungsbereich häufig Personalfreisetzungs- und Personalbeschaffungsprobleme zur gleichen Zeit.

— Im Produktionsprozeß führt der technische Fortschritt zu neuen Fertigungsverfahren und damit zu veränderten Arbeitsbedingungen und -anforderungen[2]. Auch im dispositiven Bereich der Unternehmen vollziehen sich ständig bedeutende Neuerungen. Die Anwendung moderner Verfahren der Planungs- und Kontrollrechnung, die Einführung und der Ausbau der elektronischen Datenverarbeitung sowie der Wechsel in den Füh-

---

1 Mertens, Peter: Der Einfluß der Gesellschaftspolitik auf die Willensbildung der Unternehmer. In: Albach, Horst und Sadowski, Dieter (Hrsg.): Die Bedeutung gesellschaftlicher Veränderungen für die Willensbildung im Unternehmen, Berlin 1976, S. 161–178; Wirtschafts- und Sozialwissenschaftliches Institut des Deutschen Gewerkschaftsbundes GmbH (WSI) – (Hrsg.): Betriebliche Beschäftigungspolitik und gewerkschaftliche Interessenvertretung. Rationalisierung und Personalplanung als Konfliktfeld, Köln 1977, S. 89–116; Friedrichs, Hans: Der Wandel des Anforderungsprofils im Personalbereich, in: Personalführung, 12. Jg., 1979, S. 145–147.
2 Mergner, Ulrich; Osterland, Martin und Pelte, Klaus (unter Mitarbeit von Görres, Hans-Joachim): Arbeitsbedingungen im Wandel – Eine Literaturstudie zur Entwicklung von Belastungen und Qualifikationsanforderungen in der BRD –, Göttingen 1975.

rungsmethoden konfrontiert viele Unternehmen mit erheblichen Problemen im Rahmen der Personalführung und Personalverwaltung.

- Der zunehmende technische und wissenschaftliche Fortschritt bewirkt eine deutlich abnehmende Tendenz der „Halbwertzeit" des beruflichen Wissens. Die Berufsausbildung vermittelte noch vor 50 Jahren Wissen mit einem durchschnittlichen Anwendungswert von 30 bis 40 Jahren. Dieser reduziert sich heute, empirischen Untersuchungen in den USA und in der Bundesrepublik zur Folge, begleitet vom stetigen Wandel in den Berufsbildern, auf wenige Jahre. Der wesentliche Teil des erforderlichen Wissens, seine Erneuerung, Aktualisierung und Erweiterung bis hin zu neuen Fachgebieten ist lehr- und lernbar. Damit verbunden sind aber erhebliche Investitionen, um die Leistungsfähigkeit und Leistungsbereitschaft der Mitarbeiter zu erhalten und zu steigern. Die Planung und systematische Verfolgung dieser Personal-Investitionen sind Schwerpunkte betrieblicher Personalarbeit[3].

- Durch anhaltenden allgemeinen Einkommenszuwachs entstehen neben den physiologischen Bedürfnissen höher motivierte wie: soziale Geltung, Prestige, Achtung, berufliche Anerkennung, Selbstverwirklichung u. a. Diese Bedürfnisse relativieren in verstärktem Maße eine Triebkraft des Arbeitsprozesses: den Gelderwerb. So hat sich bei den meisten Arbeitnehmern ein höherer Grad an Sensibilität gegenüber der beruflichen Aufgabenstellung und dem Arbeitsplatz herausgebildet. Die Unternehmensleitungen sehen sich deshalb heute wesentlich kritischeren Mitarbeitern gegenüber. Damit gewinnt Personalentwicklungs- und Karriereplanung zunehmend an Bedeutung.

- Mit dem Inkrafttreten des neuen Betriebsverfassungsgesetzes 1972 ist besonders durch § 92 im Bereich des betrieblichen Personalwesens eine einschneidende Änderung eingetreten. Durch diese gesetzliche Regelung wird gefordert, daß neben den wirtschaftlichen Zielen des Arbeitgebers auch die Wünsche und Erwartungen der Arbeitnehmer in die Planung eingehen und deren Interessen stärker als bisher berücksichtigt werden. Außerdem enthält das Betriebsverfassungsgesetz verstärkte Informationspflichten des Arbeitgebers bzw. Informationsrechte der Arbeitnehmer. Hinzu kommt eine Reihe weiterer Gesetze, die direkt oder indirekt für die Personalarbeit relevant sind.

- Selbstverständlich muß hier auch die fortlaufende Steigerung der Personalkosten inclusiv der Aufwendungen für Sozialleistungen genannt werden[4]. Diese Entwicklung wurde insbesondere verursacht durch die gesetzlichen Bestimmungen (z. B. Sozialversicherung, Betriebsverfassungsgesetz, Arbeitssicherheitsgesetz, Schwerbehindertengesetz, Gesetz zur Verbesserung der betrieblichen Altersversorgung) und tariflichen Vereinbarungen (z. B. Urlaubsverlängerung, betriebliche Altersversorgung, vermögenswirksame Leistungen).

Eine erfolgreiche Bewältigung dieser veränderten Führungssituation setzt voraus, daß den in Planungs-, Entscheidungs-, Durchführungs- und Kontrollprozeß Beteiligten entsprechende Instrumente als Hilfsmittel zur Verfügung stehen. Denn jeder der angesprochenen Bereiche enthält umfangreiche Probleme der Informationsgewinnung, der Informations-

---

[3] Aschoff, Christoff: Betriebliches Humanvermögen. Grundlagen einer Humanvermögensrechnung, Wiesbaden 1978, S. 65–111.

[4] Schmalenbach-Gesellschaft, Köln (Hrsg.): Leistung und Kosten im Personalbereich — aus der Sicht der Unternehmensführung (ZfbF Sonderheft 8/78), Wiesbaden 1978; Grünefeld, Hans-Günther: Personalzusatzaufwand — Begriffsbestimmung, Inhalt und Gliederung, in: Personalführung, 12. Jg., 1979, S. 106–112.

verarbeitung sowie der Informationsauswertung. Hier ist der Ansatzpunkt für den Aufbau und Betrieb von Personal- und Arbeitsplatzinformationssystemen als Hilfsmittel der betrieblichen Personalarbeit[5].

Ein Personal- und Arbeitsplatzinformationssystem kann kurz als Führungs- und Verwaltungsinstrument im Personalbereich bezeichnet werden. Um einige Schwerpunkte hervorzuheben, wird außerdem folgende längere, dafür aber aussagekräftigere Definition benutzt[6]:

Unter einem Personal- und Arbeitsplatzinformationssystem wird hier verstanden
— ein System der geordneten Erfassung, Speicherung, Transformation und Ausgabe
— von für die Personalarbeit relevanten Informationen über das Personal und die Tätigkeitsbereiche/Arbeitsplätze
— mit Hilfe organisatorischer und methodischer Mittel incl. EDV
— unter Berücksichtigung des Bundesdatenschutzgesetzes, des Betriebsverfassungsgesetzes sowie anderer relevanter Gesetze, Verordnungen, Tarifverträge und Betriebsvereinbarungen
— zur Versorgung der betrieblichen und überbetrieblichen Nutzer des Systems mit denjenigen Informationen,
— die sie zur Wahrnehmung ihrer Planungs-, Entscheidungs-, Durchführungs- und Kontrollaufgaben
— unter Berücksichtigung von sozialen und wirtschaftlichen Zielen benötigen.

In Wissenschaft und Praxis findet man neben der Bezeichnung Personal- und Arbeitsplatzinformationssysteme auch Begriffe wie Personalverwaltungssysteme, Personaldaten-Informationssysteme, Integriertes Verarbeitungs- und Informationssystem für Personaldaten, Mitarbeiter-Informationssysteme etc. und Abkürzungen wie PERSIS, IPIS, PEDATIS, IVIP etc. Auf diese Begriffsvielfalt wird hier nicht eingegangen. Vielmehr wird die Bezeichnung Personal- und Arbeitsplatzinformationssystem als eine Art Oberbegriff gewählt.

Hinter der gegebenen Definition steht die Vorstellung von einem idealtypischen Personal- und Arbeitsplatzinformationssystem. Es ist daher notwendig, um Mißverständnisse zu vermeiden und einen praxisrelevanten Bezug herzustellen, den Standort von Personal- und Arbeitsplatzinformationssystemen genauer zu charakterisieren und einige Aspekte besonders zu verdeutlichen:

(1) Das Personal- und Arbeitsplatzinformationssystem ist Bestandteil des Gesamtsystems (Abb. 1). Dies gilt in zweierlei Hinsicht:
— Zum einen ist ein betriebliches Informationssystem keine selbständige Einheit. Vielmehr werden Struktur, Inhalt und Einsatz des Systems insbesondere durch die politischen Richtlinien der Nutzer, durch das relevante Zielsystem, durch den Führungsstil, die interne Organisationsstruktur und durch die Umwelt incl. der Wirtschafts- und Rechtsordnung beeinflußt.

---

5 Arbeitskreis Hax der Schmalenbach-Gesellschaft: Unternehmerische Entscheidungen im Personalbereich, in: Zeitschrift für betrirebswirtschaftliche Forschung, 28. Jg., 1976, S. 22–29; Burack, Elmer H. und Gutteridge, Thomas G.: Institutional Manpower Planning. Rhetoric Versus Reality, in: California Management Review, Vol. 20, 1977, S. 13–22.
6 Domsch, Michel: Personal-Informationssysteme. Instrumente der Personalführung und Personalverwaltung, SCS-Schriftenreihe Band 6, 4. Auflage, Hamburg 1979, S. 9.

– Zum anderen ist ein Personal- und Arbeitsplatzinformationssystem ein Teil des gesamten Informationssystems[7].

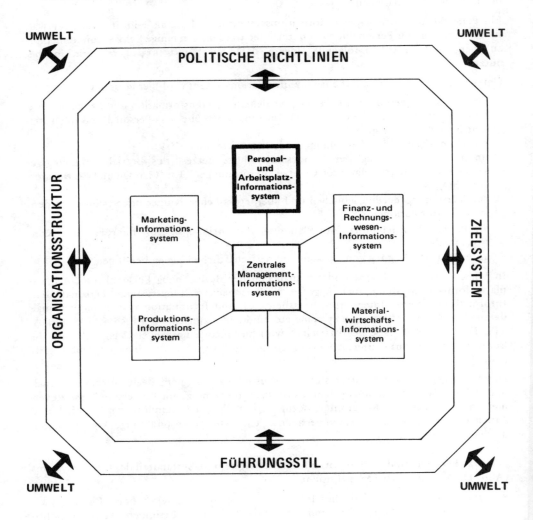

Abbildung 1: Das Personal- und Arbeitsplatzinformationssystem als Teil des Gesamtsystems

---

7 Bassett, Glenn A.: EDP Personnel Systems: Do's, Don'ts and How – To's, in: Personnel Magazine, Vol. 48, 1971, No. 4, S. 21; Hackstein, Rolf und Koch, Günter A.: Personalinformationssysteme. In: Gaugler, Eduard (Hrsg.): Handwörterbuch des Personalwesens, Stuttgart 1975, Sp. 1574 f.; Weissenberg, Peter: Informationssysteme im Personalbereich. In: Jaggi, B. L. und Görlitz, Rainer (Hrsg.): Handbuch der betrieblichen Informations-Systeme, München 1975, S. 287.

(2) Personal- und Arbeitsplatzinformationssysteme sind lediglich Hilfsmittel zur Unterstützung bestimmter Aufgaben der betrieblichen Personalarbeit[8]. Sie sind im Sinne der Betriebsinformatik als „offene Systeme" anzusehen[9]. Weder erheben sie Anspruch auf Vollständigkeit hinsichtlich Erfassung, Speicherung, Transformation und Ausgabe von Informationen über das Personal und die Arbeitsplätze, noch können sie zur Unterstützung sämtlicher Aufgaben im Personalwesen herangezogen werden. Sie besitzen eindeutig Instrumentalcharakter.

(3) Personal- und Arbeitsplatzinformationssysteme sind den sozialen und wirtschaftlichen Zielen der betrieblichen Personalarbeit anzupassen. Deshalb ist ebenfalls zu betonen, daß durch den Betrieb von Personal- und Arbeitsplatzinformationssystemen die individuelle Bedeutung, Ansprache und Förderung oder die Bedeutung der Personalabteilung und ihrer Arbeit generell keinesfalls reduziert, sondern gerade verstärkt werden soll. Ein Personal- und Arbeitsplatzinformationssystem ist nicht als inhumanes, rein technokratisches und modellorientiertes Entscheidungsgebilde anzusehen. Die vorrangige Anforderung an die Systemgestaltung ist im Gegenteil gerade eine Stützung und Verbesserung im Hinblick auf eine Humanisierung der Arbeitswelt.

2. Einsatzbereich der Systeme

Der Einsatzbereich der Systeme wird unter vier Aspekten betrachtet:

(1) Der Einsatzbereich von Personal- und Arbeitsplatzinformationssystemen ist nicht auf Wirtschaftsunternehmen beschränkt. Insbesondere umfaßt der Einsatzbereich bezogen auf die Anwender:

— Industriebetriebe aus den verschiedensten Branchen
— Handelsunternehmen sowohl mit stationärem Geschäft als auch mit Versandgeschäft
— Dienstleistungsunternehmen wie Banken, Versicherungen, Transportunternehmen, Touristikunternehmen etc.
— Behörden auf Bundesebene, Landesebene und kommunaler Ebene und sonstige öffentliche Stellen sowie den militärischen und den Bildungsbereich[10].

---

8 Hülsmann, Joachim: Personalinformationssysteme — Hilfsmittel der Personalführung, -planung und -verwaltung, in: Fortschrittliche Betriebsführung und Industrial Engineering. 24. Jg., 1975, S. 99–104.
9 Heinrich, Lutz und Pils, Manfred: Personalinformationssysteme — Stand der Forschung und Anwendung, in: Die Betriebswirtschaft, 37. Jg., 1977, S. 263 f.
10 Kommunale Gemeinschaftsstelle für Verwaltungsvereinfachung (KGSt): Automation im Personalwesen, 2. Auflage, Köln 1973; Krüger, Dieter: Zum Aufbau der Lehrerdatei in Baden-Württemberg, in: ÖVD Öffentliche Verwaltung und Datenverarbeitung, 3. Jg., 1973, S. 204–212; Heeger, Helga; Leib, Hans-Jürgen und Thumann, Dierk: Bericht über die Untersuchung des Informationsbedarfs für ein Informationssystem Personalwesen (hrsg. vom Senatsamt für den Verwaltungsdienst), Hamburg 1973; Leib, Hans-Jürgen: Möglichkeiten computerunterstützter Personalinformationssysteme, in: Zeitschrift Beamtenrecht, 21. Jg., 1973, S. 262–265; Hertel, Joachim: Zum Sachstand des Bundesmeldegesetzes — Vergabe des Personenkennzeichens im Jahre 1978 ? —, in: ÖVD Öffentliche Verwaltung und Datenverarbeitung, 5. Jg., 1975, S. 192–197; Ahrens, Detlef: Personalstruktur des Heeres. Das System der Verwendungs- und Ausbildungssteuerung, in: Truppenpraxis, 19. Jg., 1975, S. 255–260; Koch, Rainer: Personalsteuerung in der Ministerialbürokratie. →

Damit liegt aber auf der Hand, daß es ein standardisiertes System nicht geben kann. Vielmehr muß jeweils detailliert auf die speziellen Anforderungen der Institution abgestellt werden.

(2) Das Personal- und Arbeitsplatzinformationssystem bezieht grundsätzlich alle Mitarbeiter und Arbeitsplätze mit ein. Genauer werden dadurch drei Personalgruppen erfaßt (Abb. 2):

- Mitarbeiter, die in der Institution beschäftigt waren.
- Mitarbeiter, die zur Zeit für die Institution tätig sind.
- Mitarbeiter, die für eine Beschäftigung in der Zukunft in Frage kommen (soweit bekannt und erfaßbar).

Dies gilt analog für die Arbeitsplätze, so daß der Einsatzbereich sowohl personalorientiert als auch arbeitsplatzorientiert zu sehen ist.

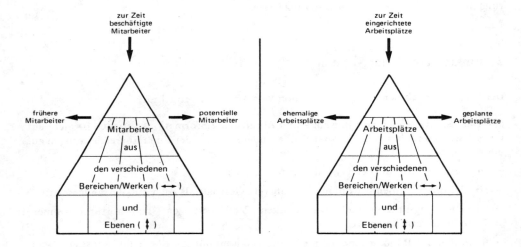

Abbildung 2: Vom Personal- und Arbeitsplatzinformationssystem erfaßte Mitarbeiter und Arbeitsplätze

---

Eine theoretisch-empirische Studie zur Möglichkeit organisatorischer Neuerungen, Baden-Baden 1975, S. 81 ff.; Mittman, Benjamin und Bormann, Lorraine (Hrsg.): Personalized Data Base Systems, Los Angeles 1975; Mundhenke, Ehrhard; Sneed, Harry M. und Zöllner, Uwe: Informationssysteme für Hochschulverwaltung und -politik. Theorie und Praxis politisch-administrativer Informationssysteme, Berlin und New York 1975; Iarocci, Mathew W.: Dual Personnel Systems for Local Governments in New York, in: Public Personnel Management, Vol. 5, 1976, S. 264–270; Krosigk, Eschwin von und Czisnik, Ulrich: Die militärische Personalführung in der Bundeswehr. Grundsätze – Organisation – Auswahl und Ausbildung, Heidelberg und Hamburg 1977, S. 116–122; Der Bundesminister für Bildung und Wissenschaft (Hrsg.): Betriebsoptimierungssystem für Hochschulen. Eine Übersicht über die für Hochschulen entwickelten Steuerungssysteme, ihre Anwendungsmöglichkeiten und deren Voraussetzungen, Bonn 1977; Goeth, Franz: IPSIS. Ein computerunterstütztes Personalinformationssystem unter besonderer Berücksichtigung behördenspezifischer Aspekte, in: data report, 12. Jg., 1977, Heft 4, S. 27–31.

(3) Das Personal- und Arbeitsplatzinformationssystem dient der Wahrnehmung von Führungs- und Verwaltungsaufgaben. Diese Aufgaben können den Bereichen Planung, Entscheidung, Durchführung und Kontrolle zugeordnet werden. Dabei soll ebenfalls zum Ausdruck kommen, daß sich die Personalarbeit nicht einseitig auf die Mitarbeiter zu konzentrieren hat. Gleichgewichtig steht in unmittelbarer Verknüpfung der Arbeitsplatzbereich und die Arbeitsorganisation. Insofern ist der Einsatzbereich und damit die Art der Verwendungszwecke zum einen phasenbezogen zu sehen, d. h. die Systeme werden grundsätzlich sowohl für Planungs-, als auch für Entscheidungs-, Durchführungs-/ Verwaltungs- und für Kontrollzwecke eingesetzt. Zum anderen können Personal- und Arbeitsplatzinformationssysteme im Rahmen jeder dieser Phasen funktionsbezogen in den beiden Komplexen Personal und Arbeitsplatz eingesetzt werden[11]. Abb. 3 enthält eine Übersicht über die möglichen Verwendungszwecke von Personal- und Arbeitsplatzinformationssystemen.

(4) Personal- und Arbeitsplatzinformationssysteme sind nicht nur für die Personalabteilung einsetzbar. Folgende beiden Einsatzbereiche können unterschieden werden (Abb. 4)[12]:

— Im betrieblichen Bereich nutzen das System sowohl die Personalabteilung als auch bestimmte andere organisatorische Einheiten (wie Planungsstab, Organisationsabteilung, Betriebswirtschaftliche Abteilung, Produktion etc.). Generell kann das System allen organisatorischen Einheiten zur Verfügung stehen, soweit Personal- und Arbeitsplatzdaten für ihre Planungs-, Entscheidungs-, Durchführungs- und Kontrollaufgaben relevant sind.

Diese Aussage gilt analog personen- bzw. personengruppenbezogen: Personal- und Arbeitsplatzinformationssysteme können sowohl von den Führungskräften als auch von ihren Mitarbeitern sowie deren Vertretungen benutzt werden[13]. Selbstverständlich ist, daß jeweils die Nutzungsbereiche festzulegen sind, da je nach Verwendungszweck und Nutzen nur bestimmte Segmente des Systems angesprochen werden.

— Im überbetrieblichen Bereich gibt es eine Reihe von Nutzern, die aufgrund von Gesetzen und Verordnungen oder aufgrund freiwilliger Informationsvermittlung, Personal- und Arbeitsplatzdaten pro Mitarbeiter oder in verdichteter Form (Kennzahlen, Statistiken etc.) regelmäßig oder unregelmäßig erhalten[14].

---

11 Simon, Harald: Systemorientierte Gestaltung der funktionalen und informationellen Struktur des betrieblichen Personalwesens, Diss. TH Karlsruhe 1975, S. 417 ff.; Nüßgens, Karl-Heinz: Führungsaufgabe Personalwesen. Analyse und Maßnahmen zur Gestaltung eines Personalinformationssystems, Berlin und New York 1975; Kontner, P. und Maier, K.-D.: Personalinformationssystem, in: Bierfelder, Wilhelm (Hrsg.): Handwörterbuch des öffentlichen Dienstes. Band: Das Personalwesen, Berlin 1976, Sp. 1215–1229; Anthony, William P.: Get to Know Your Employees — The Human Resource Information System, in: Personnel Journal, Vol. 56, 1977, S. 179–183, 202–203.
12 Weigand, Karl-Heinz: Personalinformationssysteme: Nutzen und Nutzung im Interessenkonflikt. In: Reber, Gerhard (Hrsg.): Personalinformationssysteme, Stuttgart 1979, S. 283.
13 Sittig, Carl A.: Motivation durch ein computergestütztes Personal-Informations-System (PIS), in: Personalwirtschaft, 5. Jg., 1978, S. 272 f.
14 Espenhorst, Jürgen: Erfassung von Personaldaten bei Unternehmen der Eisen- und Stahlindustrie aufgrund gesetzlicher Vorschriften. In: Schmidt, Herbert u.a.: Personal- und Arbeitsplatz-Informationssysteme. Grundlagen — Konzepte — Perspektiven, AWV-Schrift Nr. 126, Frankfurt/M. 1974, S. 53–62; Hentschel, Bernd: Neue Einflußgrößen für betriebliche Personaldatensysteme aufgrund gesetzgeberischer Aktivitäten, AWV-Papiere Nr. 16, Frankfurt/M. 1976; Kilian, Wolfgang: Melde- und Auskunftspflichten des Arbeitgebers im Personalbereich, in: Betriebs-Berater, 32. Jg., 1977, S. 1153–1159.

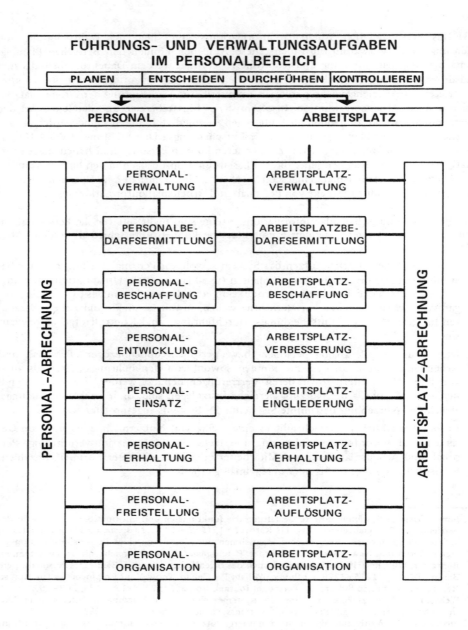

Abbildung 3: Aufgaben im Personalbereich, für deren Wahrnehmung ein Personal- und Arbeitsplatzinformationssystem eingesetzt werden kann

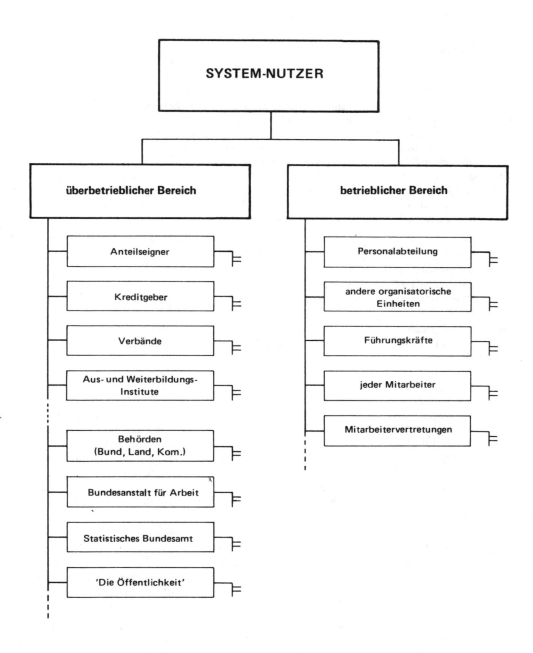

Abbildung 4: Nutzer von Personal- und Arbeitsplatzinformationssystemen

3. Struktur und Inhalt eines Systems

Struktur und Inhalt eines Personal- und Arbeitsplatzinformationssystems unterscheiden sich — außer durch den spezifischen Funktionsgegenstand ‚Personalwesen' — nicht notwendig von Informationssystemen für andere Funktionsbereiche. Insbesondere gilt das für den EDV-technischen Aufbau des Personal- und Arbeitsplatzinformationssystems. Hinsichtlich des Inhalts bestehen natürlich funktionsspezifische Besonderheiten. Es soll hier aber noch einmal betont werden, daß der Einsatz von EDV beim Betrieb eines Personal- und Arbeitsplatzinformationssystems weder unbedingt notwendig noch für die Wahrnehmung der Aufgaben hinreichend ist. Die Erfahrung hat jedoch gezeigt, daß man sich dieses Hilfsmittels bedienen sollte, um eine wirtschaftliche und operationale Verwaltung und Verarbeitung der erfaßten Daten zu erreichen.

Das Personal- und Arbeitsplatzinformationssystem ist grundsätzlich durch vier Komponenten gekennzeichnet, und zwar (Abb. 5) durch:

— eine Personaldatenbank (A)
— eine Arbeitsplatzdatenbank (B)
— eine Methoden- und Modellbank (C)
— eine EDV-Anlagenkonfiguration (D).

Hinzu kommt zweckmäßigerweise eine Definitionenbank. Damit wird sichergestellt, daß für alle Benutzer des Informationssystems der Aussagewert gleicher Daten und Annahmen gleich ist.

a. Personal- und Arbeitsplatzdatenbank

Die Personaldatenbank beinhaltet Daten über den quantitativen, qualitativen, regional und zeitlich differenzierten Personalbestand, die zur Wahrnehmung der in Abb. 3 genannten Führungs- und Verwaltungsaufgaben benötigt werden. Sie gehören den Merkmalshauptgruppen an: Allgemeine Merkmale, Kenntnis- und Einsatzmerkmale, Physische Merkmale, Psychische Merkmale und Abrechnungsmerkmale. Die wichtigsten Merkmalsgruppen sind mit Beispielen in Abb. 6 aufgeführt worden. Folgende Gesichtspunkte sind besonders zu beachten:

— Offensichtlich sind nicht alle Daten von allen Mitarbeitergruppen relevant. Es handelt sich zudem um einen umfangreichen Katalog, der erst mit fortschreitenden Ausbaustufen des Personal- und Arbeitsplatzinformationssystems zu erfüllen sein wird. Insbesondere in den Merkmalshauptgruppen 3 und 4 treten zudem Probleme der Informationsgewinnung auf. Für viele Verwendungszwecke genügt ein Ausschnitt daraus. Außerdem wird häufig zwischen „Muß-", und „Kann-" Segmenten unterschieden.

— Besondere Berücksichtigung müssen Personengruppen wie ältere und mindereinsatzfähige Arbeitnehmer, Jugendliche, weibliche Arbeitnehmer, Ausländer etc. finden, da sie einer besonderen und intensiveren Personalbetreuung bedürfen[15].

---

[15] Benrath, Hans Gottfried und Schulte, Franz Josef: Leistungsbehinderung und Personalbemessung, in: Zeitschrift für das Post- und Fernmeldewesen, 25. Jg., 1973, Heft 4, S. 105—108.

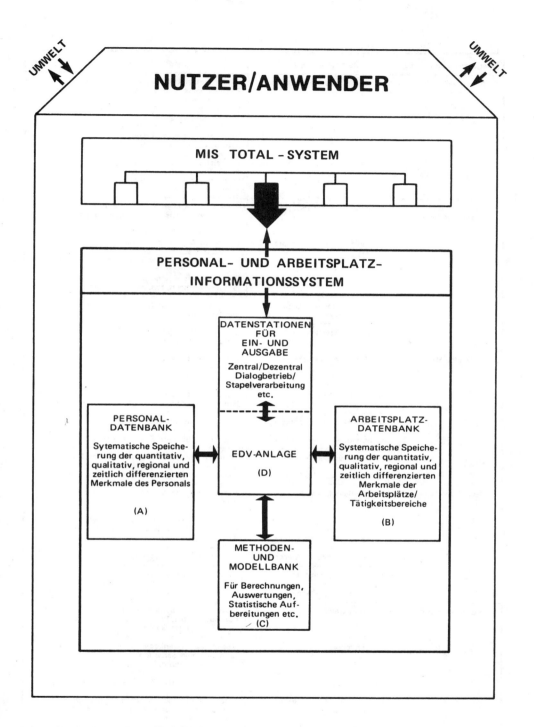

Abbildung 5: Struktur eines Personal- und Arbeitsplatzinformationssystems

Merkmalshauptgruppe	Merkmalsgruppe	Merkmal (Auswahl)
1 Allgemeine Merkmale	11 Identifizierende Merkmale	BRD-Personenkennzeichen, Personalnummer, Familienname, Vorname(n), Staatsangehörigkeit, Familien(stands)angaben, Geschlecht, Geburtsdatum/-ort, Anschrift, Unterstellung/Überstellung etc.
	12 Einstellung	Interviewergebnisse, Testergebnisse, Eintrittsdatum, Vertragsdaten etc.
	13 Sonstige allgemeine Merkmale	Auszeichnungen, Jubiläumstage, Ämter, Belehrungen, Tätigkeitseinschränkungen, Widerspruchsaussagen, Aktualisierungsvermerk, Rückmeldungsvermerk etc.
2 Kenntnis- und Einsatzmerkmale	21 Schul- und Berufsausbildung, Weiterbildung	Schulen, Prüfungen, Abschlüsse, Praktikantenzeiten, Lehre, Ausbildungskurse, Weiterbildungskurse etc.
	22 Berufserfahrung/Einsatz	Beschäftigungsabschnitte nach Zeit, Position, Tätigkeit, Beurteilungen, Grund für den Wechsel etc., bezogen auf frühere und jetzigen Arbeitgeber
	23 Spezialangaben	Führerscheine, Fremdsprachen, Patente, Auslandserfahrungen, sonstige Befähigungsnachweise
	24 Empfohlene und geplante Maßnahmen	Aus- und Weiterbildung, Versetzung, Beförderung, Job Rotation etc.
	25 Einsatzbereitschaft	Bereitschaft zur Versetzung, Beförderung, zur Beendigung des Einsatzes etc.
3 Physische Merkmale	31 Muskelbeanspruchung	Muskelbelastbarkeit etc.
	32 Körperhaltung	Zumutbare Körperhaltung etc.
	33 Sehen und Hören	Sehschärfe, Farbtüchtigkeit, Räumliches Sehen, Hörvermögen etc.
	34 Funktion der Gliedmaßen	Grad der Funktionstüchtigkeit etc.
	35 Sonstige physische Merkmale	Maskentauglichkeit, Schwindelfreiheit etc.
	36 Umgebungseinflüsse	Allergien, Reaktion auf Klima, Lärm, Dampf etc.
	37 Leistungsbereitschaft	bezogen auf die genannten relevanten Merkmale
4 Psychische Merkmale	41 Geistige Merkmale	Auffassungsgabe, Mündliche/Schriftliche Ausdrucksfähigkeit, Räumliches Vorstellungsvermögen etc.
	42 Arbeits- und Gemeinschaftsverhalten	Belastbarkeit und Ausdauer, Kooperationsfähigkeit, Selbständigkeit und Initiative etc.
	43 Sensomotorische Merkmale	Reaktionsvermögen, Handgeschicklichkeit etc.
	44 Sonstige psychische Merkmale	Konzentrationsfähigkeit, Monotoniefestigkeit etc.
	45 Leistungsbereitschaft	bezogen auf die genannten relevanten Merkmale
5 Abrechnungsmerkmale	51 Lohn/Gehalt	Lohn-/Gehaltsentwicklung, Lohn-/Gehaltsabrechnungsdaten incl. Prämien, Zulagen, Vorschüsse, Gutschriften, Bankverbindung etc.
	52 Versicherung/Versorgung	Angaben zur Krankenversicherung, Unfallversicherung, Sozialversicherung, Pensions-/Altersrente, Vermögensbildung, Darlehen, Beihilfen etc.
	53 Zeitangaben	Urlaub, Fehlzeiten, Zeitabrechnung etc.
	54 Sonstige Abrechnungsmerkmale	Erfolgsbeteiligungs-, Kapitalbeteiligungsdaten, Angaben zur Humankapitalrechnung, mögliche Entwicklungen in zeitlicher Struktur etc.

Abbildung 6: Merkmalskatalog für die Personaldatenbank (Beispiel)

- Neben den Angaben über die Leistungsfähigkeit sind Informationen über die Leistungsbereitschaft zu berücksichtigen[16].
- Ein großer Teil der gespeicherten Personaldaten ändert sich im Zeitablauf. Es ist daher ein Änderungsdienst für die Aktualisierung der Daten vorzusehen.
- Für die Planung sind zukunftsbezogene Informationen notwendig. Hierfür sind besonders die Daten in den Merkmalshauptgruppen 2, 3 und 4 wichtig, um den Ausbau zu einem dispositiven System zu ermöglichen. Neben Informationen zur Einsatz- und Leistungsbereitschaft sind demnach Aussagen aufzunehmen, die das Entwicklungspotential des Mitarbeiters betreffen.
- Die Daten müssen für eine EDV-gestützte Speicherung, Verarbeitung und Auswertung operational erfaßt werden. Das bedingt zum einen eine geeignete Schlüsselwahl für eine Reihe von Daten aller Kategorien. Zum anderen müssen außerdem exakte und detaillierte Daten-Definitionen über diese Schlüsselgrößen selbst vorliegen. Das Formularwesen und die Dateiorganisation müssen übersichtlich, eindeutig, wirtschaftlich und EDV-gerecht aufgebaut werden[17].

Zum inhaltlichen Aufbau von Personaldatenbanken im Detail sind bereits umfangreiche Entwicklungen durchgeführt worden, so daß hier nur darauf verwiesen wird[18]. Der formelle Aufbau einer Personaldatenbank stellt insbesondere unter dem Aspekt der zweckmäßigsten Aggregation von Daten und der Organisation der Zugriffsmöglichkeiten eine besondere Aufgabe für den Aufbau des EDV-gestützten Personal- und Arbeitsplatzformationssystems dar. Gute Lösungen für Probleme der Datenbanktechnik liegen aufgrund von Erfahrungen bereits vor.

Die Arbeitsplatzdatenbank beinhaltet Daten über die Arbeitsplätze/Tätigkeitsbereiche unter quantitativen, qualitativen, regionalen und zeitlichen Aspekten. Es werden demnach Informationen über die Arbeitsplätze bzw. Tätigkeitsbereiche ausgewiesen. Sie können

---

16 Hogarth, Robin M. und Einhorn, Hillel J.: Optimal Strategies for Personnel Selection — When Candidates Can Reject Offers, in: The Journal of Business, Vol. 49, 1976, S. 478–495; Rosenstiel, Lutz von: Die Ermittlung personaler Eigenschaften motivationaler Art. In: Reber, Gerhard (Hrsg.): Personalinformationssysteme, Stuttgart 1979, S. 51–73; Marr, Rainer: Leistungsbereitschaftsbezogene Indikatoren in EDV-gestützten Personalplanungssystemen. In: Reber, Gerhard (Hrsg.): Personalinformationssysteme, Stuttgart 1979, S. 109–113; Marr, Rainer: Das Sozialpotential betriebswirtschaftlicher Organisationen. Zur Entwicklung eines Personalinformationssystems unter besonderer Berücksichtigung der innerbetrieblichen Einstellungsforschung, Berlin und München 1979.
17 Hackstein, R. und Meyer, F.W.: Die Abspeicherung und Auswertung von Arbeitsplatz- und Personaldaten mit Hilfe einer EDV-Anlage, in: Arbeit und Leistung, 27. Jg., 1973, S. 113–123; Pettmann, Barrie O. und Tavernier, Gerard: Manpower Planning Workbock, Epping (Essex) 1976, S. 13; Aschoff, Christoff und Kellermann, Hans: Personalinformationen als Voraussetzung zielorientierter Führung. In: Heinen, Edmund (Hrsg.): Betriebswirtschaftliche Führungslehre. Ein entscheidungsorientierter Ansatz, Wiesbaden 1978, S. 215–219.
18 Bell, David J.: Planning Corporate Manpower, London 1974, S. 117–136; Forschungsinstitut für Rationalisierung (FIR) an der TH Aachen (Hrsg.): Ein Analyse-Instrumentarium zur Erfassung und zum Vergleich von Arbeitsplatz-, Anforderungs- und Personal-Fähigkeitsdaten, Aachen 1975; Koch, Günter A.: Arbeitsplatz- und Personaldaten als notwendige Informationen für die qualitative Personalplanung. In: Schmidt, Herbert; Hagenbruck, Hasso und Sämann, Werner (Hrsg.): Handbuch der Personalplanung, Frankfurt/M. und New York 1975, S. 122–144.

Merkmalshauptgruppe	Merkmalsgruppe	Merkmal (Auswahl)
1 Allgemeine Merkmale	11 Identifizierende Merkmale	Arbeitsplatznummer, Arbeitsplatzbezeichnung, Arbeitsplatzstandort/Tätigkeitsbereich
	12 Einrichtung	Geräte-/Inventarliste, Arbeitsorganisation, Angaben zur Umrüstung, Arbeitsmittel
	13 Sonstige allgmeine Merkmale	Besetzungsmöglichkeiten/-pflichten für besondere Arbeitnehmergruppen (Ältere und Mindereinsatzfähige, Jugendliche etc.), Aktualisierungsvermerk
2 Kenntnis- und Einsatzmerkmale	21 Schul- und Berufsbildung	Anforderungen an Schulausbildung, Prüfungen, Abschlüsse, Praktika, Lehre, Aus- und Weiterbildung
	22 Berufserfahrung/Einsatz	Anforderungen an Beschäftigungen, Positionen, Berufserfahrungen
	23 Spezialangaben	Anforderungen an Führerschein, Fremdsprachen, Auslandserfahrungen, wissenschaftliche Qualifikationen
	24 Empfohlene und geplante Maßnahmen	Vorgesehene Veränderungen der Merkmalsanforderungen mit Angaben über Art, Umfang, Zeit; mögliche Veränderungen der Merkmalsanforderungen, z.B. bei Einsatz älterer und mindereinsatzfähiger Arbeitnehmer
3 Physische Merkmale	31 Muskelbeanspruchung	Anforderungen an Muskelbelastbarkeit etc.
	32 Körperhaltung	Anforderung an Körperhaltung etc.
	33 Sehen und Hören	Anforderungen an Sehschärfe, Farbtüchtigkeit, Räumliches Sehen, Hörvermögen etc.
	34 Funktion der Gliedmaßen	Anforderungen an Grad der Funktionstüchtigkeit etc.
	35 Sonstige physische Merkmale	Anforderungen an Maskentauglichkeit, Schwindelfreiheit etc.
	36 Umgebungseinflüsse	Beanspruchung durch Klima, Lärm, Dampf, Staub, Gas; Einwirkung mechanischer Schwingungen etc.
	37 Empfohlene und geplante Maßnahmen	Vorgesehene Veränderungen der Merkmalsanforderungen mit Angaben über Art, Umfang, Zeit; mögliche Veränderungen der Merkmalsanforderungen, z.B. bei Einsatz älterer und mindereinsatzfähiger Arbeitnehmer
4 Psychische Merkmale	41 Geistige Merkmale	Anforderungen an Auffassungsgabe, mündliche/schriftliche Ausdrucksfähigkeit, Räumliches Vorstellungsvermögen etc.
	42 Arbeits- und Gemeinschaftsverhalten	Anforderungen an Belastbarkeit und Ausdauer, Kooperationsfähigkeit, Selbständigkeit und Initiative etc.
	43 Sensomotorische Merkmale	Anforderungen an Reaktionsvermögen, Handgeschicklichkeit etc.
	44 Sonstige psychische Merkmale	Anforderungen an Konzentrationsfähigkeit, Monotoniefestigkeit etc.
	45 Empfohlene und geplante Maßnahmen	Vorgesehene Veränderungen der Merkmalsanforderungen mit Angaben über Art, Umfang, Zeit; mögliche Veränderungen der Merkmalsgruppen, z.B. bei Einsatz älterer und mindereinsatzfähiger Arbeitnehmer
5 Abrechnungsmerkmale	51 Kosten/Lohn/Gehalt	Lohngruppe, außertarifliche Leistungen, Kostenrechnungsdaten, mit dem Arbeitsplatz verbundene Prämien, Zulagen etc.
	52 Versicherung/Versorgung	mit dem Arbeitsplatz verbundene Versicherungen, Sozialleistungen etc.
	53 Zeitangaben	Angaben zur Arbeitszeit, zur Zeitabrechnung, arbeitsbedingte Zeitangaben etc.
	54 Sonstige Abrechnungsmerkmale	Angaben zu statistischen Zwecken, Schlüssel

Abbildung 7: Merkmalskatalog für die Arbeitsplatzdatenbank (Beispiel)

aufgeteilt werden in die Merkmalshauptgruppen (Abb. 7)[19]: Allgemeine Merkmale, Anforderungen an Kenntnisse und Einsätze. Physische Anforderungen, psychische Anforderungen und Abrechnungsmerkmale. Auch hier gilt der Hinweis auf einen stufenweisen Aufbau, auf die Beschränkung auf nur einen Teil der Merkmale bei bestimmten Verwendungszwecken sowie auf die Unterscheidung in „Muß-" und „Kann-" Segmente. Bei der Informationsgewinnung sind Methoden der analytischen Arbeitsbewertung eine wertvolle Hilfe. Von Wichtigkeit sind auch Informationen darüber, inwieweit die Anforderungen veränderlich sind, denn im Rahmen des Humanisierungsstrebens besitzt die Anpassung der Arbeitsplätze und der Arbeitsorganisation an die Fähigkeiten und Bedürfnisse der Arbeitnehmer gleiches Gewicht wie die Förderung des Personals. — Zum Inhalt und formellen Aufbau gelten die gleichen Bemerkungen wie bei der Personaldatenbank analog. Da Abfrageroutinen (job/man matching) von zentraler Relevanz für die Personalarbeit sind, ist — soweit wie sinnvoll und möglich — ein spiegelbildlicher Aufbau zur Personaldatenbank in den hierfür relevanten Teilen anzustreben[20].

b. Methoden- und Modellbank

Mit Hilfe von bestimmten Methoden und Modellen werden die gespeicherten Daten transformiert. Dabei sind dem jeweiligen Verwendungszweck entsprechend verschiedene Gruppen zu unterscheiden:

— Zunächst sind hier die umfangreichen Abrechnungs- und Berechnungsverfahren für den wichtigen Komplex der Lohn- und Gehaltsabrechnungen, der Renten- und Sozialabrechnung, der Reisekostenabrechnung, des Meldewesens, der Betriebsabrechnung, der Kennzahlenberechnung etc. zu nennen[21]. In den meisten Wirtschaftsunternehmen wird dieser Teil der Personalarbeit bereits EDV-gestützt abgewickelt. Entsprechende Anwendungssoftware liegt vor.

— Im Personalbereich spielen zudem statistische Methoden zur Analyse von Personal- und Arbeitsplatzdaten eine erhebliche Rolle[22]. Statistiken über den Bestand, aufgeschlüsselt nach vergleichbaren Personal- und Arbeitsplatzgruppen, über Betriebszugehörigkeit, Altersaufbau, Urlaub, Fluktuation, Krankenstand oder Lohn- und Gehaltsgrup-

---

19 DIN Deutsches Institut für Normung e. V. (Hrsg.): Arbeitsanalyse/Rahmenanalyse (Entwurf Mai 1978 vom Normenausschuß Ergonomie (FN Erg), Berlin und Köln 1978; Kolb, Meinulf und Ling, Bernhard: Informationsbeschaffung für die betriebliche Personalplanung, Mannheim 1978, S. 41–45; Stooß, Friedemann: Probleme der Erfassung von Arbeitsplatzmerkmalen und -anforderungen. In: Reber, Gerhard (Hrsg.): Personalinformationssysteme, Stuttgart 1979, S. 180–200.
20 Cleff, Samuel H. und Hecht, Robert, M.: Job/Man Matching in the '70 s, in: Datamation, Vol. 17, 1971, S. 22–27; Meyer, Friedrich W.: Die Erstellung von Anforderungs- und Fähigkeitsprofilen für arbeits- und personalwirtschaftlich orientierte betriebliche Informationssysteme. In: Schmidt, Herbert; Hagenbruck, Hasso und Sämann, Werner (Hrsg.): Handbuch der Personalplanung, Frankfurt/M. und New York 1975, S. 145–158; Sheibar, Paul: A Simple Selection System Called „Jobmatch", in Personnel Journal, Vol. 58, 1979, S. 26–29, 53; Hilton, Bob D.: A Human Resource System That Lives Up to Its Name, in: Personnel Journal, Vol. 58, 1979, S. 460–465.
21 Hopmann, Hannes: Datenverarbeitung im Personalwesen. In: Gaugler, Eduard (Hrsg.): Handwörterbuch des Personalwesens, Stuttgart 1975, Sp. 755–764; Hentschel, Bernd; Klement, Helmut und Gliss, Hans: Leitfaden: Ablauf in der Lohn- und Gehaltsabrechnung, Köln 1976; Hentschel, Bernd: Neue DEVO/DÜVO tritt zum 1.1.1980 in Kraft, in: Personalführung, 12. Jg., 1979, S. 167 f.
22 Pillat, Rüdiger: EDV im Personalwesen, in: Das Personalbüro in Recht und Praxis (Loseblattsammlung), Freiburg i.Br., 1973, Gruppe 7, S. 226 f.

pen sind sowohl für die Planungs- als auch für die Verwaltungs- und Kontrollaufgaben der betrieblichen Personalarbeit von großer Bedeutung[23]. Programme für den Einsatz statistischer Methoden sind daher in einem besonderen Teil der Methoden- und Modellbank zusammenzufassen. Auch hierfür liegt eine große Palette von Anwendungssoftware vor.

- Sowohl in der betrieblichen Praxis als auch in der Wissenschaft wird — wie bereits ausgeführt — zunehmend die Frage untersucht, inwieweit man für die Lösung von Planungsproblemen im Personalbereich Modelle einsetzen kann. Sie ermöglichen über die rein statistische Analyse hinausgehend entscheidungslogische Verknüpfungen von Daten bzw. Informationen, die entweder in der Personaldatenbank oder in der Arbeitsplatzdatenbank gespeichert sind oder vom Systembenutzer direkt eingegeben werden[24]. Die Planungsmodelle bzw. die entsprechende Software können in der Methoden und Modellbank gespeichert werden.

Damit soll keineswegs der Eindruck entstehen, daß die Personalarbeit insgesamt in Zukunft mit quantitativen Planungsmodellen abzuwickeln ist. Dies ist realitätsfremd und ernsthaft auch nicht zu vertreten. Es wird sich immer nur um bestimmte Teilbereiche der Personalplanung handeln. Darüber hinaus gilt auch hier die Aussage, daß es sich dabei nur um eine Unterstützung der Personalarbeit handelt und keineswegs die abschließende individuelle Entscheidung dadurch ersetzt wird[25]. Personalentscheidungen sind der Kategorie schlecht strukturierter Probleme zuzuordnen. Damit ist der Einsatz standardisierter Methoden und Modelle nur beschränkt sinnvoll und möglich.

c. EDV-Anlagenkonfiguration

In der Regel ist die Installation einer besonderen EDV-Zentraleinheit, die nur für das Personal- und Arbeitsplatzinformationssystem eingesetzt werden soll, nicht notwendig. Vorhandene Rechner können für anspruchsvolle EDV-gestützte Personal- und Arbeitsplatzinformationssysteme aufgrund der häufig geringen zeitlichen Inanspruchnahme in der Regel mitbenutzt werden. Eine Reihe von Hardware-Herstellern bieten geeignete Anlagen an. Grundsätzlich kann das System zentral oder dezentral herstellerunabhängig aufgebaut werden (Abb. 8). Zunehmend wird hier auch der Einsatz von Mikrocomputern empfohlen[26]. Ebenfalls bestehen ausgereifte Datenbanksysteme.

Für den praktischen Einsatz eines Personal- und Arbeitsplatzinformationssystems ist die Konfiguration der Datenerfassungs- und Dateneingabegeräte einerseits und der Datenausgabegeräte andererseits von großer Wichtigkeit[27]. Welche Geräte verwendet werden sollten, richtet sich nach dem Verwendungszweck des Systems:

---

23 Lutz, Burkart und Weltz, Friedrich: Personalstatistik und Personalplanung. Expertise für das Bundesministerium für Arbeit und Sozialordnung im Rahmen des Forschungsprojektes „Betriebliche Personalplanung", München 1972.
24 Schön, B.: Bereich — Zuordnungsprobleme und ihre Lösung mit Hilfe von Entscheidungsbaum-Verfahren, in: Angewandte Informatik, 13. Jg., 1971, Teil 1: S. 519—528 und Teil 2: S. 546—556.
25 Hentschel, Bernd: Personaldaten. Behandlung durch den Arbeitgeber, in: Der Arbeitgeber, 29. Jg., 1977, S. 548.
26 Short, Larry E.: Now You Can Micro-Computerize Your Personnel System, in: Personnel Journal, Vol. 58, 1979, S. 154—156, 177.
27 Pfeilmeier, Frank: Time — Sharing & Information Systems, in: Personnel Journal, Vol. 57, 1978, S. 68—75.

Lohn- und Gehaltsabrechnungen, Zeiterfassung, Urlaubskonto, Personalbestandsübersichten, Fluktuations- und Krankenstandsstatistiken, die Speicherung neuer Testergebnisse und Beurteilungswerte werden in der Regel in Stapelverarbeitung nach Betriebsschluß oder einmal pro Woche/Monat durchgeführt. Dateneingaben erfolgen hierbei etwa über Kartenleser, Terminals (Datenstation) oder Klarschrift- und Markierungsleser, die Ausgabe üblicherweise über Drucker direkt auf spezielle Formulare. Hierbei handelt es sich um Informationen, die nicht kurzfristig nach der Eingabe für eine Auskunft oder Entscheidungsfindung benötigt werden. Vorrangig wird hier Batch-Verarbeitung eingesetzt.

Für viele Verwaltungs-, Kontroll- und Planungsprobleme im Personalbereich hat sich jedoch ein Dialogbetrieb mit Terminals, insbesondere Bildschirmgeräten, bewährt. Zum Beispiel können aus dem Datensatz eines Mitarbeiters spezielle Daten, die für eine Versetzung oder für eine Gehaltsfindung relevant sind, in Bruchteilen von Sekunden abgerufen werden. Oder nachdem am Terminal ein spezieller Transaktionsschlüssel eingegeben worden ist, wird der Benutzer der EDV-Anlage über das Terminal aufgefordert,

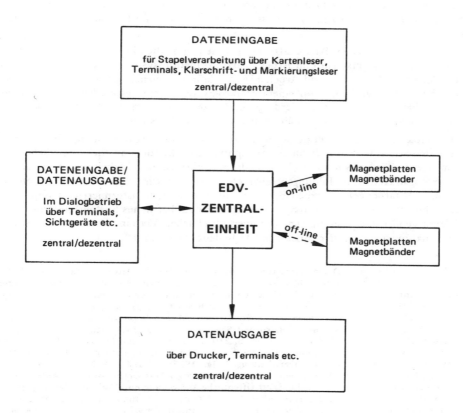

Abbildung 8: Beispiel für eine Hardware-Konfiguration mit verschiedenen Ein- und Ausgabemöglichkeiten

weitere Eingaben je nach Fragestellung vorzunehmen. Damit können weitere Informationen als Entscheidungsgrundlage abgerufen werden, diese aber auch direkt korrigiert, gelöscht, aktualisiert oder ergänzt werden (Online-Verarbeitung).

4. Verschiedene Typen und Entwicklungsstand

Die konkrete Ausgestaltung eines Personal- und Arbeitsplatzinformationssystems hängt von einer Reihe von Bestimmungsgrößen ab. Die wesentlichen sind:
— Anwender
— Verwendungszweck
— Automatisierungsgrad
— Einzugsbereich.

Je nach Ausprägung dieser Bestimmungsgrößen ergeben sich unterschiedliche Typen von Personal- und Arbeitsplatzinformationssystemen. Sie sollen im folgenden kurz charakterisiert werden (Abb. 9):

— Betreibt ein einzelnes Wirtschaftsunternehmen, eine Behörde, ein Institut etc. als ‚Anwender' das Personal- und Arbeitsplatzinformationssystem und werden die Daten der eigenen Mitarbeiter und Arbeitsplätze erfaßt, gespeichert, transformiert und ausgegeben, dann wird hier von einem „Mikro-System" (einzelwirtschaftliches System) gesprochen. Hierbei können allerdings die Nutzer — wie ausgeführt — sowohl aus dem betrieblichen als auch aus dem überbetrieblichen Bereich stammen.

Handelt es sich um ein Personal- und Arbeitsplatzinformationssystem, das von Institutionen wie Bundesanstalt für Arbeit, Statistisches Bundesamt, Sicherheitsbehörden, sonstige Behörden wie Einwohnermeldeamt, Finanzämter, Arbeitsämter, Sozialversicherungsträger, vom Bildungsbereich etc. betrieben wird und nicht die Daten der eigenen Mitarbeiter und Arbeitsplätze erfaßt, speichert, transformiert und ausgibt, so wird hier von einem „Makro-System" (gesamtwirtschaftliches System) gesprochen[28]. Hierzu gehört auch der Bereich der überbetrieblichen Verbundsysteme (z. B. Sozialinformationssysteme), der zunehmend an Bedeutung gewinnt[29].

---

28 Schaper, Hans-Heinrich: Datenverarbeitung bei der Bundesanstalt für Arbeit, in: data report, 8. Jg., 1973, Nr. 4, S. 23—27; Wiesel, G.: Fragen der Datenerfassung beim Aufbau eines kriminalpolizeilichen Informationssystems, in: ÖVD Öffentliche Verwaltung und Datenverarbeitung, 4. Jg., 1974, S. 343—347; Hoffmann, Hans Peter: Die neue Beschäftigungsstatistik der Bundesanstalt für Arbeit und ihre Vorraussetzungen auf seiten der betrieblichen Personalerfassung und -planung. In: Schmidt, Herbert; Hagenbruck, Hasso und Sämann, Werner (Hrsg.): Handbuch der Personalplanung, Frankfurt/M. und New York 1975, S. 210—220; Karl, H. und Lodde, R.: Informationssystem INPOL — das Datenverbundsystem der Polizei in der Bundesrepublik Deutschland, in: ÖVD Öffentliche Verwaltung und Datenverarbeitung, 5. Jg., 1975, Teil 1: S. 20—27, Teil 2: S. 75—81; Thome, Rainer: Möglichkeiten für eine datenverarbeitungsgerechte Organisation von Aufgaben des öffentlichen Gesundheitswesens, in: ÖVD Öffentliche Verwaltung und Datenverarbeitung, 5. Jg., 1975, S. 348—355; Beeckmann, H.H.; Blum, W. und Trost, W.: Automatisiertes Einwohnerwesen und Mikrofilm — die Duisburger Lösung, in: ÖVD Öffentliche Verwaltung und Datenverarbeitung, 6. Jg., 1976, S. 175—181.
29 Tomeski, Edward und Lazarus, Harold: The Computer and the Personnel Department. Keys to modernizing human resource systems, in: Business Horizons, Vol. 16, 1973, No. 3, S. 65; Schmidt, Herbert: Das Sozialinformationssystem der Bundesrepublik Deutschland. Sozialinnovation durch Informationstechnologie, Eutin 1977.

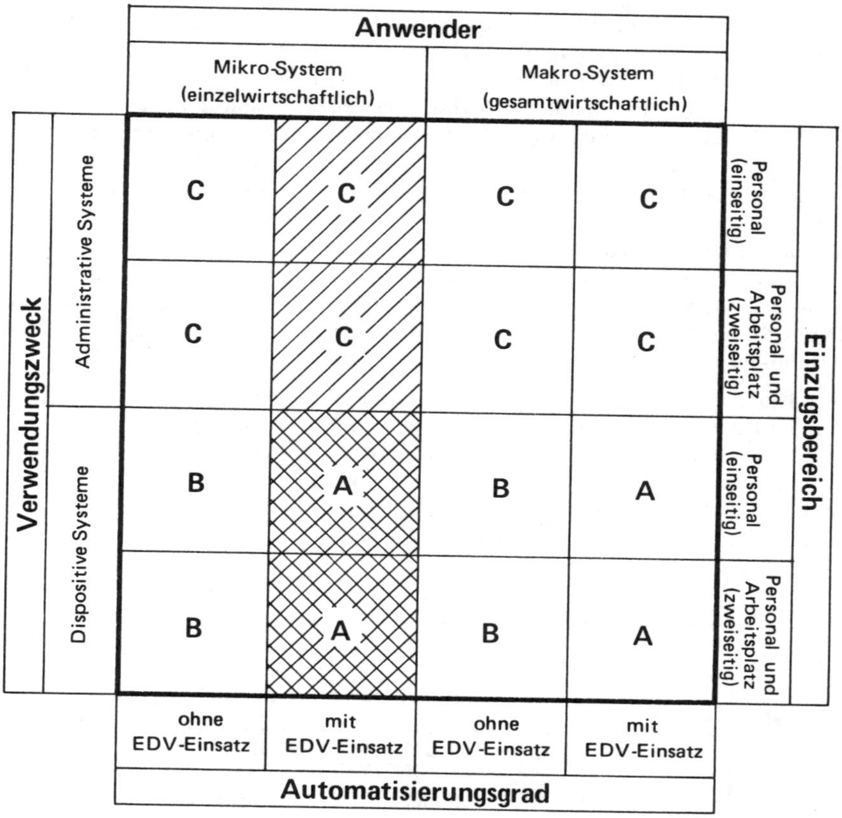

		Anwender			
		Mikro-System (einzelwirtschaftlich)		Makro-System (gesamtwirtschaftlich)	
Verwendungszweck	Administrative Systeme	C	C	C	C	Personal (einseitig)	**Einzugsbereich**
		C	C	C	C	Personal und Arbeitsplatz (zweiseitig)	
	Dispositive Systeme	B	A	B	A	Personal (einseitig)	
		B	A	B	A	Personal und Arbeitsplatz (zweiseitig)	
		ohne EDV-Einsatz	mit EDV-Einsatz	ohne EDV-Einsatz	mit EDV-Einsatz		
		Automatisierungsgrad					

Abbildung 9: Verschiedene Typen von Personal- und Arbeitsplatzinformationssystemen

— Bei der Bestimmungsgröße ‚Verwendungszweck' soll hier grob zwischen administrativen und dispositiven Systemen unterschieden werden[30]. Die bisher in der Praxis entwickelten und realisierten Personal- und Arbeitsplatzinformationssysteme sind vorrangig administrative Systeme. Sie dienen der Personal- und Arbeitsplatzverwaltung, Berechnungs- und Abrechnungszwecken, dem Meldewesen, der Terminüberwachung. Durchführungs-/ Verwaltungs- und Kontrollaufgaben stehen hier im Mittelpunkt.

Typische Beispiele für die Ausgabe solcher Systeme sind Personalstatistiken und -übersichten (Urlaubs-, Fluktuations-, Altersaufbau-, differenzierte Bestandsstatistiken im Personal- und Arbeitsplatzbereich, Einstell- und Entlassungslisten etc.), die Lohn- und Gehaltsabrechnungen und die Ausgabe spezieller Personaldaten eines Mitarbeiters

---

30 Mertens, Peter: Datenverarbeitung im Personalwesen. In: Bierfelder, Wilhelm (Hrsg.): Handwörterbuch des öffentlichen Dienstes. Band: Das Personalwesen, Berlin 1976, Sp. 570–578.

oder von Arbeitsplatzdaten[31]. Die Daten sind in der Regel vergangenheitsbezogen. Sie können allerdings in beschränktem Maße auch für dispositive Zwecke eingesetzt werden, indem man die vergangenheitsbezogenen Informationen, zum Beispiel über Trendberechnungen, für Entscheidungsprozesse verwendet. Nimmt man die Entwicklung spezieller Fluktuationsraten auch für die Zukunft an, so können entsprechende Entscheidungen für die Personalbeschaffung getroffen werden. Haben sich in der Vergangenheit zum Beispiel in einem Warenhaus typische Verläufe und Wachstumsraten für Kundenfrequenz und Umsatzentwicklung herausgestellt, so können daraus Entscheidungen für zukünftige Personaleinsätze abgeleitet werden. Man kann dabei schon von Planungs- und Entscheidungssystemen sprechen, obwohl nur vergangenheitsbezogenes Basismaterial in Prognosen umgeformt wird. Hier ist die Brücke zu anspruchsvolleren Systemtypen, zu dispositiven Systemen mit der Verwendung zukunftsbezogener Daten für Planungs- und Entscheidungsaufgaben.

— Der ‚Automatisierungsgrad' wird hier mit dem Einsatz der EDV angegeben[32]. Die elektronische Datenverarbeitung wird in den letzten Jahren zunehmend auch im Personalbereich eingesetzt. Immer mehr Personalverwaltungen stellen Teile ihrer Arbeit auf Datenverarbeitung um. Mit dem Aufbau und Betrieb eines Personal- und Arbeitsplatzinformationssystems ist allerdings nicht automatisch der Einsatz der elektronischen Datenverarbeitung verbunden (Abb. 10):

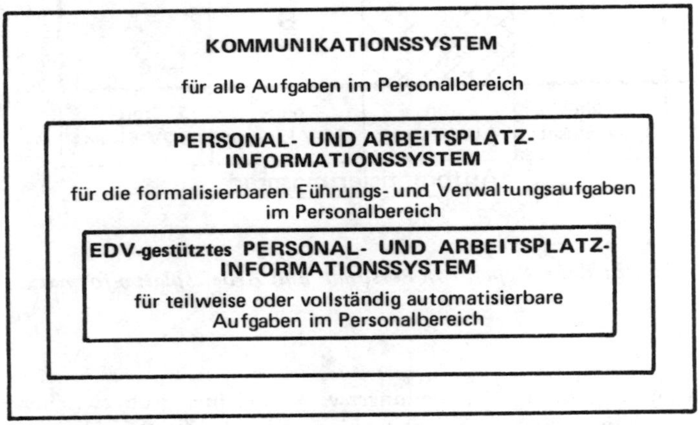

```
┌─────────────────────────────────────────────────┐
│           KOMMUNIKATIONSSYSTEM                  │
│       für alle Aufgaben im Personalbereich      │
│  ┌───────────────────────────────────────────┐  │
│  │    PERSONAL- UND ARBEITSPLATZ-            │  │
│  │         INFORMATIONSSYSTEM                │  │
│  │  für die formalisierbaren Führungs- und   │  │
│  │   Verwaltungsaufgaben im Personalbereich  │  │
│  │  ┌─────────────────────────────────────┐  │  │
│  │  │ EDV-gestütztes PERSONAL- UND        │  │  │
│  │  │    ARBEITSPLATZ-INFORMATIONSSYSTEM  │  │  │
│  │  │ für teilweise oder vollständig      │  │  │
│  │  │ automatisierbare Aufgaben im        │  │  │
│  │  │ Personalbereich                     │  │  │
│  │  └─────────────────────────────────────┘  │  │
│  └───────────────────────────────────────────┘  │
└─────────────────────────────────────────────────┘
```

Abbildung 10: Die Bedeutung der EDV im Personalbereich

---

31 Mertens, Peter und Griese, Joachim: Industrielle Datenverarbeitung, Band II: Informations- und Planungssysteme, Wiesbaden 1972, S. 199 ff.
32 Binder, Otto Kurt: Personalverwaltung mit elektronischer Datenverarbeitung, München 1970; Deutsche Gesellschaft für Personalführung e.V. (Hrsg.): Die Anwendung der EDV im Personalwesen, Band 1: Lohn- und Gehaltsabrechnung (bearbeitet von Hentschel, Bernd und Kaus, Ernst), Köln 1973; Nagel, Kurt: EDV im Personalbereich, Wiesbaden 1977.

Zum einen gibt es eine Reihe von Führungs- und Verwaltungsaufgaben im Personalbereich, die nicht formalisiert werden können. Hierzu gehören intuitiv motivierte Entscheidungen genauso wie die Erarbeitung personalpolitischer Richtlinien. Außerdem bedingt qualifizierte Personalarbeit nach wie vor eine Fülle individueller Entscheidungen und Verwaltungsvorgänge, die überhaupt nicht oder nur in einer vorbereitenden Phase EDV-gestützt wahrgenommen werden können.

Zum anderen kann aber ein erheblicher Teil formalisiert werden, der dann einem Personal- und Arbeitsplatzinformationssystem zuzuordnen ist. Hierunter fallen systematische Personalkostenplanungen oder systematische Arbeitsmarktuntersuchungen einschließlich Beschaffungsmaßnahmen etc.

Geht die Formalisierbarkeit so weit, daß Teile des Systems teilweise oder vollständig automatisiert werden können, so kommt man zu dem Bereich des EDV-gestützten Personal- und Arbeitsplatzinformationssystems. Hierunter fallen zur Zeit vorrangig der Komplex Abrechnungen und Berichtswesen, die Verwaltung und Auswertung der Personalstammdaten, die Arbeitszeiterfassung etc. Diese Aktivitäten haben zwar zwangsläufig nichts mit dem Einsatz eines EDV-Systems zu tun. Es gewinnt aber eine zentrale Bedeutung für die Personalarbeit, wenn man sich das Problem der großen Datenmengen und der wirtschaftlichen Verwaltung, die Forderung nach richtiger und rechtzeitiger Information, das Problem des erhöhten Informationsbedarfs bei qualifizierter Personalarbeit unter besonderer Berücksichtigung der Personalplanung etc. bewußt macht[33]. Durch die Bezeichnung EDV-‚gestützt' soll zum Ausdruck kommen, daß der Computer hier ein wertvolles Hilfsmittel ist, keineswegs aber bei der Personalarbeit der Mensch durch die Maschine ersetzt werden kann. Außerdem besteht jeweils die Notwendigkeit einer Wirtschaftlichkeitsprüfung[34].

— Die vierte Bestimmungsgröße bezieht sich auf den ‚Einzugsbereich'. Von einem ‚einseitigen' Personal- und Arbeitsplatzinformationssystem wird gesprochen, wenn nur der Komplex ‚Personal' (s. Abb. 3) berücksichtigt wird. Ein ‚zweiseitiges' System berücksichtigt dagegen sowohl den Komplex ‚Personal' als auch den Komplex ‚Arbeitsplatz'.

Bei dieser groben Unterscheidung nach den genannten vier Bestimmungsgrößen ‚Anwender', ‚Verwendungszweck', ‚Automatisierungsgrad' und ‚Einzugsbereich' ergeben sich in unterschiedlicher Kombination bereits 16 verschiedene Systemtypen. Selbstverständlich ist eine weitere Differenzierung und Detaillierung möglich.

Der Entwicklungsstand der in Abb. 9 charakterisierten Systemtypen ist in der Praxis unterschiedlich. Es ergibt sich bei grober Klassenbildung folgendes Bild:

— Die in Abb. 9 mit A ausgefüllten Felder betreffen Systeme, die äußerst selten in der Praxis realisiert sind;
— die in Abb. 9 mit B ausgewiesenen Felder betreffen Systeme, die bereits häufig realisiert wurden;
— die in Abb. 9 mit C ausgewiesenen Felder betreffen Systeme, die in außerordentlich großer Anzahl bereits realisiert wurden.

---

33 Bassett, Glenn A. und Weatherbee, Harvard Y.: Personnel Systems and Data Management, New York 1971; Dukes, Carlton W.: Computerizing Personnel Resource Data, New York 1971; Tomeski, Edward A.; Yoon, Man B. und Stephenson, George: Computer-Related Challenges for Personnel Administrators, in: Personnel Journal, Vol. 55, 1976, S. 300—303.
34 Hentschel, Bernd: Anforderungen an eine Personaldatenbank, AWV-Papiere Nr. 11, Frankfurt/M. 1976.

Daraus ergibt sich, daß sowohl im einzel- wie im gesamtwirtschaftlichen Bereich EDV-gestützte dispositive Systeme bisher am wenigsten realisiert worden sind. In dieser Arbeit werden die in Abb. 9 schraffiert gekennzeichneten Systeme behandelt, wobei der Bereich der dispositiven Systeme im Teil B der Arbeit im Mittelpunkt steht. Diese grobe Einschätzung zum Entwicklungsstand der systemgestützten Personalplanung wurde insbesondere aus den Ergebnissen empirischer Untersuchungen abgeleitet, auf die noch eingegangen wird.

5. Stufenweiser Aufbau und Eingliederung des Systems

a. Hauptaktivitäten beim Aufbau und Betrieb

Aufbau und Betrieb eines (EDV-gestützten) Personal- und Arbeitsplatzinformationssystems erfordern eine detaillierte Planung der notwendigen Einzelaktivitäten[35]. Zum Teil können sie zeitlich parallel durchgeführt werden. Grundsätzlich fallen sie in folgende drei Phasen:

Phase A: Konzeption des Personal- und Arbeitsplatzinformationssystems

Phase B: Realisierung des Personal- und Arbeitsplatzinformationssystems

Phase C: Betrieb des Personal- und Arbeitsplatzinformationssystems

In die Konzeptionsphase fallen die Aufbaustufen:

— Problemanalyse
— Systemplanung incl. Kosten-Nutzen-Analyse
— Hardware — Untersuchung.

Die dafür notwendigen wichtigsten Einzelaktivitäten sind in Abb. 11 ausgewiesen. Sie können zum Teil zeitlich parallel durchgeführt werden. Als Ergebnis dieser Phase sind zu erstellen:

— eine Unternehmensstudie über das vorhandene Personal- und Arbeitsplatzinformationssystem ‚IST' und seine kritische Beurteilung,
— ein Systemvorschlag für das Personal- und Arbeitsplatzinformationssystem ‚SOLL' mit einem Personal-, Zeit- und Kostenplan für die einzelnen Phasen,
— eine Systems-Design-Studie.

Die erfolgreiche Abwicklung des Projektes erfordert eine Zusammenarbeit von Personal-, EDV/Organisations- und Planungsabteilung in einem Team, eventuell ergänzt durch Mitglieder aus dem Rechnungswesen, dem Bereich Betriebswirtschaft und der Mitarbeitervertretungen[36].

---

[35] Mapp, George A.: Planning A Personnel Information System Feasibility And Design Study, in: Personnel Journal, Vol. 50, 1971, S. 28—34; Marangell, Frank: How to establish a human resource data base, in: Personnel, Vol. 49, 1972, No. 1, S. 53—58; Schäfer, Walter: Erfahrungen beim Einsatz von PERSIS (Personal-Informations-System). In: Reber, Gerhard (Hrsg.): Personalinformationssysteme, Stuttgart 1979, S. 420 f.

[36] Gressbach, Rolf: Die Personalplanung in einem Management-Information-System (MIS), in: Industrielle Organisation, 39. Jg., 1970, S. 377 f.

PROBLEMANALYSE

1. Unternehmenspolitik feststellen	2. Ziele im Bereich Personalwesen feststellen	3. Führungs- und Verwaltungsaufgaben im Bereich Personal feststellen	4. Organisationsstruktur feststellen
5. Funktionsabläufe im Bereich Personal ermitteln	6. Informationsraster "IST" ermitteln: welche Personen bekommen wann, von wem, in welcher Form, wie aufbereitet, wozu, welche Informationen über das Personal?		7. quantitativen und qualitativen Personalbestand ermitteln
8. Arbeitsplatzbeschreibung und -bewertung untersuchen Lohn- und Gehaltssystem, Zusatzleistungen untersuchen	9. Beurteilungswesen untersuchen Versetzungs- und Beförderungswesen untersuchen	10. Aus- und Weiterbildungswesen untersuchen	11. Fluktuation und Fehlzeiten untersuchen

SYSTEMPLANUNG

1. Soll-Ziele im Bereich Personalwesen erarbeiten	2. Soll-Führungs- und Verwaltungsaufgaben erarbeiten	3. Soll-Organisationsstruktur erarbeiten	4. Soll-Funktionsabläufe im Bereich Personal erarbeiten
5. Systeme der Arbeitsplatzbeschreibung entwerfen	6. Informationsraster "SOLL" konzipieren: wer soll wann, von wem, in welcher Form, wie aufbereitet, wozu, welche Informationen über das Personal erhalten?		7. Soll-Aus- und Weiterbildungswesen erarbeiten
8. Soll-Beurteilungssystem erarbeiten Soll-Beförderungs- und Versetzungssystem entwerfen	9. Abstimmung mit anderen Informationssystemen durchführen	10. Konzepte für die Datenbanken	11. Systemrelevante Wirtschaftlichkeitsüberlegungen anstellen

HARDWARE—UNTERSUCHUNG

1. Hardware-Ausschreibung	2. Auswahl der EDV-Konfiguration

DETAIL–ORGANISATION

1. Detaillierten Katalog der zu erfassenden Personaldaten aufstellen	2. Genaue Definition der zu erfassenden und zu speichernden Daten und Unterteilung nach Sachgebieten	3. Genaue Begründung des Informationsbedarfs nach Inhalt und Form	4. Aufbau von Codelogik und Codetabellen (Schlüsselverzeichnis)
5. Organisationsvorgabe zur Erfassung der Personaldaten	6. Definition von Prüf- und Entscheidungstabellen	7. Erarbeitung von Datenschutzmaßnahmen	8. Erarbeitung von Übergangsregelungen
9. Spezifikation des Dialogverkehrs	10. Spezifikation der Stapelverarbeitung	11. Spezifikation von Ausgabeformaten	12. Spezifikation des Pflegeprogramms

SOFTWARE–ENTWICKLUNG

1. Programmierung aller Programme zum Betrieb und zur Wartung des Systems	2. Austesten der Programme	3. Probeläufe	4. Enddokumentation

EINFÜHRUNG

1. Aufbau einer Testdatenbank für die Schulung	2. Schulung des Systempersonals	3. Schulung und Informationen für alle Beschäftigten	4. Übergabe des Gesamtsystems

BETRIEB

1. Informationsgewinnung	2. Betreuung und Wartung des Systems	3. laufende Aktualisierung des Systems	4. Erweiterung und Veränderung des Systems nach Bedarf

Abbildung 11: Aktivitäten im Rahmen der Konzeptionsphase, Realisierungs- und Betriebsphase

In die Realisierungsphase fallen die Aufbaustufen:

— Detail-Organisation
— Software-Entwicklung
— Einführung.

Die dafür notwendigen wichtigsten Einzelaktivitäten sind in Abb. 11 ausgewiesen. Sie können zum Teil parallel durchgeführt werden. Als Ergebnis dieser Phase sind zu erstellen:

— eine detaillierte Organisationsvorgabe für Aufbau und Einführung eines Personal- und Arbeitsplatzinformationssystems,
— ein maßgeschneidertes Softwarepaket,
— eine Abschlußdokumentation über den Aufbau des Systems.

Nach der Einführung sind in der Betriebsphase insbesondere folgende Aktivitäten relevant (Abb. 11):

— Informationsgewinnung für die Personaldatenbank, die Arbeitsplatzdatenbank und die Methoden- und Modellbank
— die laufende Betreuung und Wartung des Personal- und Arbeitsplatzinformationssystems
— die laufende Aktualisierung des Systems
— die Erweiterung und Veränderung des Personal- und Arbeitsplatzinformationssystems, soweit sie sich aus neuen und veränderten Problemstellungen ergeben.

Es wird noch einmal besonders betont, daß in jeder Phase eine Abstimmung im Rahmen des Gesamtsystems erfolgen muß, denn Personalentscheidungen sind in der Regel integrierte Bestandteile von Entscheidungen, die mehrere Funktionsbereiche betreffen.

b. Konzipierung und Realisierung in Stufen

Es ist unrealistisch, davon auszugehen, ein Personal- und Arbeitsplatzinformationssystem müsse von Anbeginn für alle Verwendungszwecke der betrieblichen Personalarbeit grob und fein konzipiert und anschließend insgesamt realisiert werden. Dieses Vorhaben ist viel zu komplex und erfahrungsgemäß zum Scheitern verurteilt. Vielmehr empfiehlt sich ein stufenweises Vorgehen (Abb. 12):

— Zunächst ist in einer kurzen Vorphase das Gesamtprojekt zu strukturieren sowie ein Phasenplan mit inhaltlichen, zeitlichen, aufwandsmäßigen und personellen Aussagen zu erstellen.
— Es folgt eine grobe Ist-Aufnahme und kritische Analyse der Ausgangslage und der bestehenden Planungen.
— Im Anschluß ist ein Soll-Grobkonzept (Rahmenkonzept) zu erstellen, in dem möglichst das Gesamtsystem und seine Schnittstellen erfaßt werden. Im Ergebnis wird nach Prioritäten geordnet auf der Basis einer Kosten-Nutzen-Analyse das weitere Vorgehen geplant.
— Es folgt dann entsprechend dieser Prioritäten jeweils eine Feinanalyse des Ist-Zustandes, ein Soll-Feinkonzept, die Realisierung und Einführung der einzelnen Komplexe innerhalb des Rahmenkonzeptes. Hierbei wird der Aufbau zu einem administrativen System zunächst im Vordergrund stehen. Der Ausbau des Personal- und Ar-

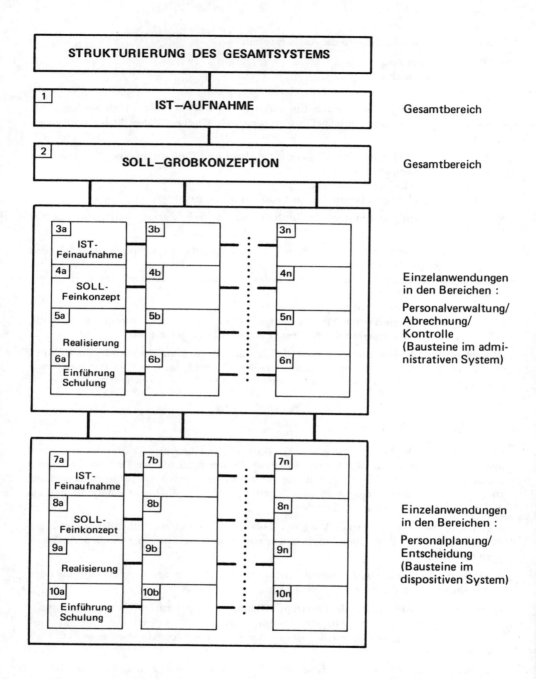

Abbildung 12: Stufenweiser Aufbau eines Personal- und Arbeitsplatzinformationssystems

beitsplatzinformationssystems auch für anspruchsvolle Planungszwecke wird sich erst in weiteren Stufen anschließen. Damit soll zum Ausdruck kommen, daß dispositive Systeme in der Regel auf administrativen Systemen aufbauend realisiert werden sollen[37].

Ein stufenweises Vorgehen empfiehlt sich ebenfalls bei der Konzeption des gesamten betrieblichen Informationssystems. Wurde insbesondere in den 60iger Jahren noch euphorisch von ‚vollintegrierten Total-Informations- und Total-Kontrollsystemen' gesprochen, so hat der Versuch, Total-Systeme realisieren zu wollen, in der Regel zu kostspieligen Experimenten und Fehlschlägen geführt.

Eine nüchterne Betrachtung hat Theorie und Praxis wieder näher gebracht. So wird heute von einigen Unternehmen und in vielen Bereichen der öffentlichen Verwaltung angestrebt, zunächst ein Rahmenkonzept für ein flexibles Total-System zu entwerfen, das im Zeitablauf veränderten Situationen angepaßt werden kann. In einem zweiten Schritt beschränkt man sich dann auf die Feinkonzeption und Realisierung von Teilinformationssystemen für Funktionsbereiche wie Absatz, Finanz- und Rechnungswesen oder Produktion, Personal. Erst in einem dritten Schritt werden diese sukzessiv realisierten Teil-Systeme — soweit sinnvoll — zu einem Total-System zusammengefügt.

c. Integration in den Informationsprozeß

Es wird zunächst an einem Beispiel dargestellt, wie ein Personal- und Arbeitsplatzinformationssystem in den Informationsprozeß zu integrieren ist, da der Informationsbedarf von der speziellen Situation und vom konkreten Verwendungszweck des Personal- und Arbeitsplatzinformationssystems abhängt. Dabei ist auch zu zeigen, welche Rolle die EDV übernimmt. Die notwendigen Schritte, die hierbei durchzuführen sind, werden für das Beispiel ‚Personaleinsatzplanung mit Hilfe eines Personal- und Arbeitsplatzinformationssystems' aufgezeigt (Abb. 13).

Aus der Übersicht ist zu ersehen, daß in der Phase der Informationsgewinnung (I) nach der Zielbestimmung (1) eine exakte Beschreibung der Tätigkeitsbereiche erfolgen muß (2). Durch eine Arbeitsanalyse sind die jeweiligen Anforderungsmerkmale und ihre Ausprägungen zu bestimmen (3). Schließlich muß festgestellt werden, welche Tätigkeitsbereiche bzw. Arbeitsplätze zu besetzen sind (4). Analog zu dieser Bestimmung des Personalbedarfs müssen detaillierte Informationen über den Personalbestand gewonnen werden (5). Um eine gezielte Personaleinsatzplanung durchführen zu können, muß jedoch ein Beurteilungssystem bestehen (6), denn die Eignung und Bereitschaft des einzelnen Mitarbeiters für einen Einsatz muß zukunftsorientiert erfaßt werden (7). Diese detaillierten Informationen über den Personalbestand und den Personalbedarf sind mit Hilfe eines zu entwickelnden Instrumentariums (Verfahren, Methoden, Modelle) zu verarbeiten (8).

Erst in der Phase der tatsächlichen Informationsverwaltung und Informationsverarbeitung (II) wird der EDV-Einsatz relevant. Die Ergebnisse der Phase der Informationsgewinnung sind auf der Personaldatenbank sowie der Arbeitsplatzdatenbank und auf der Methoden- und Modellbank zu berücksichtigen (9, 10, 11) und mit Hilfe des EDV-Systems zu verarbeiten (12). Dem EDV-System kommt hier also eine — bei großen Datenmengen und anspruchsvollen Methoden und Modellen — notwendige Hilfsfunktion zu.

---

[37] Hentschel, Bernd: Einrichtung von Personalinformationssystemen, in: Personal, 27. Jg., 1975, S. 191–193.

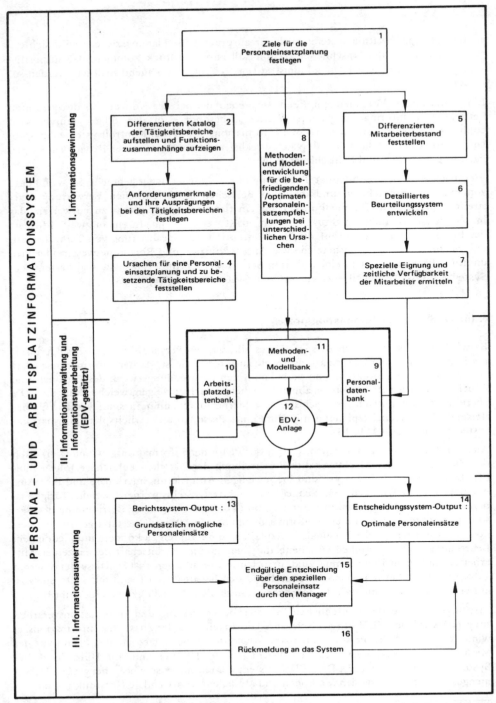

Abbildung 13: Personaleinsatzplanung mit Hilfe eines Personal- und Arbeitsplatzinformationssystems

ARBEITSPLATZDATENBANK (Personalbedarf)	PERSONALDATENBANK (Personalbestand)		
Personal-Anforderungen	Mitarbeiter B 14 708 PersNr.	Mitarbeiter F 14 607 PersNr.	Mitarbeiter G 27 301 PersNr.
Diplom-Physiker	Dipl.-Phys.	Dipl.-Phys. Dr. rer. nat.	Dipl.-Phys. Dipl.-Math.
35 - 45 Jahre alt	38 Jahre	42 Jahre	40 Jahre
5 - 10 Jahre Betriebszugehörigkeit	6 Jahre	5 Jahre	7 Jahre
Mindestens 3 Jahre in der Sparte Sprengstoffe tätig	4 Jahre	3 Jahre	3 Jahre
Mindestens die Position eines Abteilungsleiters	Abtlgs.leiter	Abtlgs.leiter	Spartenleiter
Aufgrund der letzten Beurteilung zur Beförderung vorgesehen	ja	ja	ja
Bereitschaft zur Versetzung in die Position vorhanden	ja	ja	ja

Abbildung 14: Ergebnis einer Gegenüberstellung (Matching) von Personal- und Arbeitsplatzdatenbank im Rahmen der Personaleinsatzplanung

Schließlich muß in der Phase der Informationsauswertung (III) unter Berücksichtigung des System-Outputs (13, 14) von der verantwortlichen Führungskraft eine endgültige Entscheidung getroffen werden (15). Es wurde wiederholt gesagt, daß diese Entscheidung in der Regel nicht durch die EDV-Anlage, sondern erst nach Abwägung einer Reihe zusätzlicher Gesichtspunkte erfolgen kann. Handelt es sich um ein Berichtssystem, dann bekommt man für die Informationsauswertung eine Übersicht darüber, wer grundsätzlich für den Einsatz und damit für die Deckung des speziellen Personalbedarfs in Frage kommt. Ein Beispiel enthält Abbildung 14. Eine zusätzliche Entscheidungshilfe wird gegeben, wenn das Personal- und Arbeitsplatzinformationssystem den Entwicklungsgrad eines Entscheidungssystems besitzt. Es wird dann ausgewiesen, welcher Einsatz nach vorgegebenen Zielsetzungen optimal wäre. An das System muß anschließend gemeldet werden, welcher Mitarbeiter ab wann und für wie lange welchen Tätigkeitsbereich über-

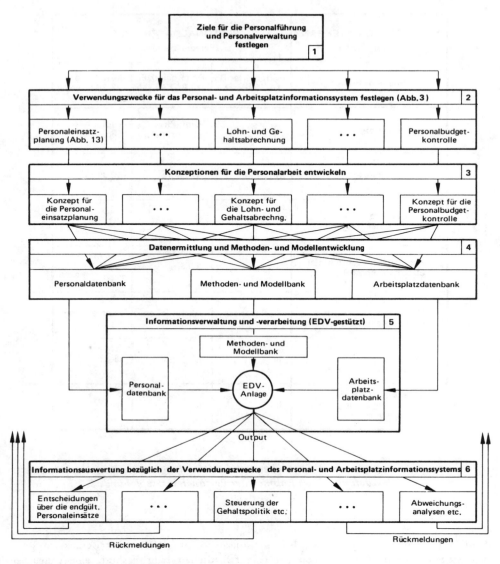

Abbildung 15: Personalführung und Personalverwaltung mit Hilfe eines Personal- und Arbeitsplatzinformationssystems

nimmt (16). Damit werden die Personaldatenbank und die Arbeitsplatzdatenbank aktualisiert.

In Abbildung 13 wurde der Prozeß der Informationsgewinnung bis zur Informationsauswertung zur Verdeutlichung zunächst für ein Beispiel (Personaleinsatzplanung) dargestellt. Dabei handelt es sich nur um einen ganz speziellen Verwendungszweck des Personal- und Arbeitsplatzinformationssystems. Abbildung 15 enthält den generellen Ablauf.

Zunächst sind immer die sozialen und wirtschaftlichen Ziele für die Personalführung und Personalverwaltung im Rahmen des Gesamtsystems zu erarbeiten (1). — Das Personal- und Arbeitsplatzinformationssystem kann für mehrere Aufgaben unterstützend eingesetzt werden (2). Abbildung 3 enthielt dazu eine Übersicht. Sie sind jeweils genau zu konkretisieren. — Die Verwendungszwecke können mit Hilfe des Systems nur erfüllt werden, wenn man entsprechende Konzeptionen entwickelt (3). Für die Personal-Einsatzplanung ist dies in Abbildung 13 bei Schritt (2) bis (7) genauer dargestellt worden. — Für die Erfüllung der Verwendungszwecke werden detaillierte Informationen für die Personaldatenbank, Arbeitsplatzdatenbank und für die Methoden- und Modellbank benötigt (4), die zum Teil die gleichen sind. — Die Informationsverwaltung und jeweils den Verwendungszwecken entsprechend die Informationsverarbeitung können EDV-gestützt durchgeführt (5) werden. Schließlich erfolgen wieder die Informationsauswertung für die endgültigen Entscheidungen (6) und die System-Rückmeldungen.

II. Besondere Probleme beim Einsatz von Personal- und Arbeitsplatzinformationssystemen

Es ist nicht zu übersehen, daß mit dem Aufbau und Betrieb von Personal- und Arbeitsplatzinformationssystemen für die betriebliche Personalarbeit eine Reihe von Problemen verbunden ist. Auf Fragen der planungsrelevanten Informationsgewinnung und -verarbeitung mit bestimmten Methoden und Modellen wird in Teil B. noch eingegangen. Hier werden in einer Auswahl drei Probleme hervorgehoben, die von besonderer Aktualität sind: Rechtliche Rahmenbedingungen, Einfluß der Partizipation und Kosten-Nutzen-Problematik.

1. Zur Beachtung von rechtlichen Rahmenbedingungen

Unter den betrieblichen Informationssystemen sind Personal- und Arbeitsplatzinformationssysteme besonders von rechtlichen Rahmenbedingungen betroffen. Sie haben Einfluß sowohl auf den Systemaufbau in Struktur und Inhalt als auch auf den Systembetrieb. Dies gilt insbesondere einer Fülle von Gesetzen wegen, die durch die administrativen Verwendungszwecke des Systems Gültigkeit erlangen. Im Rahmen der betrieblichen Personalarbeit müssen von den Arbeitnehmern umfangreiche Informationen erhoben, geführt, verarbeitet, nachgewiesen und an die öffentlichen Verwaltungen weitergeleitet werden. Darauf wurde bereits eingegangen. Somit sind Personal- und Arbeitsplatzinformationssysteme heute zu einem bestimmten Teil für staatliche Informations-, Einzugs- und Meldebedürfnisse zu konzipieren. Dadurch unterliegen die Systeme aber auch hohen Änderungsfrequenzen, da die vielfältigen gesetzlichen Änderungen und Neuerungen automatisch system- und verfahrenstechnische Anpassungsmaßnahmen erfordern. Hinzu kommt, daß durch diese Einflußgrößen eine erhebliche Kostenbelastung mit dem Betrieb von Personal- und Arbeitsplatzinformationssystemen verbunden ist. Es bestehen alleine mehr als 100 bundesrechtliche Spezialvorschriften im Steuer-, Arbeits- und Sozialrecht. Auf Veröffentlichungen, in denen die relevanten Gesetze katalogisiert und auf die Auswirkungen für den Arbeitgeber beim Aufbau und Betrieb von Personal- und Arbeitsplatzinformationssystemen untersucht werden, wird hier nur hingewiesen[38]. Von besonderer Bedeutung sind allerdings Anforderungen aus dem Betriebsverfassungsgesetz (BetrVG) und dem Bundesdatenschutzgesetz (BDSG). Auf die wichtigsten Fragen wird im folgenden eingegangen[39].

---

38 Gesellschaft für Datenschutz und Datensicherung e.V. (Hrsg.): Dokumentation vorrangiger Rechtsvorschriften im Personalwesen, GDD-Dokument No. 11, Bonn o.J.; Hentschel, Bernd: Neue Einflußgrößen für betriebliche Personaldatensysteme aufgrund gesetzgeberischer Aktivitäten, AWV-Papiere Nr. 16, Frankfurt/M. 1976; Kilian, Wolfgang: Melde- und Auskunftspflichten des Arbeitgebers im Personalbereich, in: Betriebs-Berater, 32. Jg., 1977, S. 1153–1159.
39 Betriebsverfassungsgesetz (BetrVG) vom 15. Januar 1972 (BGBl I S. 13); Gesetz zum Schutz vor Mißbrauch personenbezogener Daten bei der Datenverarbeitung (Bundesdatenschutzgesetz – BDSG) vom 27. Januar 1977 (BGBl. I S. 201).

a. Ziel und Geltungsbereich des Bundesdatenschutzgesetzes

Ziel des BDSG ist es gem. § 1 Abs. 1, „durch den Schutz personenbezogener Daten vor Mißbrauch bei ihrer Speicherung, Übermittlung, Veränderung und Löschung (Datenverarbeitung) der Beeinträchtigung schutzwürdiger Belange der Betroffenen entgegenzuwirken". Insofern ist der Begriff Datenschutz mißverständlich, denn nicht die Daten an sich sollen geschützt werden, sondern es geht um den Schutz der Privatsphäre des Einzelnen, die durch unkontrollierte Verwendung seiner persönlichen Daten (hier) durch den Einsatz eines Personal- und Arbeitsplatzinformationssystems gefährdet wäre[40]. Die Vorschriften des BetrVG behalten zwar weiterhin ihre Bedeutung, sie sind sogar teilweise denen des BDSG voranzustellen, dennoch kann man das BetrVG nicht mehr isoliert vom BDSG anwenden. Das BDSG gliedert sich in sechs Abschnitte. Hier ist besonders der 1. Abschnitt „Allgemeine Vorschriften" (§§ 1—6) und der 3. Abschnitt „Datenverarbeitung nichtöffentlicher Stellen für eigene Zwecke" (§§ 22—30) interessant.

Es ist zunächst der Geltungsbereich des BDSG genauer zu klären. Grundsätzlich schützt das BDSG personenbezogene Daten, die in Dateien verarbeitet werden. Gemäß § 2 Abs. 1 BDSG sind „personenbezogene Daten Einzelangaben über persönliche oder sachliche Verhältnisse einer bestimmten oder bestimmbaren Person (Betroffener)". Es handelt sich dabei um die Daten, die — wie ausgeführt — auf der Personaldatenbank erfaßt werden und sowohl für administrative als auch für dispositive Verwendungszwecke verwendet werden können[41].

Weiterhin ist der Begriff „Datei" im Sinne des BDSG zu klären, denn nicht alle personenbezogenen Daten sollen durch das Gesetz geschützt werden, sondern nur diejenigen, die in „Dateien gespeichert, verändert, gelöscht oder aus Dateien übermittelt werden" (§ 1 Abs. 2 BDSG). Das BDSG gibt hierzu eine Definition in § 2 Abs. 3 BDSG, wonach sich folgende Kriterien einer Datei ergeben: Die Datei muß eine gleichartig aufgebaute Sammlung von Daten sein, wobei es unerheblich ist, ob die Daten über eine oder mehrere Personen erfaßt werden. Die Forderung nach einem gleichartigen Aufbau der Datei bewirkt, daß die einzelnen Elemente in einem Ordnungsschema dargestellt werden. Bei einem EDV-gestützten Personal- und Arbeitsplatzinformationssystem im beschriebenen Sinne ergibt sich die Ordnung aus der standardisierten Informationsgewinnung und dem einheitlichen Aufbau der Programme[42]. Somit wird auch die Forderung gem. § 2 Abs. 3 Ziffer 3 BDSG erfüllt, in denen Dateien vorausgesetzt werden, in denen die enthaltenen Daten „nach bestimmten Merkmalen erfaßt und geordnet, nach anderen bestimmten Merkmalen umgeordnet und ausgewertet werden" können.

Die Definition durch das Gesetz bewirkt, daß personenbezogene Daten, die in Aufzeichnungen festgehalten werden, die das Dateikriterium nicht erfüllen, nicht durch das BDSG geschützt sind. Daher sind ausdrücklich ausgenommen Akten und Aktensammlungen, es sei denn, daß sie durch automatisierte Verfahren umgeordnet und ausgewertet werden können[43]. Diese Regelung erfordert, die in einem Unternehmen üblicherweise geführten

---
40 Simitis, Spiros: Datenschutz und Arbeitsrecht, in: Arbeit und Recht, 25. Jg., 1977, April, S. 97 f.
41 Hentschel, Bernd: Werden Personaldaten nur vom BDSG geschützt?, in: Personal, 29. Jg., 1977, S. 164 f.
42 Ordemann, Hans-Joachim und Schomerus, Rudolf: Bundesdatenschutzgesetz, München 1977, S. 45 f.
43 Simitis, Spiros; Dammann, Ulrich; Mallmann, Otto und Reh, Hans-Joachim: Kommentar zum Bundesdatenschutzgesetz, Baden-Baden 1978, Erl. zu § 2, S. 64—67.

Aufzeichnungen auf die Dateikriterien hin zu untersuchen. Unbeschadet einer besonderen Prüfung sind dem ersten Anschein nach die Dateikriterien erfüllt bei: Karteikarten für Urlaub, Fehlzeiten, Pfändungen; Personalfragebogen; Lohnkonten; Erfassungsformulare; Stempelkarten; Schichtbesetzungspläne; Lohnsteuerkarten; Stammbänder, -dateien. Personalakten, in denen Personalfragebögen, Dokumente, Arbeitsverträge, Bewertungen, Informationen über Ausbildungsmaßnahmen etc. abgelegt werden, sind i. d. R. Akten bzw. Aktensammlungen im Sinne des BDSG. Sie erfüllen nur bedingt die Dateikriterien[44].

Der Arbeitnehmer hat also keine Ansprüche durch das BDSG, solange seine personenbezogenen Daten in losen Aktensammlungen geführt werden. Demgegenüber steht jedoch der arbeitsrechtliche Personalaktenbegriff, der in der Literatur im Zusammenhang mit § 83 BetrVG verwandt wird. Danach besteht die Personalakte aus allen schriftlichen Unterlagen über den bestimmten Arbeitnehmer, wobei die Form keine Rolle spielt[45]. Das Einsichts- und Gegendarstellungsrecht bezieht sich also auf alle Unterlagen. Folglich ist auch hier zu prüfen, welche Vorschrift Vorrang hat.

Darüber hinaus ist besonders auf § 45 BDSG hinzuweisen, der dem Gesetz den Charakter eines „Auffanggesetzes" gibt[46]. Gem. § 45 Satz 1 gehen „besondere Rechtsvorschriften des Bundes" den Vorschriften des BDSG vor, soweit sie „auf in Dateien gespeicherte personenbezogene Daten anzuwenden sind". In § 45 Ziffer 5 ist das Einsichtsrecht des Arbeitnehmers gem. § 83 BetrVG ausdrücklich als vorrangige Rechtsvorschrift genannt. Doch trotz der ausdrücklichen Erwähnung im Gesetz, ist die Frage der Vorrangigkeit des § 83 BetrVG problematisch, denn die Regelungen des BDSG werden erst durch deckungsgleiche Spezialvorschriften verdrängt[47].

Bei der Festlegung des Geltungsbereiches ist damit zunächst generell zu klären, ob das BDSG, eine andere vorrangige Rechtsvorschrift oder beide Vorschriften parallel anzuwenden sind. Ist für den speziellen Fall eine deckungsgleiche Spezialvorschrift vorhanden, so ist diese auch anzuwenden. Das Problem liegt hierbei in der Definition des Begriffes Deckungsgleichheit. Die Vorschriften des BDSG werden durch die Spezialvorschrift nur soweit ausgeschlossen, wie sie den gleichen Tatbestand regelt. Zusätzliche, weitergehende Vorschriften des BDSG sind parallel anzuwenden.

Existiert eine deckungsgleiche Vorschrift gem. § 45 BDSG nicht, so stellt sich die Frage, ob die zu verarbeitenden personenbezogenen Daten in einer Datei im Sinne des § 2 Abs. 3, Ziffer 3 BDSG gespeichert sind. Ist dies nicht der Fall, so sind die Vorschriften des Allgemeinen Arbeitsrechtes anzuwenden.

Sind die Kriterien der Datei erfüllt, so sind die Vorschriften des BDSG anzuwenden, es sei denn, der jeweilig anzuwendende Paragraph enthält eine Rückverweisung auf eine andere Vorschrift. Eine derartige Rückverweisung findet sich beispielsweise in § 3 BDSG, der die Zulässigkeit der Datenverarbeitung regelt, wenn „dieses Gesetz oder eine besondere

---

44 Hentschel, Bernd und Gliss, Hans: Die Personalakte als Datei i. S. des Bundesdatenschutzgesetzes, in: Der Betrieb, 30. Jg., 1977, S. 2330; Hentschel, Bernd: Werden Personaldaten nur vom BDSG geschützt?, in: Personal, 29. Jg., 1977, S. 166.
45 Fitting, Karl; Auffahrt, Fritz und Kaiser, Heinz: Betriebsverfassungsgesetz, Handkommentar, 12. Auflage, München 1977, S. 864 f.
46 Gola, Peter; Hümmerich, Klaus und Kerstan, Uwe: Datenschutzrecht. Erläuterte Rechtsvorschriften und Materialien zum Datenschutz, Teil 2: Einzelvorschriften des Bundes zum Datenschutz, Berlin 1978, S. 1–3.
47 Simitis, Spiros: Datenschutz und Arbeitsrecht, in: Arbeit und Recht, 25. Jg., 1977, April, S. 106.

Rechtsvorschrift sie erlaubt" (§ 3 Satz 1 Ziffer 1 BDSG). In diesem Fall ist auf eine Vorschrift aus dem Allgemeinen Arbeitsrecht zurückgreifen[48].

b. Individuelle Rechtsvorschriften gemäß Betriebsverfassungsgesetz und Bundesdatenschutzgesetz

Hier sollen nicht alle Vorschriften des Bundesdatenschutzgesetzes detailliert untersucht werden. Es wird nur eine Auswahl einbezogen, die in einem bestimmten Zusammenhang mit den Regelungen des Betriebsverfassungsgesetzes steht und hier von besonderer Bedeutung ist. Auf Ausführungen zu technischen und organisatorischen Maßnahmen im Zusammenhang mit Datensicherheitsmaßnahmen (§ 6 BDSG) wird hier nur verwiesen[49].

α. *Behandlung der Betriebsangehörigen gem. §§ 75, 81, 82 BetrVG und § 3 BDSG*

Hierbei wird folgendes hervorgehoben:

— Beim Einsatz von Personal- und Arbeitsplatzinformationssystemen hat der Arbeitgeber zunächst die grundsätzlichen Regelungen des § 75 BetrVG über die Behandlung der Betriebsangehörigen zu beachten. Nach § 75 Absatz 1 BetrVG haben Arbeitgeber und Betriebsrat die Durchsetzung des Gleichheitsprinzips innerhalb des Betriebes zu überwachen. Insbesondere verbietet die Vorschrift die ungleiche Behandlung der Betriebsangehörigen wegen ihrer Abstammung, Religion, Nationalität, Herkunft, politischen oder gewerkschaftlichen Betätigung oder Einstellung oder wegen ihres Geschlechts. Hierzu können auch die in einem Personal- und Arbeitsplatzinformationssystem auf der Personaldatenbank gespeicherten Arbeitnehmerdaten i. d. R. Auskünfte geben und Mängel aufdecken. Ein wesentliches Ziel ist es demnach, durch den Betrieb des Systems bestehende Ungleichheiten und Schlechterstellungen zu erkennen und zu beseitigen bzw. andererseits neue Diskriminierungen zu verhüten.

Analoge Ausführungen gelten gem. § 75 Absatz 2 BetrVG, wonach Arbeitgeber und Betriebsrat die freie Entfaltung der Persönlichkeit aller Angehörigen des Betriebes zu schützen und zu fördern haben. Nicht zu Unrecht wird in der Literatur deshalb diese Vorschrift als „Magna-Charta der Betriebsverfassung" bezeichnet[50]. Es ist daher darauf zu achten, daß durch Einsatz von Personal- und Arbeitsplatzinformationssystemen dieser Forderung nicht entgegengewirkt wird. Die Verwendung von Informationen über den Mitarbeiter ist nur zulässig, wenn sie aus dem Arbeitsverhältnis zu begründen ist.

---

48 Gola, Peter; Hümmerich, Klaus und Kerstan, Uwe: Datenschutzrecht. Erläuterte Rechtsvorschriften und Materialien zum Datenschutz. Teil 2: Einzelvorschriften des Bundes zum Datenschutz, Berlin 1978, S. 100–103.
49 Bergmann, Lutz und Möhrle, Roland: Datenschutzrecht (Kommentar), Stuttgart u.a. 1977 ff., Anlage zu § 6; Hellfors, Sven und Seiz, Manfred: Praxis betrieblicher Datensicherung. Datenschutz und Datensicherung durch personelle, organisatorische und technische Maßnahmen, Berlin 1977; Pickardt, Hugo: Organisationsmittel zur Datensicherung. Graphische und verbale Gestaltungsinstrumente, Berlin 1978; Bayer, Rudolf und Dierstein, Rüdiger: Rahmenkonzept für die Systematik der Datensicherung, GDD-Dokumentation Nr. 19, Köln 1979.
50 Dietz, Rolf und Richardi, Reinhard: Betriebsverfassungsgesetz mit Wahlordnungen, 5. Auflage, München 1973, S. 757.

- Gem. § 3 BDSG muß der Arbeitnehmer jedoch in die Verarbeitung seiner personenbezogenen Daten einwilligen, es sei denn, das BDSG oder eine andere Rechtsvorschrift erlaube es. Neben dem Problem, das in Konzernunternehmen auftreten kann, stellt sich hierbei besonders die Frage nach der Freiwilligkeit der Einwilligung, wenn manche Unternehmen bereits bei der Erstellung des Arbeitsvertrages eine solche Einwilligung vorher formularmäßig verlangen. Hier liegt offensichtlich ein Mangel des BDSG, denn einem interessierten Bewerber wird letztlich nicht die Wahl gelassen, die Einwilligung zu verweigern[51].

  Wenn die Einwilligung in einem Formular zusammen mit anderen Erklärungen abgegeben wird, z. B. auf einem Personalfragebogen, dann muß der Arbeitnehmer darauf schriftlich hingewiesen werden. Auch die Einwilligung selbst bedarf grundsätzlich der Schriftform, wenn nicht besondere Umstände eine andere Form angemessen scheinen lassen[52].

- Andererseits besitzt der Arbeitnehmer gem. § 81 BetrVG ein Recht auf Unterrichtung durch den Arbeitgeber über die Aufgaben und Verantwortung sowie über die Art seiner Tätigkeit und ihre Einordnung in den Arbeitsablauf des Betriebes. Darüber hinaus hat der Arbeitnehmer das Recht, über Unfall- und Gesundheitsgefahren sowie Veränderungen in seinem Arbeitsbereich rechtzeitig und umfassend informiert zu werden. Für diese Aufgabe kann sich ein Personal- und Arbeitsplatzinformationssystem je nach seiner Leistungsfähigkeit eignen. Es können beispielsweise die Anforderungen eines bestimmten Arbeitsplatzes aus der Arbeitsplatzdatenbank abgerufen und dem Arbeitnehmer mit Hilfe des Outputs erläutert werden. Besonderer Wert ist dabei auf die Erläuterungen zu legen, denn allein die Aushändigung eines Merkblatts reicht nicht aus, um die Forderung des § 81 BetrVG zu erfüllen[53].

- Über das Informationsrecht hinaus hat der Arbeitnehmer auch ein Anhörungs- und Erörterungsrecht nach § 82 BetrVG. Als weiteres Recht des Arbeitnehmers verlangt § 82 Absatz 2 Satz 1 BetrVG die Erläuterung seines Arbeitsentgeltes, seiner Leistungsbeurteilung sowie der Möglichkeiten seiner beruflichen Entwicklungen in dem Betrieb durch den Arbeitgeber. Auch hierbei kann zur Erstellung einer Gesprächsgrundlage ein Personal- und Arbeitsplatzinformationssystem eine wertvolle Unterstützung sein.

β. *Parallele Berücksichtigung von § 83 BetrVG und §§ 26, 27 BDSG*

Neben grundsätzlichen Ausführungen zur Personalakte sind bestimmte Einzelrechte von Bedeutung.

(1) Personal- und Arbeitsplatzinformationssysteme und Personalakten
Bei Anwendung des § 83 BetrVG im Zusammenhang mit EDV-gestützten Personal- und Arbeitsplatzinformationssystemen stellt sich zunächst die Frage, ob und inwieweit das System die Kriterien für eine Personalakte im Sinne des § 83 BetrVG überhaupt erfüllt.

---

51 Hümmerich, Klaus: Die Einverständniserklärung des Bewerbers nach § 3 BDSG, in: Datenschutz und Datensicherung, 2. Jg., 1978, S. 135.
52 Wundram, Robert: Datenschutz im Betrieb, Berlin 1978, S. 28.
53 Hümmerich, Klaus: Betriebsverfassungsrechtliche Anforderungen an Personalinformationssysteme, in: Der Betrieb, 31. Jg., 1978, S. 1934.

Nach der herrschenden Meinung in der Literatur gehören zur Personalakte wie bereits ausgeführt nicht nur alle schriftlichen Aufzeichnungen über einen bestimmten Arbeitnehmer, sondern auch die jeweiligen personenbezogenen Teile einer Personaldatenbank im Rahmen eines EDV-gestützten Systems[54]. § 83 findet demnach Anwendung. Das Einsichtsrecht in die EDV-gestützten Dateien darf dem Arbeitnehmer also keineswegs dadurch entzogen werden, indem ihm ihre Existenz einfach verschwiegen wird, vielmehr muß er spätestens über ihr Vorhandensein informiert werden, wenn er in seine Personalakte Einsicht nehmen will. Darüber hinaus muß ein zentraler Katalog über sämtliche relevante Dateien erstellt werden[55].

Innerhalb eines Personal- und Arbeitsplatzinformationssystems werden die personenbezogenen Daten aber nur in der Personaldatenbank gespeichert. Geht man davon aus, daß das Einsichtsrecht gem. § 83 BetrVG nur für die eigenen Personaldaten gilt, so würde das bedeuten, daß der Arbeitnehmer nur in die Personaldatenbank, nicht aber in die Methodenbank Einsicht nehmen darf. Dadurch könnte der Arbeitnehmer die Verwendung seiner Daten im Gesamtsystem nicht mehr überblicken und das Recht auf Einsicht wäre durch die Verarbeitung der Personaldaten in Datenbanken gegenüber herkömmlichen Verfahren reduziert. Das kann nicht im Sinne des Gesetzes sein. Folglich müssen die Organisationsmethoden bei Anwendung der EDV den betriebsverfassungsrechtlichen Anforderungen entsprechen. Der Arbeitnehmer kann sein Einsichtsrecht nur wahrnehmen, wenn ihm die Methoden der Datenverarbeitung, die Datenverknüpfungen und der Umfang der Verarbeitung seiner Daten erläutert werden, weil dadurch seine Personaldaten erst einsehbar werden. Das Einsichtsrecht muß sich also auch auf die Methodenbank eines Personal- und Arbeitsplatzinformationssystems beziehen[56].

(2) Einzelrechte gem. § 83 BetrVG und §§ 26, 27 BDSG
Bezogen auf die Gesamtproblematik dieser Arbeit sollen folgende Bestimmungen besonders hervorgehoben und kommentiert werden:

— Zunächst muß gem. § 26 Absatz 1 BDSG der Arbeitnehmer überhaupt benachrichtigt werden, wenn erstmals Daten über seine Person gespeichert werden, es sei denn, daß er auf andere Weise Kenntnis von der Speicherung erlangt hat. Dieses Benachrichtigungsrecht hat der Arbeitnehmer nach dem Betriebsverfassungsgesetz nicht. Es ist vielmehr ausreichend, wenn ein Vermerk in die Hauptpersonalakte eingefügt wird, der die übrigen, über den Arbeitnehmer geführten Personalakten, also auch die mit Hilfe der EDV gespeicherten Daten, benennt. Damit hat § 26 Absatz 1 BDSG eine Erweiterung der Arbeitnehmerrechte zur Folge. Denn der Arbeitnehmer kann durch die Benachrichtigung gezielt von seinem Auskunftsrecht Gebrauch machen. Der eindeutige Vorteil der neuen Vorschrift liegt darin, daß durch die Benachrichtigungspflicht als Vorstufe für das Auskunftsrecht Informationen nicht mehr verarbeitet werden können, ohne daß der betroffene Arbeitnehmer davon erfährt[57]. Ein gewisser Nachteil der Vorschrift liegt darin, daß die Benachrichtigung nur die Tatsache beinhalten muß,

---

54 Hentschel, Bernd und Gliss, Hans: Die Personalakte als Datei i.S. des Bundesdatenschutzgesetzes. Abgrenzung zwischen Personalakten- und Dateibegriff, in: Der Betrieb, 30. Jg., 1977, S. 2329–2331.
55 Bayer, Rudolf: Konsequenzen des Bundesdatenschutzgesetzes für die Datenverarbeitung, in: Der Betrieb, 31. Jg., 1978, S. 145–147.
56 Kilian, Wolfgang: Arbeitsrechtliche Probleme automatisierter Personalinformationssysteme, in: Juristenzeitung, 32. Jg., 1977, S. 484.
57 Auernhammer, Herbert: Bundesdatenschutzgesetz. Kommentar, Köln 1977, S. 160 f.

daß eine Speicherung vorgenommen wurde, nicht aber den Inhalt der gespeicherten Daten ausweisen muß. Diese Interpretation ist jedoch umstritten[58].

— Bei manuell geführten Dateien bereitet die Einsichtnahme in die Personalakte normalerweise keine Probleme. Der Arbeitnehmer hat das Recht, die über ihn geführten Daten jederzeit dort einzusehen, wo sie aufbewahrt werden und darf sich Notizen oder Kopien machen. Er kann gem. § 83 BetrVG jedoch nicht verlangen, daß ihm die Personalakte zur Verfügung gestellt wird[59].

Die Durchführung der Einsichtnahme bei computergestützten Personal- und Arbeitsplatzinformationssystemen ist durch die besondere Art der Datenverarbeitung und Datenwiedergewinnung jedoch problematisch, denn die elektronisch gespeicherten Daten sind im eigentlichen Sinne nicht einsehbar und müssen folglich erst sichtbar gemacht werden. Werden dem Arbeitnehmer seine Personaldaten zum Beispiel auf dem Bildschirm eines Terminals ausgedruckt, so wird er oft keine Zeit haben, sich die gewünschten Notizen zu machen[60]. Der komplette Ausdruck der Personaldaten ist zudem recht unübersichtlich, da er in der Regel nicht geschlossen auf einem Bildschirm Platz findet und andererseits einzelne Daten oft mit anderen Daten verkoppelt sind, welche nicht Bestandteil der Personalakte sind. Aus diesem Grund werden spezielle Auskünfte notwendig, die nur vom Datenverarbeitungspersonal mit besonderen Abfragetechniken durchgeführt werden können. Diese Umstände und psychologische Einflüsse, wie zum Beispiel Abschreckungseffekte durch die Unübersichtlichkeit der EDV-gestützten Datenverarbeitung, können den Wunsch des Arbeitnehmers, sein Einsichtsrecht wahrzunehmen, verdrängen. Die Bestimmungen des § 26 Absatz 2 BDSG sind daher als vorteilhafter anzusehen, da sie den besonderen Umständen der automatischen Datenverarbeitung besser entsprechen[61].

— Zunächst bewirkt die durch § 26 Absatz 4 erforderliche Schriftlichkeit der Auskunft eine Stärkung der Position des Arbeitnehmers gegenüber dem Arbeitgeber. Denn durch diese Formvorschrift unterliegt die Auskunft § 126 BGB und muß daher vom Aussteller eigenhändig unterzeichnet werden. Durch die genaue Information anhand schriftlicher Unterlagen kann der Arbeitnehmer seine Rechte besser wahrnehmen als durch bloße Einsichtnahme, weil die Schriftlichkeit der Auskunft, zusammen mit der geforderten Unterschrift auch die Funktion der Beweissicherung hat. Nur durch eine Auskunft in der durch § 126 BGB verlangten Form kann der Arbeitnehmer seine Ansprüche, die sich möglicherweise aus der Information ergeben, ohne Beweisschwierigkeiten durchsetzen[62].

Bei computergestützten Informationssystemen genügt zur Auskunftserteilung gem. § 26 BDSG ein Computerausdruck; allerdings muß der Inhalt so gestaltet sein, daß der Arbeitnehmer ihn ohne besondere Vorkenntnisse verstehen kann. Das bedeutet, daß

---

58 Ordemann, Hans-Joachim und Schomerus, Rudolf: Bundesdatenschutzgesetz, München 1977, S. 132; Schedl, Irene: Bundesdatenschutzgesetz, Kissing 1977, Anmerkungen zu § 26, S. 86.
59 Dietz, Rolf und Richardi, Reinhard: Betriebsverfassungsgesetz mit Wahlordnungen, 5. Auflage, München 1973, S. 910.
60 Kilian, Wolfgang: Integrierte Personalinformationssysteme und Mitbestimmung, in: DSWR Datenverarbeitung in Steuer, Wirtschaft und Recht, 5. Jg., 1975, S. 325.
61 Kilian, Wolfgang: Arbeitsrechtliche Probleme automatisierter Personalinformationssysteme, in: Juristenzeitung, 32. Jg., 1977, S. 484.
62 Simitis, Spiros; Dammann, Ulrich; Mallmann, Otto und Reh, Hans-Joachim: Kommentar zum Bundesdatenschutzgesetz, Baden-Baden 1978, Erl. zu § 26, S. 16.

verschlüsselte Daten zu entschlüsseln sind. Bei der Gestaltung eines Personal- und Arbeitsplatzinformationssystems kann diese Forderung erfüllt werden, indem besondere Programme, die ausschließlich der Auskunfterteilung an die Arbeitnehmer dienen, aufgestellt werden. In diesen Ausdrucken erscheint dann nicht der Code, der allgemein bei Betrieb des Informationssystems gebraucht wird und der nur für geschulte Datenverarbeiter verständlich ist; vielmehr wird der Inhalt gleich im Klartext ausgedruckt.

Ein weiterer Vorteil des § 26 BDSG liegt darin, daß damit erstmals eine gesetzliche Grundlage für die Auskunfterteilung an leitende Angestellte geschaffen wurde. Nach den betriebsverfassungsrechtlichen Bestimmungen konnte diese Gruppe wegen § 5 Abs. 3 BetrVG kein gesetzlich begründetes Einsichtsrecht beanspruchen[63].

Ein Nachteil der Regelungen des § 26 BDSG ist jedoch nicht zu übersehen, nämlich die Kostenpflichtigkeit der Auskunft. Wie bereits erwähnt, ist mit § 83 BetrVG beabsichtigt, dem Arbeitnehmer ein kostenloses Einsichtsrecht zu ermöglichen. Bei Anwendung des § 26 BDSG könnte der Arbeitgeber aber ein Entgelt verlangen, was der aus § 83 BetrVG abzuleitenden Absicht des Gesetzgebers nicht entsprechen würde[64]. Eine endgültige Klärung des Problems kann erst nach einer Entscheidung der Rechtsprechung getroffen werden; um dieser Entscheidung zuvorzukommen, können sich Arbeitgeber und Arbeitnehmer in einer Betriebsvereinbarung einigen.

— Gem. § 83 Abs. 2 BetrVG hat der Arbeitnehmer das Recht, zum Inhalt seiner Personalakte Gegendarstellungen abzugeben, die der Personalakte beizufügen sind. Dieser Forderung des Gesetzes ist auch beim Einsatz computergestützter Personal- und Arbeitsplatzinformationssysteme zur Verarbeitung der Arbeitnehmerdaten Folge zu leisten. Schon bei der Planung von Personal- und Arbeitsplatzinformationssystemen ist zu berücksichtigen, daß Raum für Gegendarstellungen durch den Satz- bzw. Feldaufbau der Dateien gelassen wird und die Gegendarstellungen bei Auswertungen mit berücksichtigt werden[65]. Die Regelung des § 27 Abs. 1 BDSG schreibt vor, daß personenbezogene Daten zu berichtigen sind, wenn sie unrichtig sind.

Anders als das BetrVG räumt § 27 Abs. 2 BDSG dem Arbeitnehmer in bestimmten Fällen das Recht ein, seine Daten sperren zu lassen. Die Sperrung hat zur Folge, daß die Daten für Auswertungen nicht mehr benutzt werden dürfen, es sei denn, § 14 BDSG ist wirksam. In einem Personal- und Arbeitsplatzinformationssystem sind folglich gesperrte Daten so zu kennzeichnen, daß eine weitere Verarbeitung oder Übermittlung nicht mehr erfolgt[66]. Der betroffene Arbeitnehmer hat durch diese Vorschrift die Möglichkeit, personenbezogene Daten, die möglicherweise richtig, für ihn aber nachteilig sind (beispielsweise ungünstige Beurteilungen), außer Kraft zu setzen, indem er ihre Richtigkeit bestreitet. Gerade bei persönlichen Beurteilungen, die immer in gewissem Grade subjektiv sind, ist der Gegenbeweis für den Arbeitgeber nahezu unmöglich. Für eine möglichst optimale Ausnutzung der Kapazität eines Informationssystems ist aber eine möglichst große Anzahl von Einzelinformationen notwendig. Im

---

63 Kilian, Wolfgang: Auswirkungen des BDSG auf das Betriebsverfassungsrecht, in: Recht der Arbeit, 31. Jg., 1978, S. 206.
64 Simitis, Spiros; Dammann, Ulrich; Mallmann, Otto und Reh, Hans-Joachim: Kommentar zum Bundesdatenschutzgesetz, Baden-Baden 1978, Erl. zu § 26, S. 36 f.
65 Hümmerich, Klaus: Betriebsverfassungsrechtliche Anforderungen an Personalinformationssysteme, in: Der Betrieb, 31. Jg., 1978, S. 1933.
66 Kilian, Wolfgang: Auswirkungen des BDSG auf das Betriebsverfassungsrecht, in: Recht der Arbeit, 31. Jg., 1978, S. 208.

Extremfall besteht durch diese Regelung die Gefahr, daß, bei übermäßigem Gebrauch des Rechts der Sperrung, Personal- und Arbeitsplatzinformationssysteme ihre Funktionen nicht mehr in vollem Maße erfüllen können[67].

— Nach § 27 Abs. 3 Satz 1 BDSG sind Daten zu löschen, wenn ihre Kenntnis für die Erfüllung des Zweckes der Speicherung nicht mehr erforderlich ist und schutzwürdige Belange des Betroffenen nicht beeinträchtigt werden. Hier hat die speichernde Stelle einen Ermessungsspielraum, denn auch wenn im Einzelfall durch eine Löschung keine schutzwürdigen Belange des Betroffenen beeinträchtigt werden, so ist damit nicht unbedingt gegeben, daß die speichernde Stelle die Kenntnis der Daten nicht mehr für die Erfüllung des Zweckes der Speicherung benötigt. Läßt sich der Anspruch auf Löschung nicht eindeutig beweisen, so sind die Daten gem. § 27 Abs. 2 BDSG zu sperren.

Gem. § 27 Abs. 3 Satz 2 und 3 BDSG hat der Betroffene einen Anspruch auf Löschung, ohne daß die speichernde Stelle einen Ermessensspielraum hat. Danach sind die gespeicherten Daten insbesondere dann zu löschen, wenn die Speicherung unzulässig war oder wenn es sich um Daten handelt, die sich auf gesundheitliche Verhältnisse, strafbare Handlungen, Ordnungswidrigkeiten oder religiöse und politische Anschauungen beziehen, die die speichernde Stelle nicht beweisen kann. Darüber hinaus kann der Betroffene von sich aus die Löschung verlangen, wenn die Kenntnis des Datums für die Zweckerfüllung der Speicherung nicht mehr erforderlich ist.

Im Gegensatz zu diesen präzisen Vorschriften des BDSG hat der Arbeitnehmer nach den Regelungen des Betriebsverfassungsrechts keine derartigen Rechte. Ihm bleibt lediglich das Recht auf Gegendarstellungen gem. § 83 BetrVG.

Insgesamt zeigt sich, daß man in den Ansichten über die Frage, ob § 83 BetrVG den §§ 26, 27 BDSG weiterhin voranzustellen ist, in der Literatur nicht immer übereinstimmt. In der Mehrzahl tendieren die Auffassungen jedoch dahin, beide Vorschriften anzuwenden. Dies wird einerseits damit begründet, daß die Vorschriften nicht deckungsgleich sind, andererseits werden dem Arbeitnehmer die weiterreichenden Regelungen des BDSG zugestanden, weil er gegenüber anderen Personengruppen nicht schlechter gestellt werden soll. Die sicherste Alternative ist auf jeden Fall die parallele Anwendung beider Gesetze, indem dem Arbeitnehmer jeweils die günstigere Regelung zugestanden wird. Dies ist zwar kein billiger Kompromiß, aber damit kann den anstehenden Entscheidungen der Rechtsprechung mit Sicherheit Genüge getan werden[68].

c. Kollektive Schutzvorschriften des Betriebsverfassungsgesetzes

Neben den für Aufbau und Betrieb von Personal- und Arbeitsplatzinformationssystemen wichtigen individuellen Rechtsvorschriften besteht eine Reihe von kollektiven Schutz-

---

[67] Hümmerich, Klaus und Gola, Peter: Auswirkungen des Bundes-Datenschutzgesetzes auf das Personalwesen, in: Der Betriebs-Berater, 32. Jg., 1977, S. 149.
[68] Kilian, Wolfgang: Auswirkungen des BDSG auf das Betriebsverfassungsrecht, in: Recht der Arbeit, 31. Jg., 1978, S. 206; Hümmerich, Klaus: Betriebsverfassungsrechtliche Anforderungen an Personalinformationssysteme, in: Der Betrieb, 31. Jg., 1978, S. 1933 f.

vorschriften, die aus dem Betriebsverfassungsgesetz begründet werden. Hierbei sind die folgenden Bestimmungen von besonderer Bedeutung.

α. *Überwachung der Einhaltung von Arbeitnehmerschutzgesetzen gem. § 80 BetrVG*

Nach der vorherrschenden Meinung in der Literatur fällt auch das BDSG unter § 80 BetrVG, zumindest soweit, als es Rechte zugunsten der Arbeitnehmer zum Inhalt hat[69]. Sicherlich ist das BDSG nicht als Arbeitnehmerschutzgesetz konzipiert, sondern es soll alle Bürger gleich schützen, aber das Gesetz ist gerade auf den Schutz des einzelnen Arbeitnehmers bezogen von besonderer Bedeutung, weil es Bestrebungen weiterführt, die im Arbeitsrecht bisher auch schon von großer Bedeutung waren[70]. Daher fallen die zugunsten des Arbeitnehmers wirkenden Bestimmungen des BDSG unter die Überwachung des Betriebsrates.

Um seine Pflichten gem. § 80 Abs. 1 erfüllen zu können, muß der Betriebsrat die dazu nötigen Informationen erhalten. Gem. § 80 Abs. 2 Satz 2 sind dem Betriebsrat alle Unterlagen, die für die Durchführung seiner Kontrollfunktionen notwendig sind, auf sein Verlangen rechtzeitig und umfassend zur Verfügung zu stellen; d. h., daß der Arbeitgeber dem Betriebsrat die Unterlagen entweder im Original oder als Kopie zu überlassen hat. Das bedeutet, daß bereits in der Planungsphase die Einrichtung eines Personal- und Arbeitsplatzinformationssystems mit dem Betriebsrat zu beraten ist und ihm die Art und die Ziele der Verarbeitung von Arbeitnehmerdaten offenzulegen sind. Nur bei genauer Information ist der Betriebsrat in der Lage, die Einhaltung des BDSG und des BetrVG bei der Gestaltung des Systems zu überwachen. Liegt ein Verstoß gegen diese Vorschriften vor, so hat der Betriebsrat gem. § 80 Abs. 1 Ziffer 2 und 3 die erforderlichen Datenschutzmaßnahmen beim Arbeitgeber zu beantragen und kann sogar bei groben Verstößen ein Arbeitsgerichtsverfahren gegen den Arbeitgeber gem. § 23 Abs. 3 BetrVG anstreben[71].

Zur Wahrnehmung seiner Aufgaben nach § 80 Abs. 1 BetrVG besteht gem. § 80 Abs. 2 Satz 2,2. Halbsatz das Recht, die Listen über Bruttolöhne und -gehälter der Arbeitnehmer einzusehen. Bei einem computergestützten Personal- und Arbeitsplatzinformationssystem kann dieses Recht dadurch gewährt werden, daß der Betriebsrat die Erlaubnis erhält, ein Terminal zu benutzen. Dabei muß allerdings sichergestellt sein, daß nur die jeweils benötigten Daten eingesehen werden; das kann z. B. durch einen Zugriffsschlüssel erreicht werden, der die Einsichtsmöglichkeiten auf die über Löhne und Gehälter gespeicherten Daten beschränkt. Wenn die Daten verschlüsselt gespeichert sind und aus diesem Grund nicht zu verstehen sind, so müssen sie entschlüsselt ausgedruckt werden. Eine andere Möglichkeit zur Realisierung der Einsichtnahme ist, dem Betriebsrat die Lohn- und Gehaltslisten schriftlich auszudrucken und zu überlassen. Obwohl der Betriebsrat dieses Recht gem. § 80 Abs. 2 Satz 2,2. Halbsatz nicht beanspruchen kann, praktizieren viele Unternehmen diese Form der Information, indem der Betriebsrat monatlich einen entsprechenden Ausdruck erhält[72].

---

69 Brill, Werner: Betriebsrat und Datenschutz, in: Blätter für Steuerrecht, Sozialversicherung und Arbeitsrecht, 33. Jg., 1978, S. 166.
70 Simitis, Spiros: Datenschutz und Arbeitsrecht, in: Arbeit und Recht, 25. Jg., 1977, April, S. 104.
71 Gola, Peter: Der Betriebsrat und das Bundesdatenschutzgesetz, in: Personalwirtschaft, 5. Jg., 1978, S. 311.
72 Hümmerich, Klaus: Betriebsverfassungsrechtliche Anforderungen an Personalinformationssysteme, in: Der Betrieb, 31. Jg., 1978, S. 1934 f.

Auch wenn gem. § 80 Abs. 2 Satz 1 und 2 dem Betriebsrat ein Unterrichtungsrecht gewährt wird, so läßt sich dadurch jedoch nicht ableiten, daß der Betriebsrat ein generelles Einsichtsrecht in die Personalakten der Arbeitnehmer besitzt. Zwar muß der Betriebsrat zur Wahrung der Arbeitnehmerinteressen auch individuelle Informationen über den einzelnen Arbeitnehmer erhalten, wie z. B. Alter, Schwerbehinderteneigenschaft, Schwangerschaft etc., doch sind die Informationen immer aufgabenbezogen zu erteilen und müssen stets von der konkreten Zielsetzung des Einzelfalles begründbar sein. Der Umfang und die Art der Unterrichtung sind also jeweils unterschiedlich und den Erfordernissen des Einzelfalles entsprechend. Dieser Umstand muß auch dann berücksichtigt werden, wenn der Betriebsrat die Informationen durch eigene Auswertungen aus einem Personal- und Arbeitsplatzinformationssystem selbst ermittelt.

β. Mitwirkung des Betriebsrates bei der Einführung des Informationssystems gem. §§ 87, 90 BetrVG

Nach § 87 Abs. 1 Ziffer 6 BetrVG hat der Betriebsrat ein Mitbestimmungsrecht bei der Einführung technischer Anlagen, soweit sie zur Überwachung des Verhaltens oder der Leistung der Arbeitnehmer dienen. Dabei ist es unerheblich, ob die Einrichtung ausschließlich oder nur zum Teil der Überwachung dient. Die Entscheidung, ob ein Personal- und Arbeitsplatzinformationssystem eingeführt werden soll oder nicht, fällt jedoch grundsätzlich nicht unter dieses Mitbestimmungsrecht. Erst wenn die Ermittlung der Arbeitnehmerdaten durch technische Kontrollmechanismen im Betrieb erfolgt, z. B. durch Produktographen, Stechuhren oder Telephondatenerfassung, hat der Betriebsrat ein Mitbestimmungsrecht bezüglich dieser Einrichtungen[73].

Wirksame Einflußmöglichkeiten auf die Gestaltung von Personal- und Arbeitsplatzinformationssystemen sind dem Betriebsrat jedoch durch § 90 BetrVG gegeben, denn durch diese Vorschrift hat er Unterrichtungs- und Beratungsrechte seitens des Arbeitgebers bei Einführung des Systems, da es sich um eine technische Anlage im Sinne des § 90 Ziffer 2 BetrVG handelt. Der Zeitpunkt für die Einschaltung des Betriebsrates liegt bereits in der Planungsphase, wenn die Überlegungen des Arbeitgebers in Form eines vorläufigen Entwurfes festgelegt sind, da zu diesem Stadium noch Handlungsalternativen bestehen, die eine konstruktive Einflußnahme des Betriebsrates auf die Entscheidungsfindung ermöglichen[74]. Die Mitwirkung bei der Gestaltung von Personal- und Arbeitsplatzinformationssystemen ist eine sehr wichtige Funktion des Betriebsrates. Das zunehmende Engagement seitens Gewerkschaften und Betriebsräten ist daher sinnvoll und zu begrüßen.

γ. Mitwirkung des Betriebsrates bei der Personalplanung und Berufsausbildung gem. § 92 BetrVG

Gem. § 92 Abs. 1 BetrVG wird vom Arbeitgeber gefordert, den Betriebsrat rechtzeitig und umfassend über die Personalplanung zu unterrichten.[75] Die Ergebnisse, die aus

---

73 Gola, Peter: Datenschutz und Betriebsrat, in: Datenschutz und Datensicherung, 2. Jg., 1978, S. 27.
74 Kilian, Wolfgang: Arbeitsrechtliche Probleme automatisierter Personalinformationssysteme, in: Juristenzeitung, 32. Jg., 1977, S. 485 f.
75 Rationalisierungs-Kuratorium der Deutschen Wirtschaft (RKW) e.V. (Hrsg.): RKW-Handbuch „Praxis der Personalplanung", Teil X: Personalplanung und Betriebsverfassung, Neuwied 1978.

einem Personal- und Arbeitsplatzinformationssystem gewonnen werden, wie Personalstand, Fluktuation, Altersaufbau der Belegschaft, Krankheitsstand und Qualifikation der Mitarbeiter, gehören sicherlich, wenn sie durch Methoden hinsichtlich der Personalplanung ausgewertet werden, zu den vorzulegenden Unterlagen[76]. Daher muß sich der Arbeitgeber bewußt sein, daß die in dem Informationssystem gespeicherten vertraulichen Daten über Arbeitnehmer nicht nur dem Arbeitgeber bekannt bleiben, sondern daß sie auch der Betriebsrat erfährt, wenn sie zur Personalplanung herangezogen werden[77].

Die Unterrichtung darf sich jedoch bei EDV-gestützten Informationssystemen nicht allein auf die Bekanntgabe der Ergebnisse der Personalplanung beschränken. Voraussetzung für eine umfassende Information des Betriebsrates ist auch die Bekanntgabe der Methoden und Programme sowie von Art und Umfang der benutzten Einzelinformationen, mit denen die Ergebnisse erzielt wurden[78]. Wenn das Personal- und Arbeitsplatzinformationssystem Programme enthält, die zukünftige Entwicklungen und die erforderlichen personalpolitischen Entscheidungen ermitteln, so unterstützt bereits das System die Personalplanung. Daher ist mit dem Betriebsrat auch über die Gestaltung derartiger Programme zu beraten.

δ. Mitwirkung des Betriebsrates bei der Erstellung von Personalfragebögen, Beurteilungsgrundsätzen und Auswahlrichtlinien gem. §§ 94, 95 BetrVG sowie bei personellen Einzelmaßnahmen gem. § 99 BetrVG

Für EDV-gestützte Personal- und Arbeitsplatzinformationssysteme ist eine Voraussetzung, daß die Daten für alle Mitarbeiter grundsätzlich nach den gleichen Gesichtspunkten erfaßt werden. Die Informationsgewinnung erfolgt, zumindest bei der Ersterfassung, im Regelfall formalisiert mit Hilfe eines Personalfragebogens. Im allgemeinen beinhalten derartige Fragebögen Fragen zu den Allgemeinen Merkmalen, Kenntnis- und Einsatzmerkmalen und Abrechnungsmerkmalen (s. Abb. 6)[79]. Da der Fragebogen gem. § 94 Abs. 1 Satz 1 BetrVG der Zustimmung des Betriebsrates bedarf, hat dieser auch einen erheblichen Einfluß auf den Inhalt des Formulars. Das Mitbestimmungsrecht ist dabei nicht abhängig von der Art der Informationsgewinnung; d. h., wenn bei computergestützten Informationssystemen die Informationen gar nicht erst schriftlich erfaßt, sondern direkt über ein Datensichtgerät eingegeben werden, daß ebenso die Zustimmung des Betriebsrates erforderlich ist[80]. Auch in diesem Fall muß der Betriebsrat bereits während der vorbereitenden Arbeiten zum Aufbau des Informationssystems eingeschaltet werden. Allerdings darf der Betriebsrat seine Zustimmung nur zu solchen Fragen verweigern, die auf persönliche Verhältnisse gerichtet sind, deren Kenntnis keine Bedeutung für den beruflichen Einsatz im Betrieb hat. Der Betriebsrat hat sich also bei seiner Entscheidung, ob er dem Inhalt des

---

76 Rummel, Christoph: Die Beteiligung des Betriebsrats an der Personalplanung und an personellen Einzelmaßnahmen, Köln 1978.
77 Gola, Peter: Zur Mitbestimmung des Betriebsrates beim Einsatz von Personalinformationssystemen, in: DSWR Datenverarbeitung in Steuer, Wirtschaft und Recht, 4. Jg., 1974, S. 283.
78 Werckmeister, Georg: Datenschutz im Betrieb, in: Der Betriebsrat, 26. Jg., 1977, S. 191.
79 Klöfer, Franz: Personalbogen als Instrument der Informationsbeschaffung, in: Personal, 27. Jg., 1975, S. 45–49; Gliss, Hans und Hentschel, Bernd: Personalbogen. In: Personal-Enzyklopädie, Band 3, München 1978, S. 74–81.
80 Gola, Peter; Hümmerich, Klaus und Kerstan, Uwe: Datenschutzrecht. Erläuterte Rechtsvorschriften und Materialien zum Datenschutz. Teil 2: Einzelvorschriften des Bundes zum Datenschutz, Berlin 1978, S. 113.

Personalfragebogens zustimmt oder nicht, nur daran zu orientieren, ob die Fragestellungen zulässig sind oder nicht. Hierzu besteht eine umfangreiche Rechtsprechung, die in den bereits genannten Kommentaren ausführlich behandelt wird[81].

Die Vorschriften des § 94 BetrVG beziehen sich zunächst lediglich auf die Erfassung der Daten mit Hilfe des Personalfragebogens, nicht aber auf die Auswertung und Verwendung der Informationen. Bei der computergestützen Datenverarbeitung durch ein Personal- und Arbeitsplatzinformationssystem ist aber gerade diese Frage von Interesse, da der Zweck des § 94 BetrVG, der Persönlichkeitsschutz des Arbeitnehmers, ohne Kenntnis der Weiterverwendung der Angaben, nicht zu realisieren ist[82]. Aus dieser Zweckbestimmung der Vorschrift läßt sich ein Mitbestimmungsrecht des Betriebsrates bei der Verarbeitung der Informationen ableiten, denn der Schwerpunkt der Personaldatenbank liegt nicht in der Erfassung, sondern in der Verarbeitung der Daten. Daher ist es nicht ausreichend, wenn sich Arbeitgeber und Betriebsrat auf einen bestimmten Inhalt des Fragebogens einigen, ohne daß dem Betriebsrat die weitere Verwendung der Daten bekanntgegeben wird, weil er die Rechtmäßigkeit der Fragestellung erst unter Betrachtung der Weiterverwendung beurteilen kann. Das Mitbestimmungsrecht beeinflußt daher nicht nur die Gestaltung des Fragebogens, sondern es kann indirekt auch auf die Organisation und Einrichtung der Personaldatenbank Einfluß nehmen.[83]

Ebenso hat der Betriebsrat gem. § 94 Abs. 2 BetrVG ein Mitbestimmungsrecht bei der Aufstellung allgemeiner Beurteilungsgrundsätze. Das Mitbestimmungsrecht erstreckt sich auf die Beurteilungsmerkmale und das Verfahren, in dem die Beurteilung durchgeführt werden soll. Damit wird Einfluß auf den Inhalt der Personaldatenbank, insbesondere in den Merkmalshauptgruppen „Physische Merkmale" und „Psychische Merkmale" (s. Abb. 6) ausgeübt.

Gem. § 95 Abs. 1 bedürfen Auswahlrichtlinien, die Einstellungen, Versetzungen, Umgruppierungen und Kündigungen betreffen, der Zustimmung des Betriebsrates. Auswahlrichtlinien im Sinne des Gesetzes sind verbindliche, schriftlich festgelegte Grundsätze, nach denen regelmäßig verfahren wird, wenn nicht besondere Umstände eine Ausnahme rechtfertigen; sie müssen also auch das Verfahren und die Grundsätze beinhalten, die für die betriebliche Entscheidung bei Einstellungen, Versetzungen, Umgruppierungen und Kündigungen angewandt werden. Es ist unbestritten, daß für jede personalpolitische Entscheidung die Auswahl unter Beachtung bestimmter Kriterien erfolgt, ohne daß es sich um Auswahlkriterien handeln muß. Zieht der Arbeitgeber beispielsweise das Personal- und Arbeitsplatzinformationssystem als Hilfsmittel zur Entscheidungsfindung heran, indem er bestimmte Merkmale abfragt und vergleicht, so liegt noch keine Auswahlrichtlinie vor und der Betriebsrat braucht nicht eingeschaltet zu werden. Um die Leistungsfähigkeit eines Informationssystems aber voll ausnutzen zu können, ist es notwendig, daß Richtlinien und Verfahren in Form eines Programmes entwickelt werden und ins System eingegeben werden. Derartige Programme sind mit Auswahlrichtlinien inhaltlich identisch, und folglich

---

81 Fitting, Karl; Auffahrt, Fritz und Kaiser, Heinz: Betriebsverfassungsgesetz. Handkommentar, 12. Auflage, München 1977, S. 1004; Stege, Dieter und Weinsprach, Friedrich K.: Betriebsverfassungsgesetz. Handbuch für die betriebliche Praxis, 3. Auflage, Köln 1978, S. 378 f.; Fuchs, Dieter: Aktuelle Fragen zum Einstellungsfragebogen, in: Blätter für Steuerrecht, Sozialversicherung und Arbeitsrecht, 33. Jg., 1978, S. 162.
82 Gola, Peter: Datenschutz und Betriebsrat, in: Datenschutz und Datensicherung, 2. Jg., 1978, S. 26.
83 Simitis, Spiros: Datenschutz und Arbeitsrecht, in: Arbeit und Recht, 25. Jg., 1977, April, S. 103.

hat der Betriebsrat bei ihrer Aufstellung ein Mitbestimmungsrecht[84]. Er muß zunächst den materiellen Merkmalen für die Auswahl des Mitarbeiters zustimmen, kann also mitentscheiden, welche Daten in die Personaldatenbank aufgenommen werden, um später bei einer Auswahlentscheidung berücksichtigt zu werden. Zudem ist mit dem Betriebsrat zu beraten, welche Gewichtung die einzelnen Daten für die Auswahlentscheidung erhalten sollen[85].

Weiterhin ist mit dem Betriebsrat zu beraten, auf welche Weise die Daten ermittelt werden sollen; dies kann durch Fragebögen, Tests oder durch die innerbetriebliche Beurteilung, die eine wichtige Entscheidungsgrundlage und damit auch mitbestimmungspflichtig ist, erfolgen[86]. Gem. § 29 Ziff. 4 BDSG hat der Datenschutzbeauftragte bei der Auswahl der in der Verarbeitung personenbezogener Daten tätigen Personen beratend mitzuwirken. Darin sind demnach auch die Auswahlrichtlinien für diesen Personenkreis einbezogen[87].

Gem. § 99 BetrVG hat der Betriebsrat ein Mitbestimmungsrecht bei personellen Einzelmaßnahmen. Soll über eine Einstellung, Ein- oder Umgruppierung oder eine Versetzung entschieden werden, so muß der Arbeitgeber den Betriebsrat rechtzeitig und umfassend darüber unterrichten und seine Zustimmung einholen. Damit ist eine indirekte Einsichtnahme in die Personaldatenbank verbunden. Das bedeutet jedoch nicht, den Grundsatz der Vertraulichkeit beim Umgang mit Personaldaten außer acht zu lassen. Dieser Grundsatz gilt genauso gegenüber dem Betriebsrat, denn trotz seiner Informationsrechte steht ihm kein eigenes Einsichtsrecht in die Personalakten des Arbeitnehmers zu[88]. Die Unterrichtung hat vielmehr streng aufgabenbezogen zu erfolgen; immer dann, wenn sich die Funktionen des Betriebsrates nur mit Hilfe genauer Informationen über einzelne Arbeitnehmer durchführen lassen, sind ihm die zur Aufgabenerfüllung notwendigen Auskünfte zu erteilen[89]. Auch daraus ergibt sich, daß ein direkter und unbeschränkter Zugriff des Betriebsrates auf ein Personal- und Arbeitsplatzinformationssystem nicht begründet werden kann.

2. Zum Einfluß der Partizipation

Der Begriff Partizipation erlebt seit einigen Jahren eine Inflation insbesondere im politischen, administrativen, ökonomischen sowie im wissenschaftlichen Bereich[90]. Die Dis-

---

[84] Gola, Peter; Hümmerich, Klaus und Kerstan, Uwe: Datenschutzrecht. Erläuterte Rechtsvorschriften und Materialien zum Datenschutz. Teil 2: Einzelvorschriften des Bundes zum Datenschutz, Berlin 1978, S. 114.
[85] Gola, Peter: Datenschutz und Betriebsrat, in: Datenschutz und Datensicherung, 2. Jg., 1978, S. 26.
[86] Gola, Peter: Zur Mitbestimmung des Betriebsrates beim Einsatz von Personalinformationssystemen, in: DSWR Datenverarbeitung in Steuer, Wirtschaft und Recht, 4. Jg., 1974, S. 284.
[87] Gola, Peter: Mitwirkung des betrieblichen Datenschutzbeauftragten bei der Personalauswahl, in: Personalwirtschaft, 6. Jg., 1979, S. 74.
[88] Hümmerich, Klaus und Gola, Peter: Personaldatenrecht im Arbeitsverhältnis, Heidelberg 1975, S. 48 f.
[89] Simitis, Spiros: Datenschutz und Arbeitsrecht, in: Arbeit und Recht, 25. Jg., 1977, April, S. 105.
[90] Alemann, Ulrich von: Partizipation, Demokratisierung, Mitbestimmung — Zur Problematik eines Gegenstandes. In: Alemann, Ulrich von (Hrsg. für die Studiengruppe Partizipationsforschung, Bonn): Partizipation — Demokratisierung — Mitbestimmung, 2. Auflage, Wiesbaden 1978, S. 16—21; Schanz, Günther: Verhalten in Wirtschaftsorganisationen. Personalwirtschaftliche und organisationstheoretische Probleme, München 1978, S. 168 f.

kussion in Theorie und Praxis ist darüber keineswegs abgeschlossen. In der Literatur werden sowohl bestehende Modelle kritisch diskutiert, Ergebnisse empirischer Untersuchungen vorgestellt sowie Neuansätze präsentiert. Besonders intensiv werden dabei Veränderungen von Unternehmensstrukturen, die Einführung von Informationssystemen, die Mitbestimmungsproblematik sowie daraus resultierende Arbeitnehmer-Arbeitgeber-Konfliktsituationen behandelt. Auf die umfangreiche Diskussion kann hier nur hingewiesen werden[91]. In dieser Arheit wird aus diesem Diskussionsbereich nur ein eng begrenzter Komplex behandelt, der sich mit dem Problem der Partizipation beim Aufbau und Betrieb von EDV-gestützten Personal- und Arbeitsplatzinformationssystemen beschäftigt. Es handelt sich dabei vorrangig um Ergebnisse aus einem Forschungsprojekt des Verfassers, mit dem in 1978 begonnen wurde.

a. Begriff und Dimensionen der Partizipation

Die Begriffe Partizipation, Mitbestimmung, Mitwirkung oder etwa Beteiligung werden häufig synonym gebraucht. Ebenso vielfältig sind auch die Definitionsvorschläge. Die unterschiedlichen Begriffsbestimmungen werden überwiegend vom Standort des jeweiligen Autors beeinflußt, d. h. dadurch, ob er Soziologe, Psychologe, Betriebswirt, Jurist, Politiker oder etwa Gewerkschaftsvertreter ist. Überwiegend wird mit der Partizipation die legitimierte Teilnahme am Entscheidungsprozeß verbunden. Allerdings ist diese Begriffsbestimmung einerseits zu allgemein gehalten, andererseits in der Kernaussage zu einschränkend auf den Entscheidungsprozeß abgestellt. Generell wird hier unter Partizipation:

— das Zusammenwirken von einzelnen Personen und/oder Personengruppen (Partizipationssubjekt)
— bei der Wahrnehmung konkreter Aufgaben im Unternehmen (Partizipationsobjekt)
— in einer bestimmten Ausprägung (Partizipationsgrad)
— auf der Basis eines bestimmten Anspruchs (Partizipationsgrundlage)

verstanden (Abb. 16).

Die vier wichtigsten Dimensionen der Partizipation: „Partizipationssubjekt", „Partizipationsobjekt", „Partizipationsgrad" und „Partizipationsgrundlage" wurden bereits in der Definition genannt. Andere Dimensionen wie z. B. die „Partizipationszeit" oder der „Partizipationsort" sollen hier nur erwähnt werden.

Partizipationssubjekte, d. h. Teilnehmer bei der gemeinsamen Wahrnehmung bestimmter Aufgaben, können einzelne Personen aber auch Personengruppen bzw. deren Vertreter

---

[91] Chmielewicz, Klaus: Arbeitnehmerinteressen und Kapitalismuskritik in der Betriebswirtschaftslehre, Reinbek b. Hamburg 1975; Backhaus, Jürgen; Eger, Thomas und Nutzinger, Hans G. (Hrsg.): Partizipation in Betrieb und Gesellschaft. Fünfzehn theoretische und empirische Studien, Frankfurt/M. und New York 1978; Alemann, Ulrich von (Hrsg. für die Studiengruppe Partizipationsforschung, Bonn): Partizipation — Demokratisierung — Mitbestimmung, 2. Auflage, Wiesbaden 1978; Esser, Werner-Michael und Kirsch, Werner: Die Einführung von Planungs- und Informationssystemen — Ein empirischer Vergleich —, Bd. 28 der Planungs- und Organisationswissenschaftlichen Schriften, München 1978; Gabele, Eduard: Das Management von Neuerungen. Eine empirische Studie zum Verhalten, zur Struktur, zur Bedeutung und zur Veränderung von Managementgruppen bei tiefgreifenden Neuerungsprozessen in Unternehmen, in: Zeitschrift für betriebswirtschaftliche Forschung, 30. Jg., 1978, S. 194—217; Millar, Jean A.: Organisation Structure and Worker Participation, in: Personnel Review, Vol. 8, 1979, No. 2, S. 14—19.

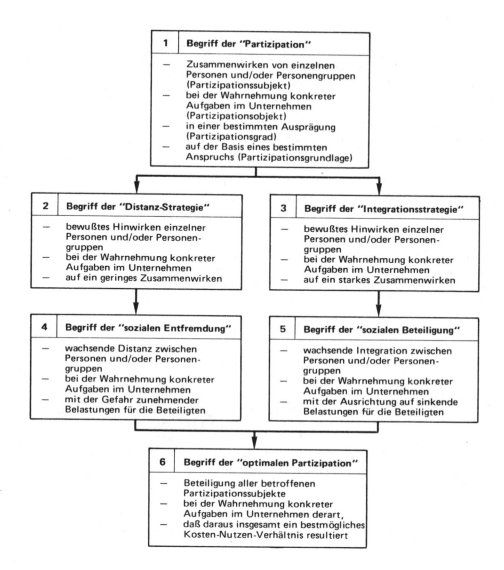

Abbildung 16: Auswirkungen der Partizipation

sein. Dabei kann es sich um eine hierarchiebezogene Betrachtung (Geschäftsführung, Führungskräfte der unterschiedlichen Ebenen der Führungshierarchie, Mitarbeiter), um eine aufgabenbezogene Betrachtung (Teilnehmer aus den Bereichen: Beschaffung, Produktion, Absatz, Rechnungswesen, Organisation, Personalwesen etc.) oder etwa um eine interessengruppenorientierte Betrachtung (Geschäftsführung, Leitende Angestellte/Sprecherausschüsse, sonstige Führungskräfte, Mitarbeiter/Betriebsrat/andere Vertretungsorgane) handeln. Die häufig benutzten Begriffe Client System, Client Agent und Change Catalyst sind für die vorliegende Untersuchung zu grob[92]. Denn häufig werden als Change Agent diejenigen Personen und Gruppen bezeichnet, die den Plan für den organisatorischen Wandel ausarbeiten und durchsetzen[93]. Es ist aber gerade Wesen der Partizipation, daß dieser Werdeprozeß grundsätzlich von allen Interessengruppen gestaltet wird. Die konkrete Aufgabenstellung und damit das Partizipationsobjekt läßt sich grob durch eine phasenbezogene Betrachtung (z. B. Planung, Entscheidung, Durchführung, Kontrolle) und durch eine funktionsbezogene Betrachtung (detaillierte Aufgabenstellung, z. B. im Bereich Beschaffung, Produktion, Absatz) spezifizieren. In der vorliegenden Arbeit handelt es sich um die Planung, Entscheidung, Durchführung und Kontrolle des Aufbaus und Betriebs von Personal- und Arbeitsplatzinformationssystemen.

Die Intensität der Beteiligung verschiedener Partizipationssubjekte bei der Beschäftigung mit dem Partizipationsobjekt wird durch den Partizipationsgrad ausgedrückt. Es handelt sich um ein Kontinuum mit den beiden Extremwerten der „absoluten Distanz". Dabei muß jeweils konkret auf die Konstellation von „Partizipationssubjekt" und „Partizipationsobjekt" Bezug genommen werden. Damit soll verdeutlicht werden, daß das Partizipations-Kontinuum – je nach Betrachtungsstandort bezogen auf die Partizipationssubjekte – zwei Ausprägungsrichtungen hat[94]. Im folgenden soll aus Gründen der Realitätsnähe nur die linke Seite des in Abb. 17 skizzierten Partizipations-Kontinuums betrachtet werden.

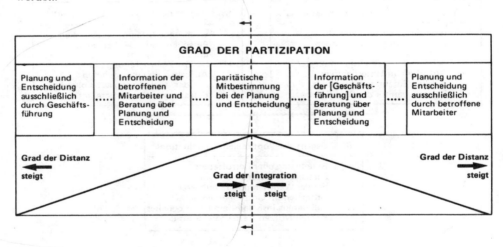

Abbildung 17: Partizipations-Kontinuum

---

[92] Gerl, Kurt: Analyse, Erfassung und Handhabung von Anpassungswiderständen bei organisatorischen Wandel. – Dargestellt am Beispiel der Einführung elektronischer Datenverarbeitungsanlagen, München 1975; Böhnisch, Wolf: Personale Innovationswiderstände. In: Gaugler, Eduard (Hrsg.): Handwörterbuch des Personalwesens, Stuttgart 1975, Sp. 1046–1061.

[93] Kirsch, Werner und Meffert, Heribert: Organisationstheorien und Betriebswirtschaftslehre, Wiesbaden 1970, S. 49.

[94] Schmidt, Herbert: Betriebsverfassung und Demokratie im Betrieb. In: Horn, Norbert (Hrsg.): Pro und Contra Arbeitspartizipation. Beiträge zu einer arbeitsorientierten Unternehmensverfassung, Königstein/Ts. 1978, S. 158.

Die Partizipationsgrundlage kann auf gesetzlicher Regelung, auf vertraglichen Vereinbarungen, auf Normen, auf Gewohnheiten, auf Positions- und Aufgabenverteilungen, aber auch auf der Realisierung von informalen Machtansprüchen basieren.

b. Forderungen der Gewerkschaften nach erhöhter Partizipation

Nachdem die Gewerkschaften jahrelang den Aufbau und Betrieb von Personal- und Arbeitsplatzinformationssystemen lediglich beobachtet haben, häufen sich spätestens seit der Verabschiedung des BDSG die kritischen Stellungnahmen. Darin werden diese Systeme nicht grundsätzlich abgelehnt. Aber es wird die Verbesserung der kollektiven Rechte des Betriebsrates gefordert, da dies im BDSG keine besondere Berücksichtigung gefunden hat.

Im Zusammenhang mit Personal- und Arbeitsplatzinformationssystemen wird gewerkschaftsseitig die Gefahr gesehen[95]
- „der dauernden — fast perfekten — Kontrolle und Überwachung der Leistung und des persönlichen Verhaltens von Arbeitnehmern;
- der gezielten Auslese von Arbeitnehmern nach für Außenstehende undurchschaubaren Kriterien, wie z. B. lange zurückliegendes Fehlverhalten, politische Merkmale;
- der Analyse von Persönlichkeitsstrukturen, wodurch qualitativ völlig neue Manipulationsmöglichkeiten „erschlossen" werden;
- der „Langzeitüberwachung von Arbeitnehmern", weil Arbeitnehmerdaten Jahre oder sogar jahrzehntelang gespeichert sind;
- des Abbaus von Freiräumen für Arbeitnehmer — „im Jargon" der Rationalisierungsspezialisten meistens „Leerlaufzeiten" oder „Fehlzeiten" genannt und damit der verschärften Arbeitshetze."

Auf dem 12. ordentlichen Gewerkschaftstag der IG-Metall (September 1977) wurde das Bundesdatenschutzgesetz als „eines der kompromißverdorbensten Gesetze der Legislaturperiode, dessen Novellierung die IG-Metall bereits bei der Verabschiedung durch den Bundestag und den Bundesrat gefordert hat" bezeichnet. Die Rechte des Betriebsrates würden nicht ausreichen, um den Datenschutz befriedigend für die Arbeitnehmer zu regeln. Es wird daher gewerkschaftsseitig insbesondere der Abschluß von Betriebsvereinbarungen gefordert, in denen eine erweiterte Mitbestimmung über die Verwendung aller Informationen, „die auf gegenwärtige, ehemalige oder in Betracht kommende künftige Arbeitnehmer, einschließlich ihrer Familienangehörigen, bezogen sind oder bezogen werden können", sichergestellt wird. Kernpunkte entsprechender Mustervereinbarungen sind[96]:

---

[95] Industriegewerkschaft Metall, Abt. Automation und Technologie (Hrsg.): Computergestützte Personalinformationssysteme. Datenmißbrauch vorprogrammiert? (Informationsschrift; zusammengestellt von Drinkuth, A.; verantwortlich: Janzen, Karl-Heinz), Frankfurt/M. 1977, S. 23.

[96] Industriegewerkschaft Metall (Hrsg.): Musterbetriebsvereinbarung über eine Rahmenregelung für den Datenschutz bei Einführung und Betrieb von Informationssystemen, Frankfurt/M. 1977; IG Chemie — Papier — Keramik (Hrsg.): Muster-Betriebsvereinbarung über den Datenschutz bei Einführung und Betrieb von Informationssystemen, in: Der Betriebsrat. Schriftenreihe für die Betriebsräte der IG Chemie-Papier-Keramik, 26. Jg., 1977, S. 194–205; Deutscher Gewerkschaftsbund (Hrsg.): Betriebsvereinbarung über eine Rahmenregelung für den Datenschutz bei Einführung und Betrieb von Informationssystemen (Muster), Düsseldorf (o.J. — 1977/78).

- Das Recht des Betriebsrates auf eigene Nutzung und Auswertung des Personalinformationssystems im Interesse der Belegschaft oder einzelner Arbeitnehmer.
- Übermittlung personenbezogener Daten an Dritte nur nach Zustimmung des Betriebsrates oder bei gesetzlicher Vorschrift.
- Abschluß einer Betriebsvereinbarung, deren Gegenstand die Regelung zulässiger Verwendungsmöglichkeiten von personenbezogenen Daten sowie von innerbetrieblichen und außerbetrieblichen Daten ist.
- Mindestens zweimalige Benachrichtigung des Arbeitnehmers pro Jahr über die Verwendung personenbezogener Daten.
- Zustimmung des Betriebsrates bei der Bestellung und Abberufung des Beauftragten für den Datenschutz.

Die Diskussion hierüber ist noch nicht abgeschlossen. Es zeichnet sich aber bereits ab, daß die Gewerkschaften zunehmend auf die Realisierung ihrer Forderungen drängen werden. Sollten sich die Arbeitgeber mit diesen Forderungen nicht ernsthaft auseinandersetzen, so ist damit zu rechnen, daß in der Zukunft der Einsatz von Personal- und Arbeitsplatzinformationssystemen für anspruchsvolle Aufgaben der Personalarbeit (insbesondere der Personalplanung) verhindert wird. Zumindest ist damit zu rechnen, daß bei Nichterfüllung der gewerkschaftlichen Forderungen ein wachsender personaler Widerstand gegen diese Systeme entstehen wird[97]. Dabei soll unter personalem Widerstand die Summe aller Hemmnisse verstanden werden, die die Betroffenen und/oder deren Vertretungen der Veränderung entgegensetzen[98]. Das Ausmaß des Widerstandes kann sich zwischen voller Anpassungsbereitschaft über beschränkte Anpassungsbereitschaft, Indifferenz, passiven Widerstand, aktiven Widerstand, Opposition und Ausscheiden bewegen[99]. Entsprechende Maßnahmen und Gegenmaßnahmen können somit in einen engen Zusammenhang mit der Konzeption des Planned Organizational Change gebracht werden, welche sich als theoretische Grundlage für die Durchführung von Änderungsprozessen anbietet[100]. Anpassungswiderstände werden in dieser Konzeption zwar als selbstverständlich, teilweise sogar als erwünscht angesehen. Bei der vorliegenden Problematik können jedoch auch erhebliche Nachteile entstehen[101]. Im folgenden wird zu diesem Problembereich ein Diskussionsbeitrag geliefert.

---

97 Ein aktuelles Beispiel ist der Fall Daimler-Benz. Hier rief der Betriebsrat 1979 die gewerblichen Arbeitnehmer in Untertürkheim mit Flugblättern zu einer Unterschriftenaktion gegen die Einführung von ISA (Informations-System Arbeitseinsatz und Arbeitsplatzplanung) auf, weil „schutzwürdige Belange nicht in einer Vereinbarung zwischen Firmenleitung und Betriebsrat gewahrt sind".

98 Gerl, Kurt: Analyse, Erfassung und Handhabung von Anpassungswiderständen bei organisatorischen Wandel. — Dargestellt am Beispiel der Einführung elektronischer Datenverarbeitungsanlagen, München 1975, S. 36.

99 Dienstbach, Horst: Dynamik der Unternehmensorganisation, — Anpassung auf der Grundlage des „Planned Organizational Change", Wiesbaden 1972, S. 107; Knopf, Rainer: Dimensionen des Erfolgs von Reorganisationsprozessen, Diss. Mannheim 1975, S. 348 f.

100 Dienstbach, Horst: Dynamik der Unternehmensorganisation. — Anpassung auf der Grundlage des „Planned Organizational Change", Wiesbaden 1972.

101 Klein, Donald: Some Notes on the Dynamics of Resistance to Change: The Defender Role. In: Bennis, Warren G.; Benne, Kenneth D. und Chin, Robert (Hrsg.): The Planning of Change, 2. Auflage, London u. a. 1973, S. 498—507.

c. Mögliche Auswirkungen verschiedener Partizipation

α. *Pilotstudie zur Partizipation*

In einer Pilot-Studie des Verfassers wurden 9 Personal- und Arbeitsplatzinformationssysteme in dem sog. „Integrations-Projekt" untersucht. Es handelte sich dabei um privatwirtschaftliche Systeme, die in den Jahren 1974–1978 aufgebaut und in einen laufenden Betrieb überführt worden sind. Im Mittelpunkt der Analyse stand die Frage, inwieweit die Partizipationsprobleme berücksichtigt wurden und welche Auswirkungen sich aus mehr oder weniger starker Partizipation ergaben. Die Anzahl der untersuchten Systeme war allerdings so gering, daß man nicht von einer repräsentativen empirischen Untersuchung sprechen kann. Dennoch hatte sie den Vorteil, daß der Verfasser entweder an den Entwicklungen selbst beteiligt war bzw. eine Fülle von Hintergrundinformationen und Befragungsergebnissen zur Verfügung stand, die im Normalfall bei vergleichbaren Untersuchungen nicht zur Verfügung steht. Zudem wurden die Ergebnisse inzwischen im Rahmen eines weit umfangreicheren Projektes (64 Systeme) bestätigt, in dem Informationssysteme auch anderer Funktionsbereiche im privatwirtschaftlichen Bereich und im Bereich der öffentlichen Verwaltungen untersucht wurden. Diese beiden Projekte werden als hinreichend angesehen, um die folgenden Ausführungen in der Form von Hypothesenbildungen zu rechtfertigen.

Es wurde zunächst eine Beurteilungs-Matrix (Abb. 18) entwickelt, in der Angaben über die Dimensionen „Partizipationssubjekt" und „Partizipationsobjekt" detailliert wurden. Bei den Partizipationssubjekten wurde differenziert nach Top Management A (Vorstand, Geschäftsführung), Top Management B (Leitende Angestellte), sonstige Führungskräfte (außer Angehörigen der beiden bereits genannten Gruppen, i. d. R. Mitglieder der betroffenen Bereiche), Projektgruppe (i. d. R. Vertreter verschiedener Fachabteilungen, insbesondere Personalwesen, Organisation, EDV, die im Auftrag des Top Management A arbeiteten), Mitarbeiter (i. d. R. der betroffenen Abteilungen, ohne Führungsfunktion) und Mitarbeitervertretungen (i. d. R. Betriebsrat). Bei dem Partizipationsobjekt wurde eine phasenbezogene Betrachtung vorgenommen, indem die Phasen: Planung, Entscheidung, Durchführung (Entwicklung und Implementierung) und Betrieb inkl. Kontrolle berücksichtigt wurden. Die in Abb. 18 dargestellte Beurteilungs-Matrix bezieht sich jeweils auf eine ganz bestimmte System-Investition. Im Ergebnis wurden demnach 9 Systembeurteilungs-Matrizen erstellt.

Es war aus verschiedenen Gründen (Vertraulichkeit, Zutritt, Kosten, Widerstand) nicht möglich, über den genannten Zeitraum eine detaillierte Befragung und Erhebung quantifizierter Einzeldaten durchzuführen. Somit schied ein anspruchsvolles analytisches Vorgehen aus. Stattdessen wurde eine „summarische case history method" benutzt. In Abb. 19 wird der vereinfachte Erhebungsbogen dargestellt, mit Hilfe dessen zu Beginn einer jeden neuen Phase für jedes Partizipationssubjekt (einzeln oder Gruppe) und für jedes Partizipationsobjekt (Phasen einzelner Personal- und Arbeitsplatzinformationssysteme) Fragen hinsichtlich des Partizipationsgrades bzw. Akzeptanzgrades gestellt wurden. Die Befragung war anonym und wurde von Unternehmensexternen durchgeführt. Damit erhielt man pro Matrix-Feld einer jeden Beurteilungs-Matrix zwei Informationen[102].

---

102 Die gewählte Skalierung mit jeweils einer 6-Stufen-Skala stellte sich während des Projektes zum Teil als problematisch heraus. Zum einen war die Stufenabgrenzung vom Befragten nicht immer eindeutig interpretiert worden. Zum anderen hätte eine Differenzierung in weniger Stufen aus-

	Partizipations-objekt	Planung	Entschei-dung	Durch-führung	Betrieb incl. Kontrolle
Führungsbereich	1. Top Management A				
	2. Top Management B				
	3. sonstige Führungskräfte				
	4. Projektgruppe				
Geführtenbereich	5. Mitarbeiter				
	6. Mitarbeiter-vertretungen				

Abbildung 18: Beurteilungs-Matrix

— Angaben über den Partizipationsgrad, gemessen an einer 6-Stufen-Skala (keine Partizipation, Information, Beratung, Mitwirkung, gleichberechtigte Mitbestimmung, paritätische Mitbestimmung).
— Angaben über den Akzeptanzgrad, gemessen an einer 6-Stufen-Skala (totale Ablehnung, niedrig, neutrale Haltung, geringe Zustimmung, starke Identifikation, totales Einverständnis). Es stellte sich heraus, daß bei Beobachtungen innerhalb einer Gruppe die Ergebnisse nicht immer gleich waren. Allerdings war die Streuung gering, so daß sie hier vernachlässigt werden kann. Es ist zu betonen, daß die Angaben aufgrund von anoymen ex-ante Befragungen zustande kamen. Dies entspricht auch dem hier gewählten Ansatz: Von Interesse ist zunächst nicht, wie die verschiedenen Interessengruppen

---

gereicht. Da der Verfasser mit diesem Teilprojekt an einem umfangreicheren Projekt beteiligt war, er auf die gewählte Skalierung keinen Einfluß nehmen konnte, wurde in der Pilot-Studie trotzdem die in Abbildung 19 gewählte Skalierung benutzt. Außerdem wurden die Aussagen in den Interviews und die Beobachtungen vom Verfasser in die Erhebungsbögen transformiert, so daß Abgrenzungsprobleme bereinigt werden konnten.

Partizipationssubjekt	Phase

Partizipationsgrad

- keine Partizipation — 1
- Information — 2
- Beratung — 3
- Mitwirkung — 4
- gleichberechtigte Mitbestimmung — 5
- paritätische Mitbestimmung — 6

Akzeptanzgrad

- totale Ablehnung — 1
- niedrig — 2
- neutrale Haltung — 3
- geringe Zustimmung — 4
- starke Identifikation — 5
- totales Einverständnis — 6

Abbildung 19: Erhebungsbogen (Auszug)

nachträglich die Möglichkeit zur Partizipation und deren Folgen beurteilen. Vielmehr steht hier die Frage im Vordergrund, wie wird die Möglichkeit zur Partizipation eingeschätzt, welche Folgerungen zieht die einzelne Gruppe oder der einzelne Mitarbeiter daraus bezüglich des zukünftigen Handelns und welche Auswirkungen könnten daraus resultieren? Die tatsächlichen Ergebnisse beeinflussen dann i. d. R. die Aussagen über die nächste Phase. Die Befragungen erfolgten daher auch phasenverzögert.

Bei der Auswertung der Beurteilungs-Matrizen stellte sich grob zusammengefaßt zum einen ein starkes Gefälle im Partizipationsgrad zwischen Führungsbereich incl. Projektgruppe mit hohem Partizipationsgrad einerseits und Geführtenbereich mit niedrigem Partizipationsgrad andererseits heraus. Zum anderen wurde analog dazu ein starkes Gefälle im Akzeptanzgrad beobachtet. In Abb. 20 wird exemplarisch verdeutlicht, daß sich die Beurteilung außerdem im zeitlichen Fortschritt der Systemrealisierung bei den einzelnen Partizipationssubjekten änderte. Weitere Untersuchungen führten zu Differenzierung verschiedener Partizipationsstrategien und zur Untersuchung ihrer Auswirkungen.

β. Differenzierung der Auswirkungen nach verschiedenen Partizipations-Strategien

Aus der Vielzahl verschiedener Partizipations-Strategien sollen zwei in ihrer Auswirkung herausgegriffen werden, die in der hier geführten Diskussion von besonderer Bedeutung sind (Abb. 16).

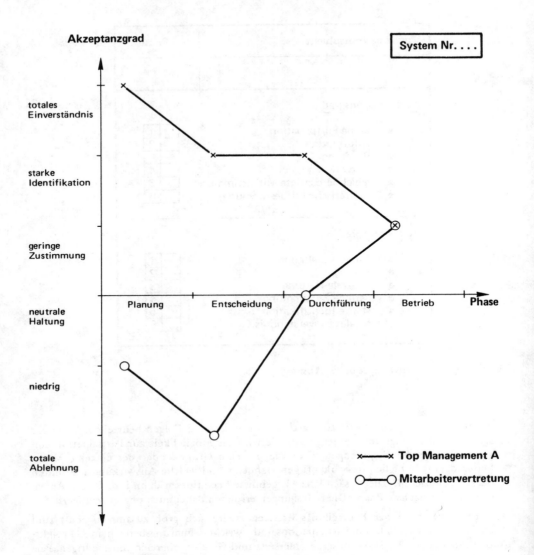

Abbildung 20: Beurteilungen (Beispiele)

Zum einen ist die „Distanz-Strategie" und das Phänomen der „sozialen Entfremdung" zu beobachten. Von Distanz wird dann gesprochen, wenn der Zustand einer geringen Partizipation festzustellen ist. Eine „Distanz-Strategie" wird verfolgt bei

- bewußtem Hinwirken einzelner Personen und/oder Personengruppen
- bei der Wahrnehmung konkreter Aufgaben im Unternehmen
- auf ein geringes Zusammenwirken.

Sozialpsychologen und Organisationspsychologen sehen hier die Gefahr der „sozialen Entfremdung" und damit einer Belastung für das Unternehmen durch zunehmende personale und intentionale Anonymität, durch abnehmende aktive Kommunikationswilligkeit und -fähigkeit, durch abnehmende Führungssicherheit und Integrationsfähigkeit und durch Verlust an Ganzheit, aber auch durch aktiven und passiven Widerstand[103]. Daraus können Belastungen wie Verlust an Rationalität und Realität, von Motivation, an Unmittelbarkeit der Entscheidungsfindung und -verwirklichung resultieren[104].

Eine analoge Argumentation kann für die „Integrations-Strategie" und deren Auswirkungen geführt werden. Als „Integrations-Strategie" wird hier das
— bewußte Hinwirken einzelner Personen und/oder Personengruppen
— bei der Wahrnehmung konkreter Aufgaben im Unternehmen
— auf ein starkes Zusammenwirken

verstanden. Durch „soziale Beteiligung" können sinkende Belastungen für die Beteiligten resultieren.

Die Ergebnisse der Untersuchung und entsprechende Hypothesenbildungen führten abstrakt dargestellt zu dem in Abb. 21 und Abb. 22 dargestellten Kreislauf. Bei niedrigem Partizipationsgrad, also bei der Verfolgung einer Distanz-Strategie, besteht für die Geführten eine geringe Möglichkeit, die individuellen Ziele durchzusetzen. Dies kann zu geringer Akzeptanz und zu hohem Widerstand dieser Gruppen gegen die System-Investitionen führen. Aus dem daraus (eventuell) resultierenden geringeren Nutzen kann der Zwang zu einer Konfliktlösung durch den System-Investor unter hohem Kosten-Nutzen-Druck folgen. Der umgekehrte Fall gilt analog bei hohem Partizipationsgrad bzw. bei der Verfolgung einer Integrations-Strategie[105].

Allerdings wird diese Aussage in Form von Hypothesen gruppenspezifisch getroffen und nicht auf das einzelne Individuum als Betroffener bezogen. Dies würde eine sehr viel detailliertere Diskussion bedeuten, in der auf die Determinanten personaler Widerstände wie

---

103 Dienstbach, Horst: Dynamik der Unternehmensorganisation. — Anpassung auf der Grundlage des „Planned Organizational Change", Wiesbaden 1972, S. 106 f.; Böhnisch, Wolf: Personale Widerstände bei der Durchsetzung von Innovationen, Stuttgart 1979, S. 200 ff.; Hergenhahn, Gerhard: Datenschutz. In: Reber, Gerhard (Hrsg.): Personalinformationssysteme, Stuttgart 1979, S. 300.
104 Israel, Joachim: Der Begriff Entfremdung. Makrosoziologische Untersuchung von Marx bis zur Soziologie der Gegenwart, Reinbek b. Hamburg 1972; Bergler, Reinhold: Welche Bedeutung hat die wachsende Distanz zwischen Führenden und Geführten für die Willensbildung im Unternehmen? In: Albach, Horst und Sadowski, Dieter (Hrsg.): Die Bedeutung gesellschaftlicher Veränderungen für die Willensbildung im Unternehmen, Berlin 1976, S. 117–135; Bergler, Reinhold: Unternehmensführung und soziale Entfremdung. Auswirkungen wachsender Distanz zwischen Führenden und Geführten in Unternehmen. In: Tobien, Hubertus von; Bergler, Reinhold und Schlaffke, Winfried: Der achte Sinn. Kommunikation in der Industriegesellschaft, Köln 1978, S. 39–101.
105 Diese Hypothesen wurden im Zusammenhang mit organisatorischen Veränderungen international in einer Reihe von empirischen Untersuchungen aus den letzten Jahren untersucht. Siehe z. B.: Van de Vall, Mark und King, Charles, D.: Comparing Models of Workers. Participation in Managerial Decision Making. In: Graves, Desmond (Hrsg.): Management Research: A Cross-Cultural Perspective, San Francisco 1973, S. 95–114; Pohl, Hans-Joachim: Unternehmensführung und Mitbestimmung bei technologischem Wandel. Ergebnisse einer empirischen Untersuchung, München 1978; Ghosh, Pradip K. und Van de Vall, Mark: Workers' Participation in Management-Applied to India, in: Management International Review, Vol. 18, 1978, No. 3, S. 55–68; Mumford, Enid: The Participative Design of Computer Systems, London 1978; Bjørn-Andersen, Niels u.a.: Systems Design, Work Structure and Job Satisfaction, London 1979.

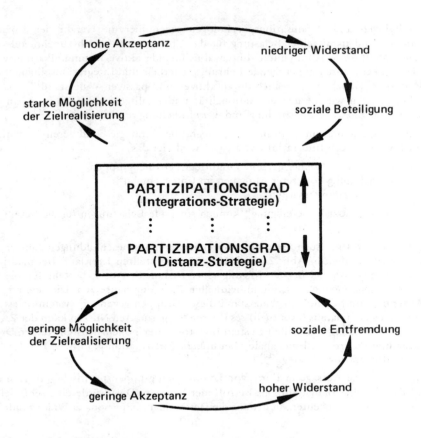

Abbildung 21: Mögliche Auswirkungen verschiedener Partizipationsgrade

auf verschiedene Persönlichkeitstypen einerseits sowie auf Fragen der Anpassungsbereitschaft und -fähigkeit andererseits einzugehen wäre[106]. Dies ist ebenfalls eng verbunden mit Fragen der individuellen oder gruppenspezifischen Zielsetzungen sowie der Messung entsprechender Bedürfnisbefriedigung durch Partizipation. Erste Ergebnisse liegen bereits vor[107]. In dem genannten Forschungsprojekt sind entsprechende empirische Untersuchungen vorgesehen, die auf einer repräsentativen Stichprobe beruhen. Ebenfalls ist für die Auswertungen und für weitere Entwicklungen ein multi-disziplinärer Ansatz vor-

---

106 Röpcke, Jochen: Die Strategie der Innovation. Eine systemtheoretische Untersuchung der Interaktion von Individuum, Organisation und Markt im Neuerungsprozeß, Diss. Tübingen 1977; Böhnisch, Wolf: Personale Widerstände bei der Durchsetzung von Innovationen, Stuttgart 1979.

107 Paul, Günter: Bedürfnisberücksichtigung durch Mitbestimmung, München 1977; Scholl, Wolfgang: Partizipation und Mitbestimmung bei der Personalplanung (DBW-Depot 77-1-9), Stuttgart 1977; Ulrich, Peter und Fluri, Edgar: Management. Eine konzentrierte Einführung, 2. Auflage, Bern und Stuttgart 1978, S. 196–200.

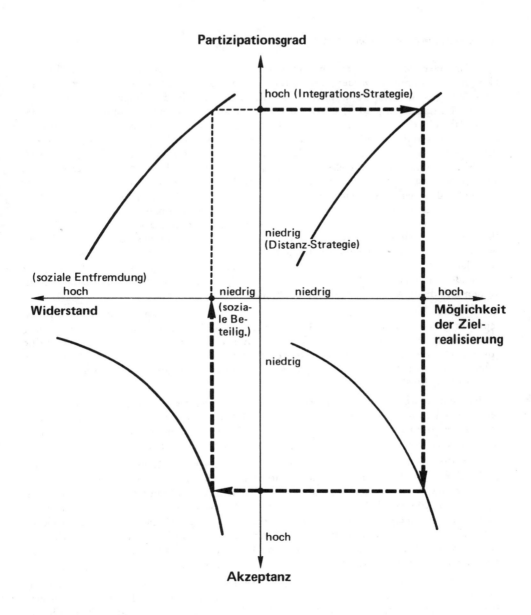

Abbildung 22: Möglicher Einfluß verschiedener Partizipationsgrade auf Widerstand

gesehen, in denen der dargestellte Kreislauf sowie die tatsächlichen Auswirkungen verschiedener Partizipationsgrade untersucht werden sollen. Dabei sind alternative Methoden der Widerstandshandhabung zu berücksichtigen. Hier stehen Hypothesen zur Frage der Partizipation im Mittelpunkt.

d. Bestimmung „optimaler" Partizipationsbereiche

Die bisherigen Betrachtungen im Rahmen des „Integrations-Projektes" müssen differenzierter vorgenommen werden, um daraus situativ ausgerichtete, konkrete Handlungsempfehlungen ableiten zu können. Dahinter steht jeweils die Frage nach dem „optimalen" Partizipationsgrad, der beantworten soll, bis zu welcher Ausprägung in welcher Phase die einzelnen Partizipationssubjekte aufgrund von Kosten-Nutzen-Überlegungen beim Aufbau und Betrieb EDV-gestützter Personal- und Arbeitsplatzinformationssysteme partizipieren sollen, so daß aus der Gesamtsicht und unter Berücksichtigung von wirtschaftlichen und sozialen Zielsetzungen ein Optimum erreicht wird. Diese Perspektiven sind in der bisherigen wissenschaftlichen Betrachtung in der Literatur nicht oder nicht hinreichend beachtet worden. Andererseits besteht bei der heutigen Diskussion über Probleme der Partizipation beim Aufbau und Betrieb von Personal- und Arbeitsplatzinformationssystemen arbeitgeberseitig wie arbeitnehmerseitig ein starkes Interesse, die emotionalen Diskussionen zu versachlichen und konkrete Handlungsempfehlungen zu erhalten. Wie in der Pilot-Studie vorgenommen, ist dabei eine Differenzierung nach verschiedenen Partizipationssubjekten (im folgenden zunächst grob nach Arbeitgeber/Führende und Arbeitnehmer/Geführte). Partizipationsobjekten sowie Partizipationsgraden und deren Auswirkungen vorzunehmen.

Trotz umfangreicher wissenschaftlicher Diskussion wird — zumindestens in der Bundesrepublik Deutschland — die konkrete Ausprägung der Partizipation arbeitgeberseitig bzw. durch den System-Investor bestimmt. Man orientiert sich dabei arbeitgeberseitig vorrangig an der legalisierten Untergrenze der Partizipation (insb. gem. BetrVG) und verfolgt im Trend eine Distanz-Strategie. Dies entspricht auch den Ergebnissen des „Integrations-Projektes".

Andererseits bestehen die dargestellten arbeitnehmerseitigen Forderungen, die ein verstärktes Mitbestimmungsrecht beim Aufbau und Betrieb von Personal- und Arbeitsplatzinformationssystemen beinhalten. Hier wird im Trend eine Integrations-Strategie verfolgt und der Abschluß entsprechender Betriebsvereinbarungen gefordert.

Der Konflikt, verursacht durch den Einsatz beider Strategien beim gleichen Partizipationsobjekt durch verschiedene Partizipationssubjekte ist offensichtlich. Es ist aber keine Hilfe, diesen Zustand als typisch für industrielle Problemstellung einer erwerbswirtschaftlich orientierten Arbeitswelt hinzustellen. Es ist ebenfalls wenig hilfreich, auf die unterschiedlichen Zielsetzungen der Partizipationssubjekte und auf die Unmöglichkeit der Deckung der Zielvorstellungen hinzuweisen. Unabhängig davon, daß dies bekannt ist, hilft es insbesondere der Praxis nicht, die zum Handeln in diesen Konfliktfällen gezwungen ist, wenn nicht gleichzeitig Handlungsempfehlungen damit verbunden sind.

Empirische Untersuchungen inkl. die Ergebnisse des „Integrations-Projektes" zeigen übereinstimmend, daß mangelnde Partizipation zu Widerstand gegen geplante oder realisierte Systeme führen kann. Aus arbeitnehmerorientierter Sicht kann — abstrahiert für ein Beispiel — folgendes eintreten (Abb. 23):

- Geringe (hohe) Partizipation der Arbeitnehmer führt zu erhöhten (niedrigeren) Kosten für den Arbeitgeber durch Widerstand beim System-Aufbau und -Betrieb.
- Geringe (hohe) Partizipation der Arbeitnehmer führt zu geringerem (höherem) Nutzen bei den Arbeitnehmern, durch geringe (hohe) Realisierung der subjektspezifischen Ziele.

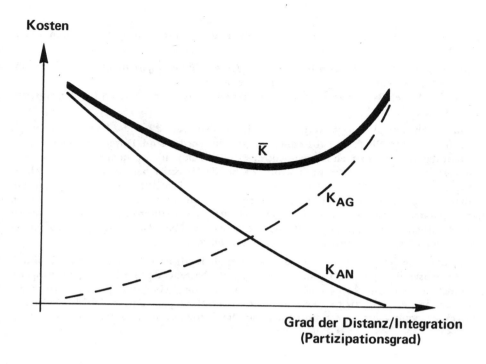

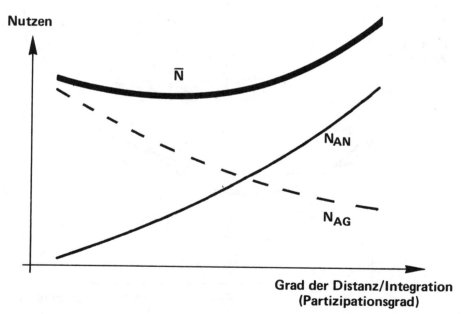

Abbildung 23: Auswirkung verschiedener Partizipationsgrade auf Kosten und Nutzen (abstrahiertes Beispiel)

Aus arbeitgeberorientierter Sicht kann — abstrahiert für ein Beispiel — gelten (Abb. 23):
- Geringe (hohe) Partizipation führt zu niedrigeren (höheren) Kosten für die System-Investoren beim Aufbau und Betrieb der Systeme.
- Geringe (hohe) Partizipation führt zu höherem (geringerem) Nutzen bei den System-Investoren.

Es muß noch einmal betont werden, daß die in den Abb. 22 und 23 wiedergegebenen Verläufe nur beispielhaft und abstrahiert dargestellt worden sind. Durch eine gemeinsame Betrachtung der kumulierten Nutzen-Kosten-Größen kann ein „optimaler" Partizipationsgrad ausgewiesen werden. Er ist in Abb. 24 für das Beispiel besonders gekennzeichnet worden. Im Rahmen der Projektplanung ist er für jede Projektphase zu bestimmen, um Aufbau und Betrieb der System-Investitionen entsprechend zu gestalten. Erst dann kann man abschätzen, inwieweit man von der legalisierten Untergrenze abweicht und inwieweit inhaltlich eine ausgewogene Betriebsvereinbarung über Partizipationsfragen im Interesse beider Vertragspartner abgeschlossen werden soll.

Es ergeben sich jeweils als Entscheidungskriterien: legalisierte Untergrenze (insb. durch das Betriebsverfassungsgesetz oder durch bereits bestehende Betriebsvereinbarungen), ursprüngliche Strategie der Arbeitgeber sowie ursprüngliche Strategie der Arbeitnehmer und optimaler Partizipationsgrad. Je nach Forderungen hinsichtlich des Partizipationsgrades ergibt sich eine Empfehlung für die Partizipations-Strategie und im Ergeb-

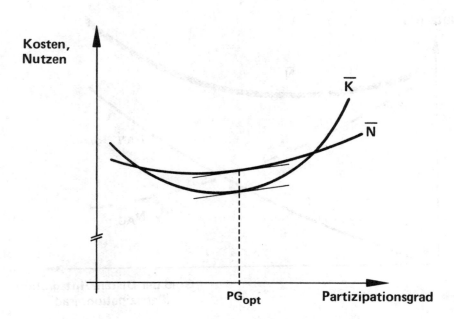

Abbildung 24: Ermittlung des „optimalen" Partizipationsgrades

nis für die Abfassung einer entsprechenden Betriebsvereinbarung. Über das konkrete Vorgehen kann demnach nur situativ entschieden werden, nachdem die genannten vier Entscheidungskriterien ermittelt worden sind. Dies soll noch einmal an folgenden Beispielen verdeutlicht werden.

Durch das diagonal geteilte Rechteck in den folgenden Abbildungen werden wieder jeweils die unterschiedlichen Partizipationsgrade symbolisiert (siehe Abb. 25). Für die genannten Entscheidungskriterien gilt:

RG rechtliche Grundlage; legalisierte Untergrenze

AG ursprünglicher Standpunkt der führenden Interessengruppen (s. Abb. 18 Nr. 1—4)

AN ursprünglicher Standpunkt der geführten Interessengruppen (s. Abb. 18 Nr. 5 u. 6)

PO Partizipationsoptimum beim Aufbau und Betrieb von Personal- und Arbeitsplatzinformationssystemen

Beispielhaft werden folgende Fälle angeführt:

Fall (1)

AN- und AG-Standpunkte liegen ursprünglich extrem auseinander (Abb. 25). Es werden Distanz-Strategie (AG) und Integrations-Strategie (AN) verfolgt. Die rechtliche Grundlage (RG) weist auf einen Kompromiß hin, allerdings liegt das Partizipationsoptimum (PO) über dem rechtlich vorgegebenen Partizipationsgrad (RG). Es wird daher empfohlen, die legitimierte Untergrenze der Partizipation zu verlassen und das Partizipationsoptimum (PO) zu realisieren. Das bedeutet, daß von den ursprünglich vertretenen AG- und AN-Standpunkten abgelassen werden soll, um ein Gesamtoptimum zu realisieren.

Fall (2)

In diesem Beispiel entspricht das ermittelte Partizipationsoptimum (PO) einen geringeren Partizipationsgrad als die rechtliche Grundlage (RG) vorbestimmt (Abb. 25). Realistisch gesehen wird es sich bei der Verwirklichung des Partizipationsoptimums (PO) nur um eine kurzfristige Stabilität handeln können. AN-seitig wird man auf der Realisierung der legalisierten Untergrenze der Partizipation (RG) bestehen.

Fall (3)

Analog zu den bisherigen Überlegungen wird in diesem Beispiel (Abb. 25) empfohlen, ebenfalls das Partizipationsoptimum (PO) zu verwirklichen. Auch hier soll nicht die legalisierte Untergrenze der Partizipation (RG) gelten.

Fall (4)

Schließlich soll an diesem Beispiel gezeigt werden (Abbildung 25), daß auch ein überhöhter AG-Standpunkt im Sinne des Partizipationsoptimums (PO) korrigiert werden sollte, obwohl der AN-Standpunkt einen niedrigeren Partizipationsgrad ausweist.

Es sollte hiermit verdeutlicht werden, daß ein Partizipationsgrad, der durch die legalisierte Untergrenze (RG; z. B. gem. § 90 BetrVG) in der Regel nicht dem optimalen Partizipationsgrad (PO) entspricht. Es wird bei der vorgegebenen Zielsetzung daher empfohlen, immer den optimalen Partizipationsgrad (PO) zu realisieren, es sei denn, er liegt unterhalb der gesetzlichen Vorschrift (z. B. im Fall (2)). Ein allgemein gültiges Partizipationsoptimum kann — wie bereits ausgeführt — nicht angegeben werden, da die Entscheidungs-

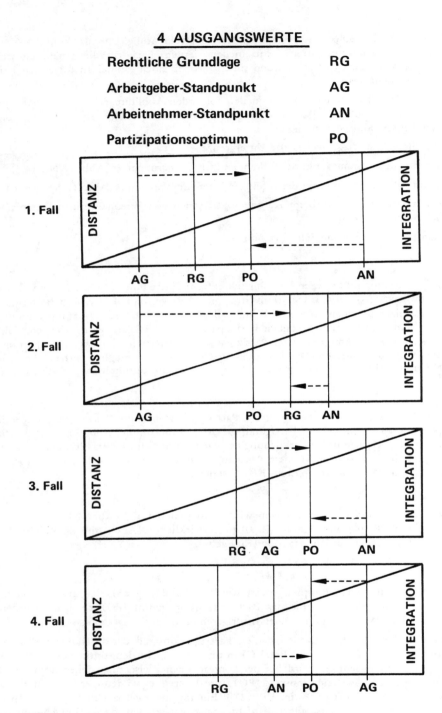

Abbildung 25: Ableitung des zu realisierenden Partizipationsgrades

kriterien situativ bestimmt werden. Die legalisierte Untergrenze der Partizipation ist dabei nur ein Entscheidungskriterium.

Allerdings muß für die konkrete Anwendung des vorgestellten Partizipationskonzeptes — wie ausgeführt — eine weitere Differenzierung vorgenommen werden. In der beschriebenen Beurteilungs-Matrix (siehe Abbildung 18) wurde die Gruppe der Partizipationssubjekte differenziert ausgewiesen. Ebenfalls wurde dargestellt, daß sich die Partizipation phasenbezogen unterschiedlich ergeben kann. Es wird daher empfohlen, die Frage nach dem Partizipationsoptimum partizipationssubjekt- und phasenspezifisch zu untersuchen und zu beantworten. Demnach ist pro Matrixfeld in der Beurteilungs-Matrix eine Aussage über den optimalen Partizipationsgrad zu machen. Dies führt zu Partizipationsprofilen für jede Projektphase. Einige Beispiele enthält hierfür Abbildung 26. Sie gelten jeweils bezogen auf ein bestimmtes Personal- und Arbeitsplatzinformationssystem bei einer konkreten Anwendungssituation.

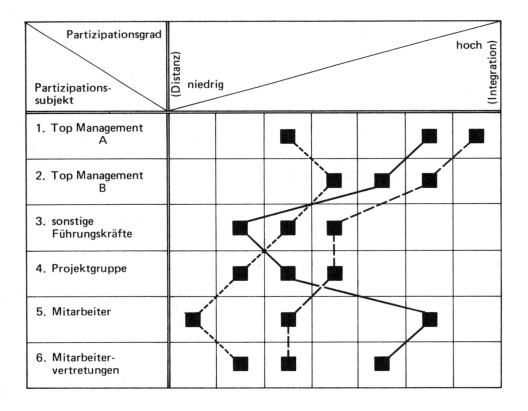

Abbildung 26: Alternative Partizipationsprofile

3. Zur Kosten-Nutzen-Problematik

Beobachtungen in der Praxis zeigen immer wieder, daß man sich für die Planungsphase zu wenig Zeit nimmt und zu geringe Erkenntnisse und Erfahrungen in eine anwendungsorientierte Systemplanung integriert werden. Dieses Vorgehen birgt die Gefahr, mit der Realisierung bzw. Investition eines Systems zu beginnen, ohne vorher die beim Aufbau und Betrieb von Personal- und Arbeitsplatzinformationssystemen relevanten Kosten- und Nutzengrößen hinreichend abzuschätzen. Für eine spätere Korrektur, für einen Abbruch oder für die Realisierung einer vertretbaren anderen Personal- und Arbeitsplatzinformationssystem-Alternative ist es dann, nach Bekanntwerden der Schwachstellen, häufig zu spät. Deshalb ist es von unbedingter Notwendigkeit, als erste Projektaktivität eine Kosten-Nutzen-Analyse durchzuführen.

a. Begriff und Entwicklungsstand von Kosten-Nutzen-Analysen

Kosten-Nutzen-Analysen sind Entscheidungshilfen für die Beurteilung einzelner oder alternativer Maßnahmen. Sie sollen Entscheidungen vorbereiten, objektivieren und transparenter machen. Dabei werden alle erfaßbaren negativen und positiven Konsequenzen bzw. Kosten und Nutzen einer Maßnahme erhoben, möglichst quantifiziert und verglichen. Zweck dieses Vergleiches ist es, gemessen an bestimmten Zielvorstellungen, die Vorteilhaftigkeit einer Maßnahme abzuschätzen oder alternative Maßnahmen entsprechend ihrer Vorteilhaftigkeit gegeneinander abzuwägen. Es handelt sich dabei nicht um eine ganz bestimmte Methode oder Theorie, sondern vielmehr um einen Typ von Analysemethoden, um eine Denkart im genannten Rahmen.

Bei der Diskussion über Kosten-Nutzen-Analysen zeigt sich häufig eine terminologische Vielfalt, hinter der sich zumeist artifizielle Unterschiede verbergen. Verwendet werden u. a. Bezeichnungen wie Kosten-Wert-Analyse, Effizienz-Analyse, Wirtschaftlichkeits-Analyse, Kosten-Ertrags-Analyse, Kosten-Wirkungs-Analyse, Kosten-Aktivitäts-Analyse u. ä. Hierauf wird nicht im Detail eingegangen[108].

Zur Problematik der Kosten-Nutzen-Analysen gibt es bereits eine Fülle von wirtschaftswissenschaftlicher Literatur. Hinzu kommen Vorschläge aus der Privatwirtschaft und aus den öffentlichen Verwaltungen. Es ist nicht das Ziel, diese Kosten-Nutzen-Problematik generell und umfassend zu diskutieren. Es wird vielmehr auf Kosten-Nutzen-Analysen bei Investitionsentscheidungen eingegangen und zwar abgegrenzt auf „System-Investitionen" im Sinne von Investitionen in „EDV-gestützte Informationssysteme", „Steuerungssysteme", „Planungs-, Verwaltungs- und Kontrollsysteme" etc.[109] Betrachtet man den Stand der Diskussion über Kosten-Nutzen-Analysen bezogen auf System-Investitio-

---

108 Hempel, Joachim und Kehler, Arndt: Probleme der Kosten-Nutzen-Analyse für Informationssysteme in Öffentlichen Verwaltungen, Pullach b. München 1974; Obermeier, Georg: Nutzen-Kosten-Analyse zur Gestaltung computergestützter Informationssysteme, München 1977.
109 Högsdal, Bernd: Kriterien zur Effizienz von Management-Informations- und Kontroll-Systemen (MIKS), Forschungsbericht No. 10 des Universitätsseminars der Wirtschaft, Köln 1974; Scholten, Theo: Zur Wirtschaftlichkeitsanalyse von Datenbanken, Schriftenreihe der Betriebswirtschaftlichen Vereinigung Bonn e.V., Diss. Bonn 1975.

nen — im Sinne von Investitionen in EDV-gestützte Informationssysteme —, so sind folgende Schwerpunkte erkennbar:

- Bei der Beurteilung werden in der Regel ökonomische Maßstäbe angelegt. Es wird damit dem Wirtschaftlichkeitsprinzip in der Zielformulierung entsprochen. Interdisziplinäre Ansätze werden bisher vorrangig im Bereich der Wissenschaft behandelt, in der Praxis werden sie überwiegend nicht explizit berücksichtigt.
- Die Nutzenaussagen werden nur selten in Geldeinheiten angegeben, da eine direkte Quantifizierung häufig nicht möglich ist. Zum Teil wird versucht, über qualitative Aussagen, Transformations- und Übersetzungsregeln (z. B. mit Hilfe der Nutzwertanalyse) zu einer indirekten Quantifizierung (z. B. durch Punktwerte) zu kommen. Zum Teil werden lediglich Argumentationskataloge mit qualitativen Nutzenaussagen in Stichworten vorgelegt. Oft werden diese Überlegungen gar nicht in die Kosten-Nutzen-Analyse einbezogen. Sie übernehmen dann nur eine Art Alibifunktion.
- Ein erheblicher Teil der betriebswirtschaftlichen Forschung konzentriert sich auf die Ermittlung von Wert und Preis einzelner Informationen[110]. Es werden dabei detaillierte und theoretisch zum Teil sehr anspruchsvolle Informationskosten- und Informationsnutzenrechnungen konzipiert sowie Informationsoptima berechnet. Eine direkte Übertragung dieses individuellen Ansatzes auf die Beurteilung komplexer Informationssysteme ist häufig aufgrund der Informationsmengen und des Phänomens der Kuppelproduktion von Informationen weder möglich noch sinnvoll.
- Es wird unterstellt, daß bei Entscheidungen über System-Investitionen primär die Interessengruppe „Management" von Bedeutung ist, die von der „Projektgruppe" die Entscheidungsunterlagen erarbeitet bekommt. Entsprechend werden die Kosten-Nutzen-Analysen methodisch und inhaltlich konzipiert.
- In der Praxis stehen Hardware- und Software-Fragen im Mittelpunkt, die eng mit der Organisationsproblematik verbunden sind. Im Mittelpunkt der wirtschaftswissenschaftlichen Betrachtungen steht damit die „System-Komponente".
- Kosten-Nutzen-Analysen für Personal- und Arbeitsplatzinformationssysteme werden bisher selten durchgeführt.

b. Ergebnisse aus einer Untersuchung zu Kosten-Nutzen-Analysen

Im Mittelpunkt einer Untersuchung des Verfassers stand zunächst die Frage, ob und — wenn ja — wie in der Praxis Kosten-Nutzen-Analysen für Entscheidungen über System-Investitionen durchgeführt werden. Insgesamt sind in einem 1. Schritt 20 Systeme in die Betrachtung einbezogen worden. Bei 16 wurden zur Entscheidungsvorbereitung Kosten-Nutzen-Analysen durchgeführt. Bezogen auf die Anwendungsgebiete und die Branchen ergibt sich für die 16 Systeme die Aufstellung in Abbildung 27.

---

[110] Bitz, Michael und Wenzel, Frank: Zur Preisbildung bei Informationen, in: Zeitschrift für betriebswirtschaftliche Forschung, 26. Jg., 1974, S. 451—472; Drukarczyk, Jochen: Zum Problem der Bestimmung des Wertes von Informationen, in: Zeitschrift für Betriebswirtschaft, 44. Jg., 1974, S. 1—18; Wenzel, Frank: Entscheidungsorientierte Informationsbewertung, Opladen 1975; Schindel, Volker: Entscheidungsorientierte Interpretation des Informationswertes und ihre jeweilige Eignung zur Beurteilung von Informationsbeschaffungsmaßnahmen, in: Zeitschrift für Betriebswirtschaft, 49. Jg., 1979, S. 39—56.

lfd. Nr.	Anwendungsgebiete	Branche	Bereich
1	Rechnungswesen	Konsumgüter	
2	"	"	
3	"	Investitionsgüter	
4	Vertrieb	Druck und Papier	Privat-
5	Produktion	Stahl	wirt-
6	Personal	Kraftfahrzeuge	schaft
7	"	"	
8	"	"	
9	"	Computer	
10	Forschung und Entw.	Mineralöl	
11	"	Kraftfahrzeuge	
12	"	Bundesbehörde	
13	Medizin	Landesinstitute	Öffent-
14	"	"	licher
15	Einsatzsteuerung	Bundesbehörde	Bereich
16	"	Kommunalbehörde	

Abbildung 27: Übersicht über die untersuchten System-Investitionen

In einem 2. Schritt wurde insbesondere den Fragestellungen nachgegangen, die als Schwerpunkte der wirtschaftswissenschaftlichen Diskussion genannt worden waren. Verdichtete Ergebnisse enthält die Abbildung 28. Im einzelnen gilt:

— In ca. 80 % der Fälle wurde „vollständig" oder „überwiegend" auch bei den Nutzenangaben eine Bewertung in Geldeinheiten vorgenommen. Dies gilt insbesondere für die Systeme im privatwirtschaftlichen Bereich.

— In ca. 80 % der Fälle wurden „kaum" oder „in keinem Fall" zusätzlich andere quantifizierte Nutzenangaben in die Entscheidung einbezogen.

Diese Aussagen decken sich methodisch mit den Schwerpunkten aus der skizzierten wissenschaftlichen Diskussion.

lfd. Nr.	Einstufung / Merkmale	voll-ständig	über-wiegend	kaum	in keinem Fall	Summe
1.	Kosten und Nutzen in Geldeinheiten	5	8	3	–	16
2.	zusätzlich andere quantifizierte Nutzenangaben	–	3	5	8	16
3.	Aussagen bezogen auf einzelne Informationen	–	–	4	12	16
4.	Entscheidung durch einen Interessen-vertreter	–	–	–	16	16
5.	System-Komponente im Mittelpunkt der Betrachtungen	13	3	–	–	16

Abbildung 28: Ergebnisse der Untersuchung

— „Kaum" und dann aber nur beispielhaft wurden Kosten- und Nutzenangaben über die Berechnung von Wert und Preis einzelner Informationen erarbeitet. In 75 % der Fälle wurden entsprechende Überlegungen „in keinem Fall" angestellt.
— Bei keinem der Anwendungsfälle sind die Entscheidungen über die System-Investitionen von einem einzigen Interessenvertreter oder einer Interessengruppe getroffen oder auch nur beeinflußt worden. Allerdings bezog sich die Partizipation fast ausschließlich auf den Führungsbereich.

Bezogen auf die untersuchten 16 Kosten-Nutzen-Analysen sind bei diesen beiden Aussagen erhebliche methodische Abweichungen von den Schwerpunkten aus der wirtschaftswissenschaftlichen Diskussion festzustellen.

— In ca. 80 % der Fälle stand auch in der Praxis die System-Komponente im Mittelpunkt der Kosten-Nutzen-Betrachtungen.

In einem 3. Schritt wurde eine Kontrolle der Kosten-Nutzen-Analysen in Form einer Soll-Ist-Betrachtung durchgeführt. Diese Überprüfung bezog sich auf

— Methodik und Inhalt der Kosten-Nutzen-Analysen in der Planungsphase,
— den Stellenwert der Kosten-Nutzen-Analysen im Entscheidungsprozeß,
— die Gegenüberstellung der im Rahmen der Analysen geplanten Kosten- und Nutzenwerte und der tatsächlich durch Aufbau und Betrieb erreichten entsprechenden Kosten- und Nutzengrößen.

Dabei hat sich im einzelnen ergeben:

Bei den untersuchten System-Investitionen ist es theoretisch wie praktisch in der Planungsphase grundsätzlich nicht sinnvoll oder nicht möglich gewesen, auf einzelne Informationen bezogene Kosten-Nutzen-Analysen durchzuführen:

— Dagegen sprechen zum einen Kosten- und Zeitgründe.
— Eine Einzelbetrachtung ist zum anderen auch theoretisch zweifelhaft, da die „Produktion" von Informationen in der Regel eine Kuppelproduktion ist. Hier treten also alle Schwierigkeiten der Kosten- und Nutzenzurechnung auf, die aus der betriebswirtschaftlichen Literatur und aus der Praxis hinsichtlich Kuppelproduktion bekannt sind. Außerdem sind bezogen auf Menge und/oder Zeit Kostendegressionen zu beachten, die eindeutige Aussagen verhindern können.
— Der Anteil der Fixkosten im Rahmen der Aufbaukosten als auch die fixen Kosten der Betriebsbereitschaft eines EDV-gestützten Systems sind erheblich. Sie übertreffen häufig die variablen Kosten. Insofern sind die Ergebnisse der Betrachtungen einzelner Informationen in ihrem Aussagewert auch aus diesem Grund beschränkt.

Bei den untersuchten Kosten-Nutzen-Analysen war es grundsätzlich falsch zu unterstellen, daß de facto die Führungsspitze die Entscheidungen über die System-Investitionen trifft. Vielmehr handelt es sich in der Regel um einen mehrstufigen und von den Zielvorstellungen her gesehen um einen mehrdimensionalen Entscheidungsprozeß unter aktiver Beteiligung einer Vielzahl von Interessengruppen. Diese Tatsache hat einen erheblichen Einfluß auf den Aussagewert der Kosten-Nutzen-Analysen.

Bei dem genannten Soll-Ist-Vergleich der Kosten- und Nutzengrößen hat sich folgendes ergeben (Abbildung 29): Abweichend von der Planung wurde in der Aufbauphase ca. 4 Monate früher und bis 18 (ϕ 8) Monate später begonnen. Die bei der Kosten-Nutzen-Analyse angenommene Realisierungszeit wurde zwischen ca. 20 % unter- und 60 % (ϕ 30 %) im Einzelfall überschritten. Die Kosten wurden in der Aufbauphase bis zu 30 % unter- und bis zu 80 % (ϕ 50 %) im Einzelfall überschritten. Relativ hohe Abweichungen wurden bei den Systemen 6–12 festgestellt. In diesen Bereich fallen alle untersuchten Personal- und Arbeitsplatzinformationssysteme. Die hohen Abweichungen resultieren demnach (siehe Abbildung 29) vorrangig aus

— dem späteren Start der Entwicklungsphase
— der längeren Entwicklungszeit
— dem erhöhten Entwicklungsaufwand.

Der in der Planungsphase geschätzte monetäre Nutzen wurde in der Betriebsphase — soweit bei 6 System-Investitionen schon absehbar — im Einzelfall um 20 % überschritten und bis zu 100 % unterschritten; die Betriebskosten wurden hier durchschnittlich um 20 % überschritten. Damit wird jedoch die durch die Kosten-Nutzen-Analysen ermittelte Vorteilhaftigkeit einiger System-Investitionen in Frage gestellt. Denn bei derartigen Abweichungen ist zu fragen, ob nicht Fehlentscheidungen vorprogrammiert wurden, ob die Kosten-Nutzen-Analysen überhaupt von Relevanz waren

(a) von ihrer Konzeption her, d. h. methodisch,

(b) von ihrem Aussagewert im konkreten Fall her, d. h. inhaltlich.

Im Rahmen der Untersuchungen wurde daher versucht, die Ursachen für die starken Soll-Ist-Abweichungen herauszuarbeiten. Dahinter steht zum einen ein wissenschaftliches Interesse, zum anderen aber auch ein unternehmerisches. Denn in dem Beratungsunternehmen, aus dem der Verfasser kommt, werden für Kunden aus der Privatwirt-

Nr.	Beginn der Entwicklung/ Einführung (Δ in Monaten)	Zeit der Entwicklung/ Einführung (Δ in %)	Kosten der Entwicklung/ Einführung (Δ in %)
1	-4	20	40
2	—	-10	-30
3	-1	20	40
4	7	—	30
5	8	-20	-10
6	16	50	80
7	18	50	70
8	9	50	70
9	10	50	60
10	6	40	50
11	8	50	70
12	9	30	60
13	8	60	80
14	14	30	70
15	14	40	70
16	6	20	50
∅	8	30	50

Abbildung 29: Ergebnisse aus dem Soll-Ist-Vergleich ($\Delta \rightarrow$ Abweichungen)

schaft und den öffentlichen Verwaltungen überwiegend EDV-gestützte Systeme (im hier benutzten Sinne) konzipiert und realisiert. Hier sind — wie erwähnt — Kosten-Nutzen-Analysen als Verkaufsmittel und für die Preisgestaltung, z. B. bei Festpreisobjekten, bereits in der Planungsphase oder noch zuvor von zentraler Relevanz.

Bei der Analyse der Ursachen stellten sich zwei Problemkreise besonders heraus:

— Zum einen lag es an der mangelhaften Anwendung der Methode „Kosten-Nutzen-Analyse" selbst. Im folgenden Abschnitt wird daher hierauf besonders eingegangen.
— Zum anderen wurde das „Partizipationsproblem" nicht hinreichend beachtet. Hierzu wurde unter 2. Bezug genommen.

c. Kosten-Nutzen-Analyse für ein Personal- und Arbeitsplatzinformationssystem

Zweckmäßigerweise erfolgt die Kosten-Nutzen-Analyse für ein Personal- und Arbeitsplatzinformationssystem stufenweise. Abbildung 30 enthält einen Vorschlag für die Vorgehensweise. Dabei können grundsätzlich zwei Strategien verfolgt werden:

— Man geht von der Beurteilung einzelner Informationen aus und versucht hierfür relevante Kosten- und Nutzengrößen zu ermitteln. Die bereits angestellten Überlegungen gelten hinsichtlich einer Realisierung in der Praxis auch für Personal- und Arbeitsplatzinformationssysteme:
Denn dagegen sprechen zum einen Kosten-, Mengen- und Zeitgründe sowie Informationsmangel. Zum anderen ist eine Einzelbetrachtung auch hier theoretisch zweifelhaft, da die „Produktion" von Personal- und Arbeitsplatzinformationen in der Regel eine Kuppelproduktion ist. Schließlich ist der Anteil der Fixkosten im Rahmen der Aufbaukosten als auch die fixen Kosten der Betriebsbereitschaft eines EDV-gestützten Personal- und Arbeitsplatzinformationssystems erheblich. Sie übertreffen häufig die variablen Kosten. Insofern sind die Informationen in ihrem Aussagewert auch aus diesem Grund beschränkt.

— Daraus ergibt sich die Strategie des globaleren Ansatzes. Die Schätzung der Kosten- und Nutzengrößen in der Planungsphase erfolgt nicht auf der Basis individueller Betrachtungen. Sie richtet sich vielmehr nach Informationsgruppen und nach einzelnen Aufbau- und Betriebsphasen. Diese pragmatische Vorgehensweise birgt zwar die Gefahr partieller Unvollkommenheit, andererseits den Vorteil, z. Zt. in der Praxis eher mit Erfolg einsetzbar zu sein.

Die Schwerpunkte der Kosten-Nutzen-Analyse werden anhand der in Abbildung 30 dargestellten Stufenfolge behandelt. Dabei kann man vier Phasen unterscheiden:

— Phase A: Charakterisierung relevanter Personal- und Arbeitsplatzinformationssystem-Alternativen
— Phase B: Kosten-Analyse
— Phase C: Nutzen-Analyse
— Phase D: Auswahl der zu realisierenden Personal- und Arbeitsplatzinformationssystem-Alternativen

Innerhalb der Phasen sind einzelne Stufen zu unterscheiden, auf die im folgenden kurz eingegangen wird.

α. Phase A: Charakterisierung relevanter Personal- und Arbeitsplatzinformationssystem-Alternativen

Hierbei wird auf die Stufen 1, 2 und 3 aus Abbildung 30 Bezug genommen.

Stufe 1: Standort im betrieblichen Gesamtsystem festlegen

Informationssysteme stellen keine Selbstzwecke dar. Sie haben vielmehr instrumentalen Charakter und sind damit ein Hilfsmittel zur Erfüllung der Unternehmenspolitik sowie sozialer und wirtschaftlicher Ziele im Rahmen des Gesamtsystems. Insofern kann — wie bereits ausgeführt — ein Personal- und Arbeitsplatzinformationssystem auch nicht isoliert betrachtet werden, da es integrierter oder koordinierter Bestandteil des betrieblichen

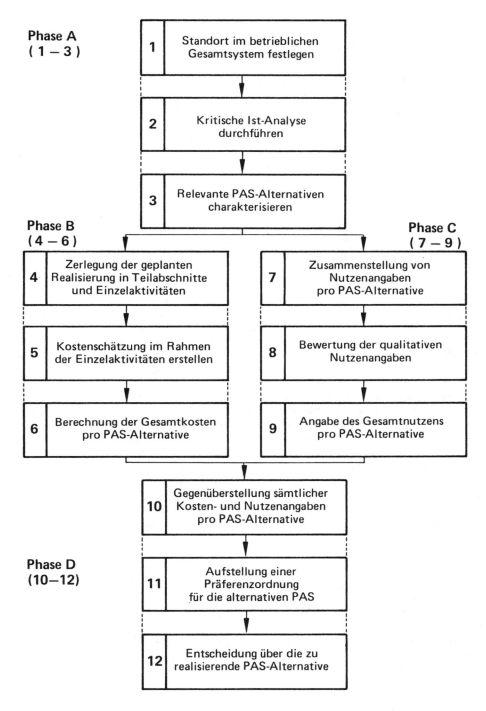

Abbildung 30: Stufenweiser Ablauf einer Kosten-Nutzen-Analyse für Personal- und Arbeitsplatzinformationssysteme (PAS)

Informationssystems insgesamt und damit Teil des Gesamtsystems ist. In der praktischen Konsequenz ergibt sich hieraus auch die Beantwortung der Frage, welche betrieblichen Bereiche und welche Personen an der Kosten-Nutzen-Analyse — und später beim Aufbau und Betrieb des Personal- und Arbeitsplatzinformationssystems schwerpunktmäßig mitwirken sollen. Es ist wie ausgeführt zweckmäßig, daß die Personalabteilung im Auftrag der Geschäftsleitung die Federführung für diese Phase der Systemplanung übernimmt. Die Planungsgruppe sollte darüber hinaus zusammengesetzt sein aus je einem Vertreter der Organisation-/EDV-Abteilung, der Planungsabteilung, des betriebswirtschaftlichen Zentralbereiches und der Arbeitnehmervertretungen. Diese Gruppe kann nur erfolgreich sein, wenn sie ihre Arbeit in einem engen Kontakt zu den wichtigsten Fachbereichen und Nutzern durchführt.

Stufe 2: Kritische Ist-Analyse durchführen

Grundsätzlich ist es möglich, Soll-Konzeptionen ohne Kenntnis der Ausgangslage zu entwickeln. In der Praxis zeigt sich jedoch immer wieder, daß Art und Umfang und damit Kosten und Nutzen angestrebter Personal- und Arbeitsplatzinformationssysteme wesentlich von der Ist-Situation geprägt sind. Kosten-Nutzen-Analysen sind Differenzbetrachtungen. Interessant sind die jeweiligen Zusatzkosten und der Zusatznutzen bei Realisierung der einzelnen Alternativen. Denn in der Regel findet man in der Planungsphase bereits ein bestimmtes Personal- und Arbeitsplatzinformationssystem vor. Personalakten, Lohn- und Gehaltsabrechnungen, Zeitaufschreibungen, Beurteilungswerte, Aufschreibungen über mitarbeiterspezifische Aus- und Weiterbildungsmaßnahmen und -ergebnisse, Personalstatistiken über Fluktuation, Krankenstand etc. begleitet von einem Formularwesen und einer Ablauforganisation sind häufig bereits vorhanden. Zum einen ergeben sich diese Bestandteile eines Personal- und Arbeitsplatzinformationssystems aus gesetzlichen Auflagen, zum anderen resultieren sie aus betrieblicher Übung der Vergangenheit. Hier ist eine detaillierte Bestandsaufnahme dieser Ist-Situation und eine entsprechende kritische Analyse erforderlich. Es zeigt sich immer wieder, daß wegen einer Dezentralisierung der Personalführungsfunktionen durch mangelnde Standardisierung und Ausrichtung im Rahmen einer einheitlichen Konzeption sowie durch das Gesetz der Trägheit bei der Aktualisierung ein ‚historischer Wildwuchs' im Bereich der vorhandenen Personal- und Arbeitsplatzinformationssysteme aufgezeigt werden kann. Andererseits können oft erhebliche Teile des bestehenden Personal- und Arbeitsplatzinformationssystems bei einer Neukonzeption — eventuell leicht modifiziert — übernommen werden.

Stufe 3: Relevante Personal- und Arbeitsplatzinformationssystem-Alternativen charakterisieren

Es empfiehlt sich, die Kosten-Nutzen-Analyse nicht nur für ein bestimmtes Personal- und Arbeitsplatzinformationssystem durchzuführen, sondern — analog der Entscheidungsfindung im Rahmen der Sachinvestitionsplanung — verschiedene Personal- und Arbeitsplatzinvestitionen unter Berücksichtigung von Stufe 1 und 2 alternativ zur Diskussion zu stellen. Sie werden durch den jeweils vorgesehenen Entwicklungsgrad charakterisiert. Als Hauptkriterien für die Festlegung des jeweiligen Entwicklungsgrades können genannt werden:

— Art und Anzahl der Nutzer des jeweiligen Personal- und Arbeitsplatzinformationssystems

Eine Übersicht über die möglichen Nutzer des jeweiligen Personal- und Arbeitsplatzinformationssystems hinsichtlich der Personalseite enthielt beispielhaft Abbildung 4. Sie befinden sich im betrieblichen und überbetrieblichen Bereich. Es ist unmittelbar einsichtig, daß sowohl Kosten als auch Nutzen eines Personal- und Arbeitsplatzinformationssystems von der Zusammensetzung des Nutzerkreises und dessen Zielsetzungen abhängen.

— Verwendungszweck des Personal- und Arbeitsplatzinformationssystems und Informationsbedarf

Die Verwendungszwecke beziehen sich auf die Bereiche Planung, Entscheidung, Durchführung und Kontrolle.

Die Personal- und Arbeitsplatzinformationssystem-Nutzer haben jeweils festzulegen, welchen speziellen Verwendungszweck innerhalb dieser Bereiche für sie relevant sind. Eine grobe Übersicht enthält Abbildung 3. Die Kosten des Aufbaus und des Betriebs eines Personal- und Arbeitsplatzinformationssystems werden von Art und Umfang der speziellen Verwendungszwecke aller Nutzer abhängen. Gleichfalls wird der Nutzen auch dadurch determiniert, welche Verwendungszwecke in welcher Form durch das jeweilige Personal- und Arbeitsplatzinformationssystem erfüllt werden.

Aus den Anforderungen der einzelnen Personal- und Arbeitsplatzinformationssystem-Nutzer bezüglich der gewünschten Personal- und Arbeitsplatzinformationssystem-Verwendungszwecke ergibt sich der inhaltlich, mengenmäßig, zeitlich, regional etc. strukturierte Informationsbedarf. Kosten und Nutzen einer Personal- und Arbeitsplatzinformationssystem-Alternative hängen wesentlich von Art und Umfang des Informationsbedarfes, der Möglichkeiten seiner Deckung und der Aktualisierungsbedürftigkeit ab.

— Struktur und Inhalt

Auf die damit zusammenhängenden Fragen wurde bereits unter A. I. 3. eingegangen.

Aus der Festlegung der genannten Hauptkriterien ergibt sich jeweils eine bestimmte Personal- und Arbeitsplatzinformationssystem-Alternative. Andere Kombinationen legen andere Alternativen fest. Die anwendungsspezifisch relevanten Personal- und Arbeitsplatzinformationssystem-Alternativen, als Ergebnis der Phase A jeweils durch einen bestimmten anzustrebenden Entwicklungsgrad charakterisiert, sind nun im Rahmen einer Kosten-Nutzen-Analyse in ihrer Vorteilhaftigkeit weiterhin abzuwägen.

β. Phase B: Kosten-Analyse

Für jede in Phase A festgelegte Personal- und Arbeitsplatzinformationssystem-Alternative ist in Phase B eine Kosten-Analyse durchzuführen. Sie beinhaltet die in Abbildung 30 ausgewiesenen Stufen 4, 5 und 6[111].

Stufe 4: Zerlegung der geplanten Realisierung in Teilabschnitte und Einzelaktivitäten

Da eine globale Schätzung der Kosten nicht sinnvoll ist, auch nur selten vergleichbare Gesamtwerte vorliegen, müssen Aufbau- und Betriebsphase in Teilabschnitte und entsprechende Einzelaktivitäten zerlegt werden. Die Abbildungen 10 und 11 enthielten hierfür einen Vorschlag, der im konkreten Fall noch weiter detailliert werden kann.

---

[111] Cheek, Logan M.: Cost effectiveness comes to the personnel function, in: Harvard Business Review, Vol. 51, 1973, May/June, S. 96–105; Domsch, Michel: Kosten-Analyse für Aufbau und Betrieb von Personal-Informationssystemen, in: Zeitschrift für betriebswirtschaftliche Forschung, 27. Jg., 1975, S. 428–448.

Stufe 5: Kostenschätzung im Rahmen der Einzelaktivitäten

Hauptsächlich sind hier Personal- und Sachkosten relevant. Personalkosten fallen im wesentlichen an für das Planungsteam, das Systempersonal, für EDV-Personal, bei der Informationsgewinnung und -Aktualisierung für alle Beschäftigte und eventuell für externe Berater. Sachkosten beziehen sich auf Maschinenkosten, Hardwarekosten, Raum- und Energiekosten, Arbeitsplatzkosten, Materialkosten etc. Neben den einmaligen Kosten in der Aufbauphase sind die laufenden Kosten in der Betriebsphase zu berücksichtigen (siehe Abbildung 31). Hierbei sind auch Kosten zu berücksichtigen, die aus der Erfüllung des BDSG, insb. § 6 BDSG, resultieren[112]. Zum Teil wird hier versucht, das Betriebsrisiko versicherungsmäßig abzudecken[113].

Stufe 6: Berechnung der Gesamtkosten pro Personal- und Arbeitsplatzinformationssystem-Alternative

Ebenso wie bei der Erfassung im Rahmen der Einzelaktivitäten empfiehlt es sich, bei der Berechnung der Gesamtkosten pro Personal- und Arbeitsplatzinformationssystem-Alternative zwecks Vergleichbarkeit ein einheitliches Formular (siehe für die Aufbauphase Abbildung 32) zu benutzen, in dem die Einzelaktivitäten in den Zeilen und die Kosten nach Art und Umfang in die entsprechenden Spalten eingetragen werden. Die geschätzten Gesamtkosten einer Personal- und Arbeitsplatzinformationssystem-Alternative ergeben sich dann in dieser ersten Überschlagsrechnung aus der Summe aller Einzelpositionen. Häufig ist es sinnvoll, zu den Kostenschätzungen über eine Aufwandsrechnung mit Angabe von Bearbeitungsmonaten zu kommen, die bewertet dann erst eine Kostenaussage erbringt. Abbildung 33 enthält hierfür ein konkretes Beispiel für eine Personal- und Arbeitsplatzinformationssystem-Alternative. Bei der Schätzung der Betriebskosten sind — wie in der klassischen Investitionsrechnung — Probleme der Verzinsung zu berücksichtigen. Außerdem ist im konkreten Fall der Betrachtungszeitraum festzulegen. Ein entsprechendes Formular ist analog zu Abbildung 32 zu entwickeln und einzusetzen. Die geschätzten Gesamtkosten pro Personal- und Arbeitsplatzinformationssystem-Alternative ergeben sich dann aus der Summe der geschätzten einmaligen Personal- und Sachmittelkosten und der geschätzten laufenden Personal- und Sachmittelkosten.

Aus den Ausführungen zu Phase A (Charakterisierung von relevanten System-Alternativen) und zu Phase B (Kosten-Analyse) wird deutlich, daß generelle Angaben über Aufbau- und Betriebskosten von Personal- und Arbeitsplatzinformationssystemen nicht gemacht werden können, da sie von der konkreten Ausgangssituation und dem angestrebten Systemausbau abhängen. Dennoch haben empirische Erhebungen auf Basis firmeninterner Unterlagen zu der Erkenntnis geführt, daß die Aufbaukosten für administrative Personal-

---

112 Lindemann, Peter; Nagel, Kurt und Herrmann, Günter: Auswirkungen des Bundes-Datenschutzgesetzes auf die Wirtschaft, Neuwied 1977, S. 81–84; Pougin, Erwin: Betriebswirtschaftliche Auswirkungen des Bundesdatenschutzgesetzes, in: Die Betriebswirtschaft, 37. Jg., 1977, S. 529 f.; Weihe, Joachim und Blesgen, Gregor: Kostenmäßige Auswirkungen des Bundesdatenschutzgesetzes für die Wirtschaft, in: Der Betrieb, 30. Jg., 1977, S. 433–438; Mannheim, Hermann und Wißmann, Karl-Heinz: Die Kosten für Datensicherung und Datenschutz, in: Die Wirtschaftsprüfung, 30. Jg., 1977, S. 473–477.
113 Steguweit, Hans-Dieter: Datenschutzversicherung — zur Abdeckung eines neuen Betriebsrisikos, in: Rationalisierung, 29. Jg., 1978, S. 135–137.

Abbildung 31: Relevante Kostenarten beim Aufbau und Betrieb eines Personal- und Arbeitsplatzinformationssystems

und Arbeitsplatzinformationssysteme in Relation zur Mitarbeiteranzahl gesetzt werden können[114]. Aus Einzelangaben zeichnete sich der in Abbildung 34 wiedergegebene Trend ab.

Für die Entwicklung eines Personal- und Arbeitsplatzinformationssystems bei einem Unternehmen mit ca. 4 000 Mitarbeitern betrugen z. B. die Aufbaukosten ca. 1,5 Mio. DM. Das entspricht einem Betrag von 370,— DM pro Mitarbeiter. In einem anderen Fall ergab sich ein Betrag von 250,— DM bei Aufbaukosten von 2 Mio. DM und 8 000 erfaßten Mitarbeitern, etc.

Erfahrungswerte haben sich bei untersuchten administrativen Personal- und Arbeitsplatzinformationssystemen auch für einen Teil der Betriebskosten ergeben: Die Kosten für die Systempflege betrugen pro Jahr bei den untersuchten administrativen Systemen in den

---

114 Ceriello, Vincent R.: A Guide For Building a Human Resource Data System, in: Personnel Journal, Vol. 57, 1978, S. 498.

Teilabschnitte	PAS- Alternative Nr. .... "Aufbauphase" (A)							
	einmalige Personalkosten (PK_A)					einmalige Sachmittelkosten (SK_A)			
	Planungs-team	System-personal	EDV-Personal	externe Berater	alle Be-schäftigten	Maschinen-kosten	Raum-/Energiek.	Arbeits-platzkosten	Material-kosten
1. Problemanalyse									
2. Systemplanung/Hardware-Auswahl									
3. Detail-Organisation									
4. Software-Entwicklung									
5. Informations-gewinnung/Einführung									
Summen	$\Sigma PK_A =$					$\Sigma SK_A =$			

Abbildung 32: *Formular für die Erfassung der Kosten der Aufbauphase für eine System-Alternative (PAS)*

PERSONAL–VERWALTUNGS–SYSTEM		PERSONAL–BERICHTS–/KONTROLL–SYSTEM		PERSONAL–PLANUNGS–SYSTEM	
1. Problemanalyse		1. Problemanalyse		1. Problemanalyse	
1.1 Informationsbestand	10,00	1.1 Berichtsbestand	1,00	1.1 Planungsstand	5,00
1.2 Informationsbedarf	5,00	1.2 Berichtsbedarf	3,00	1.2 Planungsbedarf	10,00
1.3 Informationslücke (+,–)	2,00	1.3 Berichts-Informationslücke (+,–)	1,00	1.3 Planungslücke (+,–)	2,00
1.4 Dokumentation	3,00	1.4 Dokumentation	2,00	1.4 Dokumentation	3,00
	20,00		7,00		20,00
2. Systemplanung/Hardware-Auswahl		2. Systemplanung		2. Systemplanung	
2.1 Konzeptionsentwicklung	10,00	2.1 Konzeptionsentwicklung	3,00	2.1 Konzeptionsentwicklung	10,00
2.2 Netzwerkplan für den Systemaufbau	2,00	2.2 Netzwerkplan für den Systemaufbau	2,00	2.2 Netzwerkplan für den Systemaufbau	10,00
2.3 Informationsraster "SOLL"	10,00	2.3 Berichtssystem "SOLL"	6,00	2.3 Planungssystem "SOLL"	10,00
2.4 Hardware-Untersuchung	2,00	2.4 Hardware-Untersuchung	2,00	2.4 Hardware-Untersuchung	2,00
2.5 Kosten-Nutzen-Analyse	3,00	2.5 Kosten-Nutzen-Analyse	2,00	2.5 Kosten-Nutzen-Analyse	2,00
2.6 Dokumentation und Präsentation	4,00	2.6 Dokumentation und Präsentation	3,00	2.6 Dokumentation und Präsentation	3,00
	31,00		18,00		30,00
3. Detail-Organisation		3. Detail-Organisation		3. Detail-Organisation	
3.1 Datenspezifikation	4,00	3.1 Berichtsspezifikation	2,00	3.1 Planungsspezifikation	3,00
3.2 Formularentwurf (ca. 50)	8,00	3.2 Formularentwurf	4,00	3.2 Formularentwurf	6,00
3.3 Ein-/Ausgabespezifikation	3,00	3.3 Ein-/Ausgabespezifikation	2,00	3.3 Ein-/Ausgabespezifikation	2,00
3.4 Datensicherungs-Organisation	2,00	3.4 Datensicherungs-Organisation	2,00	3.4 Datensicherungs-Organisation	3,00
3.5 Übergangsorganisation	3,00	3.5 Übergangsorganisation	2,00	3.5 Übergangsorganisation	2,00
3.6 Organisation zur Datengewinnung	3,00	3.6 Organisation des Berichtswesens	2,00	3.6 Organisation der Datengewinnung	2,00
3.7 EDV-Spezifikationen	2,00	3.7 EDV-Spezifikationen	2,00	3.7 Modellentwicklung/-auswahl	40,00
3.8 Richtlinien, Handbücher	4,00	3.8 Richtlinien, Handbücher	3,00	3.8 Richtlinien, Handbücher	6,00
	29,00		19,00		64,00
4. Software-Entwicklung		4. Software-Entwicklung		4. Software-Entwicklung	
4.1 Programmierung (bei 100 mittleren Programmen)	25,00	4.1 Programmierung (bei 50 mittleren Programmen)	13,00	4.1 Programmierung	30,00
4.2 Austesten	25,00	4.2 Austesten	13,00	4.2 Austesten	30,00
4.3 Zyklustests/Jobtests/Probeläufe	25,00	4.3 Zyklustests/Jobtests/Probeläufe	13,00	4.3 Zyklustests/Jobtests/Probeläufe	20,00
4.4 Dokumentation	10,00	4.4 Dokumentation	5,00	4.4 Dokumentation	10,00
	85,00		44,00		90,00
5. Informationsgewinnung/Einführung		5. Informationsgewinnung/Einführung		5. Informationsgewinnung/Einführung	
5.1 Testdatenbank	1,00	5.1 Informationsgewinnung	4,00	5.1 Informationsgewinnung	18,00
5.2 Informationsgewinnung	6,00	5.2 Schulung	2,00	5.2 Schulung	4,00
5.3 Schulung	2,00	5.3 Einführung	5,00	5.3 Einführung	6,00
5.4 Einführung	5,00				
	14,00		11,00		28,00
6. Projektleitung	24,00	6. Projektleitung	8,00	6. Projektleitung	30,00
	24,00		8,00		30,00
Gesamtaufwand (Mannmonate)	203,00	Gesamtaufwand (Mannmonate)	117,00	Gesamtaufwand (Mannmonate)	262,00

Abbildung 33:   Personalaufwand in Mannmonaten für den Aufbau eines EDV-gestützten Personal- und Arbeitsplatzinformationssystems (Beispiel)

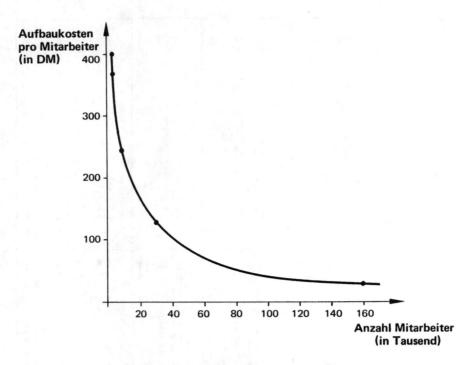

Abbildung 34: Aufbaukosten (auf der Basis von Einzelerhebungen)

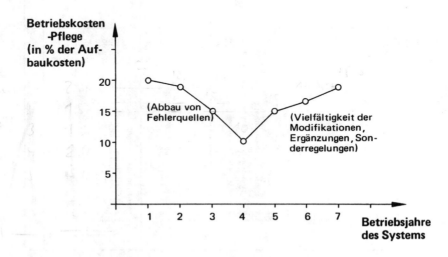

Abbildung 35: Kosten der Systempflege (auf der Basis von Einzelerhebungen)

ersten beiden Jahren ca. 20 % der Aufbaukosten, sanken dann in den nächsten drei Jahren bis auf ca. 10 % und stiegen danach wieder auf bis zu 20 % (Abbildung 35). Allerdings kann es sich auch hier nur um globale Angaben handeln, da die untersuchten Systeme jeweils zunehmend mit Modifikationen und Erweiterungen versehen wurden und eine scharfe Trennung der Kosten der Systempflege in der Regel nicht mehr möglich ist.

γ. *Phase C: Nutzen-Analyse*

Die Überlegungen in der Phase C beziehen sich auf die in Abbildung 30 ausgewiesenen Stufen 7, 8 und 9.

Stufe 7: Zusammenstellung von Nutzenangaben pro Personal- und Arbeitsplatzinformationssystem-Alternative

Der Nutzen einer Personal- und Arbeitsplatzinformationssystem-Alternative richtet sich danach, inwieweit soziale und wirtschaftliche Ziele durch die Systemrealisierung erreicht werden[115]. Soziale Ziele beziehen sich auf die Verbesserung der materiellen als auch der immateriellen Verhältnisse der Mitarbeiter. Hierunter fallen Ziele wie: genügend hohes, sicheres und gerechtes Einkommen; Befriedigung des Bedürfnisses nach Sicherheit der Beschäftigung, Befriedigung des Bedürfnisses nach Kooperation und sozialer Geltung; Entfaltung der Persönlichkeit durch zufriedenstellende Tätigkeit etc. Wirtschaftliche Ziele beziehen sich auf ökonomische Größen wie Gewinn, Rentabilität, Umsatz, Kosten, Produktionsmengen, Wachstum etc. Allerdings muß im Rahmen der Kosten-Nutzen-Analyse auf folgende Problemstellungen hingewiesen werden:

— Diese Ziele sind im Hinblick auf die Beurteilung von Personal- und Arbeitsplatzinformationssysteme zum Teil nicht operational formuliert.

— Die sozialen Ziele werden häufig aus der Sicht der Arbeitnehmer und die wirtschaftlichen aus der Sicht der Arbeitgeber formuliert. Erfahrungen zeigen, daß diese scharfe Trennung weder sinnvoll noch möglich ist. Beide Gruppen setzen sich vielmehr für beide Zielkategorien ein, wenn auch zum Teil mit unterschiedlicher Schwerpunktbildung.

— Die Gewichtung der Ziele und damit auch die Beurteilung der Personal- und Arbeitsplatzinformationssysteme kann bei den verschiedenen Nutzern und auch innerhalb einer Nutzergruppe (z. B. Mitarbeiter, Führungskräfte) unterschiedlich sein.

— Das Verhältnis zwischen sozialen und wirtschaftlichen Zielen kann in Form von Zielkomplementarität, Zielindifferenz oder Zielkonkurrenz bestehen.

Diese Probleme sollen hier nicht ausdiskutiert werden. In der Praxis hat sich bezogen auf Personal- und Arbeitsplatzinformationssysteme entsprechend der Auswertung firmeninterner Unterlagen (Projektkalkulationen, Projektplanungen, Systemkonzepte etc.) die im folgenden beschriebene Vorgehensweise bewährt:

Bei der Analyse der Nutzengrößen ist bei jeder Personal- und Arbeitsplatzinformationssystem-Alternative grundsätzlich zwischen direkt in Geldeinheiten, z. B. durch Personaleinsparungen oder Einsparung an Bürokosten/Sachmitteln, bewertbarem und nicht direkt

---

[115] Tetz, Frank F.: Evaluating Computer-Based Human Resource Information Systems: Costs vs Benefits, in: Personnel Journal, Vol. 52, 1973, S. 451—455.

in Geldeinheiten bewertbarem Nutzen zu unterscheiden[116]. Für den letztgenannten werden in der Regel zunächst Argumentenkataloge aufgestellt[117]. Genannt werden zum Beispiel: Rationalisierung der Personalverwaltung; bessere Terminüberwachung, Stellenwirtschaft und Kapazitätsermittlung; Erhöhung der Verarbeitungssicherheit bei den Personal- und Arbeitsplatzinformationen; schnellere und sichere Informationen und damit Verbesserung der Entscheidungshilfen und der Entscheidungen selbst; bessere Ausbildungs- und Förderungsplanung; befriedigendere Tätigkeit der Mitarbeiter der Personalabteilung; bessere Befriedigung der Bedürfnisse der Mitarbeiter durch bessere, schnellere, genauere etc. Informationen; jetzt erst mögliche Erfüllung von weiteren Verwendungszwecken in den genannten Bereichen Planung, Entscheidung, Durchführung und Kontrolle zum Wohle grundsätzlich aller Nutzer etc.

Häufig wird hier bei der Systemplanung in der Praxis abgebrochen und dieser Argumentenkatalog unstrukturiert den Kostenschätzungen gegenübergestellt. Es wird jedoch unbedingt empfohlen, den Planungs- und Entscheidungsprozeß für die Auswahl einer Personal- und Arbeitsplatzinformationssystem-Alternative noch weiter transparent zu machen. Allerdings sind die in Geldeinheiten bewertbaren Nutzengrößen (z. B. kostengünstigere Personalbeschaffung, kurze Einarbeitungszeiten und damit geringerer Aufwand durch gezielteren Personaleinsatz) gesondert zu betrachten, in ihrem Informationswert zu erhalten und den Kostenschätzungen direkt gegenüberzustellen bzw. davon in Abzug zu bringen.

Stufe 8: Bewertung der qualitativen Nutzenangaben

Für die nicht (direkt) in Geld bewertbaren Nutzenaussagen bieten sich aufgrund wissenschaftlicher Untersuchungen eine Reihe von Bewertungsmethoden an, die allerdings z. T. erhebliche Skalierungsprobleme beinhalten. Obwohl man sich der Mängel bewußt ist, wird für die Praxis im Rahmen dieser Grobabschätzung von Kosten und Nutzen in der Planungsphase eine einfache Punktbewertung empfohlen. Sie ist zwar theoretisch nicht voll zufriedenstellend, zumindest zur Zeit aber praktisch leichter einsetzbar. Denn je mehr man die Nutzer auf die wissenschaftlichen Probleme aufmerksam macht, desto eher gibt man ihnen die Chance, eine Bewertung ganz abzulehnen oder die Endergebnisse grundsätzlich in Frage zu stellen. Hier gilt dann in der Praxis häufig die Regel, statt gar keine Entscheidungshilfen zu haben, besser mit einer pragmatischen, wenn auch nicht voll befriedigenden Hilfslösung zu arbeiten. Unter der Vielzahl in der Literatur genannten Methoden soll hier besonders auf die Multifaktorenrechnung und auf die Nutzwertanalyse hingewiesen werden, die in der Praxis häufig Anwendung finden[118]. Ein Beispiel beim Ein-

---

116 Großmann, Reiner; Niesing, Hartmut und Uphoff, Hellmut: Voruntersuchungen als Ausgangspunkt von Automationsprojekten der öffentlichen Verwaltung, in: ÖVD Öffentliche Verwaltung und Datenverarbeitung, 3. Jg., 1973, S. 246 ff.
117 Walker, Alfred J.: Evaluating Existing Computerized Personnel Data Systems, in: Personnel Journal, Vol. 49, 1970, S. 742–745; Patten, Thomas H.: Manpower Planning and the Development of Human Resources, New York u.a. 1971, S. 234; Burack, Elmer H. und Smith, Robert D.: Personnel Management. A Human Resource Systems Approach, St. Paul u.a. 1977, S. 438–445; Weiermair, Klaus: Wirtschaftlichkeit von Personalinformationssystemen. In: Reber, Gerhard (Hrsg.): Personalinformationssysteme, Stuttgart 1979, S. 330 f.
118 Niesing, Hartmut und Uphoff, Hellmut: Kosten-Nutzen-Betrachtungen als Grundlage der Auswahl von Alternativen — dargestellt an einem Beispiel aus der Datenerfassung, in: ÖVD Öffentliche Verwaltung und Datenverarbeitung, 2. Jg., 1972, S. 468–476; Bechmann, Armin: Nutzwertanalyse, Bewertungstheorie und Planung, Bern und Stuttgart 1978.

satz einer einfachen Punktbewertung enthält Abbildung 36. Die Bewertungskriterien sind sowohl aus sozialen wie aus wirtschaftlichen Zielen abgeleitet. Auf die Aufstellung des Zielsystems, die Ermittlung der Zielerträge und der Zielwerte wird hier nicht näher eingegangen. Es wird aber auf den Einsatz der genannten Nutzwertanalyse und deren Annah-

Bewertungskriterien	Gewichtung (g)	PAS-Alternativen			
		PAS-1		PAS-2	
		P_1	$P_1 \times g$	P_2	$P_2 \times g$
1. Geschwindigkeit der Personal- und Arbeitsplatzdaten-Erfassung, des Datentransports, der Auskunftsbereitschaft etc.	3	2	6	3	9
2. Aktualität der gewonnenen und auszugebenden Personal- und Arbeitsplatzinformationen	3	2	6	3	9
3. Rechtzeitigkeit des Zurverfügungstellen der Personal- und Arbeitsplatzinformationen	3	2	6	3	9
4. Genauigkeit der Personal- und Arbeitsplatzinformationen und Korrekturmöglichkeiten	2	2	4	2	4
5. Relevanz/Qualität und Aufbereitung der Personal- und Arbeitsplatzinformationen	2	2	4	2	4
6. Sicherheit bezüglich Personal- und Arbeitsplatzdatenerfassung, -übertragung, -verarbeitung	1	2	2	1	1
7. Zusätzliche Informationen für die Personal- und Arbeitsplatz-Planung, -Verwaltung, -Kontrolle	3	2	6	2	6
8. Verbesserung des personalwirtschaftlichen Instrumentariums	3	2	6	3	9
9. Integration zu bestehenden und geplanten Lösungen im Rahmen des Gesamtsystems	2	2	4	1	2
10. Benutzerfreundlichkeit, Transparenz, Bedienungs- und Pflegefreundlichkeit	2	2	4	3	6
11. Flexibilität des Systems gegenüber Veränderung von Personal- und Arbeitsplatzdaten-Volumen, -Struktur, von Verwendungszwecken, der Organisation etc.	2	2	4	1	2
12. Abhängigkeit vom PAS-Systempersonal	2	−1	−2	−1	−2
13. Umstellungsrisiko durch langfristige Bindung an das aufgebaute PAS, durch Starrheit der Organisation etc.	2	−2	−4	−1	−2
Punkteskala ±3 Punkte (P) = erhebliche ±2 Punkte = deutliche ⎫ Veränderung ±1 Punkt = geringfügige ⎬ (Verbesserung/Verschlechterung) gegenüber Ist-Zustand ±0 Punkte = keine ⎭ Summen			46		57

Abbildung 36: Beispiel für die Bewertung der relevanten System-Alternativen (PAS)

men und Grenzen hingewiesen[119]. Hinzu kommen häufig nicht in Geld oder Punkten bewertbare Nutzenaussagen (bezogen auf Firmenimage, Motivation oder Mitarbeiter etc.).

Stufe 9: Angabe des Gesamtnutzens pro Personal- und Arbeitsplatzinformationssystem-Alternative

Im Ergebnis der Phase C bekommt man dann eine Aussage über den Gesamtnutzen pro Personal- und Arbeitsplatzinformationssystem-Alternative durch Angabe jeweils der direkt in Geldeinheiten quantifizierbaren Gesamt-Nutzengröße, der indirekt — z. B. durch eine Multifaktorenrechnung — bewerteten Gesamt-Nutzengröße sowie der nicht quantitativ bewertbaren qualitativen Nutzenaussagen.

δ. *Phase D: Auswahl der zu realisierenden Personal- und Arbeitsplatzinformationssystem-Alternative*

Nachdem in den bisherigen Phasen der Kosten-Nutzen-Analyse Überlegungen jeweils bezogen auf bestimmte, durch den Entwicklungsgrad charakterisierte Personal- und Arbeitsplatzinformationssystem-Alternativen angestellt worden sind, ist nun in Phase D aus dem Kreis dieser grundsätzlich relevanten Alternativen die tatsächlich zu realisierende Personal- und Arbeitsplatzinformationssystem-Alternative auszuwählen. Damit sind die Stufen 10, 11 und 12 aus Abbildung 30 angesprochen.

Stufe 10: Gegenüberstellung sämtlicher Kosten- und Nutzenangaben pro Personal- und Arbeitsplatzinformationssystem — Alternative

Hier handelt es sich um die systematische, formal einheitliche Zusammen- und Gegenüberstellung der Ergebnisse aus den vorangegangenen Phasen.

Stufe 11: Aufstellung einer Präferenzordnung für die alternativen Personal- und Arbeitsplatzinformationssysteme

Bildet man aufgrund der Kosten-Analyse einerseits und der Nutzen-Analyse andererseits isolierte Präferenzordnungen, so führt dies in der Regel nicht zu eindeutigen Ergebnissen. Dies wird für ein Beispiel in Abb. 37 deutlich. Orientiert man sich nur nach der Kostenanalyse, so ist die Alternative 4 der System-Alternative 3, diese der Alternative 2 vorzuziehen und diese wiederum der Alternative 1. Das Verhältnis wird im Beispiel auch nicht geändert, wenn man den direkt in Geldeinheiten schätzbaren Nutzen von den entsprechenden Kosten abzieht. Geht man von den indirekt, in Punkten quantifizierten Nutzen — ohne Berücksichtigung der nicht quantifizierbaren qualitativen Nutzenaussagen — aus, so ergibt sich im Beispiel stattdessen eine Prioritätsfolge 2, 4, 1 und 3 bei den System-Alternativen. Es gibt nun für die Verdichtung beider Prioritätsfolgen die unterschiedlichsten Entscheidungsregeln. Darauf soll hier jedoch nicht weiter eingegangen werden, da es in der Praxis weniger darauf ankommt, eine elegante „schein-optimale" Lösung, eventuell unter Informationsverlust, herbeizuführen. Vielmehr ist es ein Vorteil der dargestellten Kosten-Nutzen-Analyse, den Prozeß der Systemplanung systematisch zu vollziehen, dadurch einen hohen Grad von Transparenz für die relevanten Alternativen zu er-

---

119 Zangemeister, Christof: Nutzwertanalyse in der Systemtechnik. Eine Methodik zur multidimensionalen Bewertung und Auswahl von Projektalternativen, 4. Auflage, München 1976.

PAS-Alternative	Kosten-Analyse		Nutzen-Analyse		
	TDM	Präferenzordnung	TDM	Punkte	Präferenzordnung
PAS-1	1.300	4	− 200	46	3
PAS-2	1.200	3	300	57	1
PAS-3	900	2	200	39	4
PAS-4	500	1	0	50	2

Abbildung 37: **Beispiel für Ergebnisse einer Kosten-Nutzen-Analyse für Personal- und Arbeitsplatzinformationssysteme (PAS)**

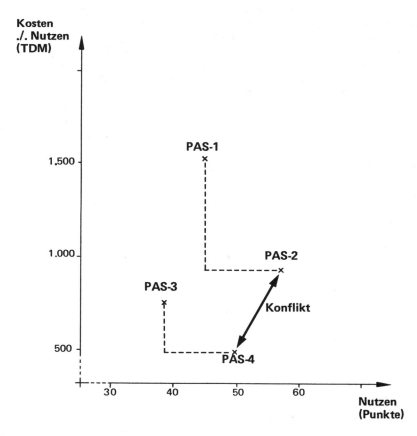

Abbildung 38: **Ergebnis einer Gegenüberstellung der System-Alternativen (PAS)**

reichen und damit die Diskussion bei der Entscheidungsfindung vorzubereiten und zu versachlichen. So wird empfohlen, die Vergleichsbetrachtung in Richtung einer Präferenzordnung nur insoweit zu formalisieren, als offensichtlich ungünstigere Alternativen auszusondern sind. Im Beispiel der Abb. 37 ist die Alternative 1 ungünstiger als die Alternative 2, da diese sowohl höhere Kosten verursacht als auch von der Nutzenbetrachtung her niedriger eingeschätzt wird. Das gleiche gilt für die System-Alternative 4, die günstiger beurteilt wird als die Alternative 3. Die Entscheidung konzentriert sich im Beispiel also auf die Wahl zwischen Alternative 2 und Alternative 4 (Abb. 38). Akzeptiert man die Schätzwerte, so ist durch die Kosten-Nutzen-Analyse in der Regel ein erheblicher „Bereinigungsprozeß" von den grundsätzlich möglichen hin zu den relevanten System-Alternativen zu beobachten.

Stufe 12: Entscheidung über die zu realisierende System-Alternative

Den Abschluß der Kosten-Nutzen-Analyse bietet die Diskussion über die nach dem Bereinigungsprozeß noch übriggebliebenen System-Alternativen mit der abschließenden Entscheidung über die zu realisierende System-Alternative. Für diese letzte Stufe bereits in der Praxis bewährte formalisierte und generell gültige Entscheidungsregeln bei der Beurteilung von Personal- und Arbeitsplatzinformationssystemen anzubieten, ist nicht möglich. Dies zum einen, da erst in den letzten Jahren mit dem Aufbau und Betrieb von Personal- und Arbeitsplatzinformationssystemen begonnen wurde. Zum anderen würde man den abschließenden Aushandlungsprozeß zwischen den verschiedenen Interessengruppen, die zum Beispiel über das Betriebsverfassungsgesetz zur Mitgestaltung berechtigt und aufgerufen sind, falsch einschätzen. Schließlich wurden andere, primäre Vorteile der dargestellten Kosten-Nutzen-Analyse bereits genannt.

Teil B
Systemgestützte Personalplanung — am Beispiel der Personaleinsatzplanung

I. Personalplanung mit Hilfe eines Personal- und Arbeitsplatzinformationssystems

1. Begriff und Standort der systemgestützten Personalplanung

In den letzten Jahren ist eine Reihe von Lehrbüchern und Forschungsberichten zur betrieblichen Personalplanung erschienen, so daß an dieser Stelle auf eine umfangreiche Diskussion von Zielen und Aufgaben der Personalplanung verzichtet wird. Nach wie vor besitzen die entsprechenden Empfehlungen der Sozialpolitischen Gesprächsrunde aus dem Jahr 1971 Gültigkeit[1]. Darüber hinaus wird auf die einschlägige Literatur verwiesen[2]. Hier wird unter Personalplanung allgemein verstanden[3]:

— ein integrierter Bestandteil der Unternehmensplanung mit der Aufgabe,
— unter Berücksichtigung von wirtschaftlichen und sozialen Zielen,
— die Mitarbeiter in den gewünschten Zeiträumen, in der erforderlichen Anzahl und der geforderten Eignung sowie mit Leistungsbereitschaft
— an den zu besetzenden Arbeitsplätzen zur Verfügung zu haben,
— um eine ökonomische Gestaltung der Arbeit zu gewährleisten und den Arbeitskräften eine weitgehende Entfaltung ihrer Fähigkeiten zu ermöglichen.

Von systemgestützter Personalplanung wird hier dann gesprochen, wenn zur Unterstützung der Personalplanung ein EDV-gestütztes Personal- und Arbeitsplatzinformationssystem eingesetzt wird. Der Gesamtbereich der Personalplanung setzt sich in der Regel aus einer Reihe von miteinander verknüpften Teilplänen (wie Planung des Personalbedarfs, der Personalbeschaffung, des Personaleinsatzes etc.) zusammen. Die Literatur enthält zahlreiche Darstellungen, in denen diese Verknüpfungen verdeutlicht werden[4]. Dies

---

1 Der Bundesminister für Arbeit und Sozialordnung (Hrsg.): Betriebliche Personalplanung, Sozialpolitische Informationen, Jg. V/20, v. 19. Juli 1971.
2 Gaugler, Eduard (unter Mitarbeit von Huber, Karl-Heinz und Rummel, Christoph): Betriebliche Personalplanung. Eine Literaturanalyse, Göttingen 1974; Institut für Arbeitsmarkt- und Berufsforschung der Bundesanstalt für Arbeit (Hrsg.): Literaturdokumentation zur Arbeitsmarkt- und Berufsforschung. Sonderheft 5: Personalplanung — Personalwirtschaft, Nürnberg 1978.
3 Schmidt, Herbert: Personalplanung — ökonomische und gesellschaftliche Bedeutung betrieblicher Personalinformationssysteme, in: Arbeit und Leistung, 27. Jg., 1973, S. 283 f.
4 Nüssgens, Karl-Heinz: Methoden der Personalbeschaffungs-, Personalentwicklungs-, Personaleinsatz- und Personalfreistellungsplanung, in: Arbeit und Leistung, 27. Jg., 1973, S. 293–299; Weber, Wolfgang: Personalplanung, Stuttgart 1975; Rationalisierungs-Kuratorium der Deutschen Wirtschaft (RKW) e. V. (Hrsg.): RKW-Handbuch ‚Praxis der Personalplanung', Teil I: Aufgaben der Personalplanung, Neuwied 1978, S. I-28-37.

gilt sowohl für die Verbindungen zwischen den einzelnen Teilbereichen der Personalplanung als auch für die Wechselbeziehungen zu den übrigen Aufgabenbereichen der Unternehmung. Denn in Wissenschaft und Praxis wird mit Recht immer wieder darauf hingewiesen, daß die Personalplanung ein integrierter Bestandteil der betrieblichen Gesamtplanung ist[5]. Sie ist im Rahmen einer sukzessiven oder simultanen Planung eng mit der Produktionsplanung, Investitionsplanung, Absatzplanung etc. verbunden. Gerade auf das Problem der simultanen Planung unter Berücksichtigung der Personalplanung wurde in einer Reihe von Veröffentlichungen in den letzten Jahren eingegangen[6]. Allerdings muß generell gesagt werden, daß hierbei in der Regel anspruchsvolle Optimierungsmodelle vorgestellt wurden, deren Umsetzbarkeit in die Praxis zur Zeit noch mit erheblichen Schwierigkeiten verbunden ist. Grundsätzlich kann aber die Aussage, die Personalplanung gehöre zu den relativ vernachlässigten Planungsbereichen im Unternehmen, in dieser generellen Form heute nicht mehr aufrechterhalten werden. Empirische Untersuchungen zeigen auf, daß in den letzten Jahren dieser Bereich besonders berücksichtigt wurde[7].

2. Entwicklungsstand der systemgestützten Personalplanung

Als Basis für die weitere Diskussion über den Einsatz von EDV-gestützten Personal- und Arbeitsplatzinformationssystemen für die Personalplanung ist es zweckmäßig, sich zunächst ein realistisches Bild über die bisherige Entwicklung zu machen. Es wird deshalb vom Verfasser versucht, den Stand der systemgestützten Personalplanung durch zwei verschiedene Vorgehensweisen zu erfassen. Zum einen erfolgte im Rahmen zweier Forschungsprojekte eine umfangreiche Literaturanalyse, deren Detailergebnisse hier auszugsweise und zum Teil stark komprimiert wiedergegeben werden. Parallel zu dieser Literaturanalyse erfolgte in einem anderen Projekt eine kritische Durchsicht der wichtigsten relevanten empirischen Erhebungen, ergänzt durch eigene empirische Erhebungen des Verfassers bei Anwendern. Letztere wurden zum Teil in periodischer Folge wiederholt, um den Prozeß von ersten Konzeptionsphasen bis hin zu anspruchsvollen Realisierungen im Bereich der Personal- und Arbeitsplatzinformationssysteme in der Praxis auswerten zu können. Dieses Projekt war für das bereits genannte Beratungshaus von besonderem geschäftlichen Interesse, um Erkenntnisse über den Markt von Personal- und Arbeitsplatz-

---

5 Benölken, Heinz: Langfristige Personalplanung im Kreditinstitut, Berlin 1976, S. 39–47; Weinmann, Joachim: Strategische Personalplanung. Theoretische Grundlegung und Versuch der Simulation eines integrierten Personalplanungsmodells, Köln 1978.
6 Jarr, Klaus: Simultane Produktions- und Personalplanung, in: Zeitschrift für Betriebswirtschaft, 44. Jg., 1974, S. 685–702; Strutz, Harald: Langfristige Personalplanung auf der Grundlage von Investitionsmodellen, Wiesbaden 1976.
7 Institut für Sozialwissenschaftliche Forschung e. V. (Hrsg.): Zur Verbreitung und Institutionalisierung betrieblicher Personalplanung in der BRD. Bericht für die an der Betriebserhebung 1975 beteiligten Unternehmen, München 1976; Lutz, Burkart unter Mitwirkung von Schultz-Wild, Rainer und Behr, Marhild von: Personalplanung in der gewerblichen Wirtschaft der Bundesrepublik. Ergebnisse der Betriebserhebung 1975 – Bd. I, Frankfurt/M. und New York 1977; Töpfer, Armin: Corporate Planning and Control in German Industry, in: Long Range Planning, Vol. 11, 1978, S. 58–68; Kohl, Heribert: Personalplanung und Gewerkschaften. Bericht über eine empirische Untersuchung bei Betriebsräten und Gewerkschaften, in: WSI Mitteilungen, 31. Jg., 1978, S. 224 f.

informationssystemen in Wirtschaft und öffentlicher Verwaltung zu gewinnen[8]. Die Ergebnisse dieser empirischen Erhebungen, die sich vorrangig auf den deutschsprachigen Raum bezogen, werden hier ebenfalls in den wichtigsten Punkten kurz dargestellt.

a. Bestandsaufnahme auf der Basis einer Litaraturanalyse

Insgesamt wurden 589 deutsch- und englischsprachige Literaturquellen auf verschiedene Fragestellungen hin analysiert. Dabei handelte es sich nur um Veröffentlichungen (Monographien, Zeitschriftenaufsätze, Aufsätze in Sammelwerken etc.) aus den Jahren 1970—1979. Einige Ergebnisse dieser Literaturanalyse enthält Abbildung 39. Es zeigte sich, daß sich 239 Quellen auf Personal- und Arbeitsplatzinformationssysteme und 416 auf Themen der Personalplanung beziehen. Allerdings nur in 66 (11,2 %) dieser Veröffentlichungen werden beide Bereiche im Zusammenhang behandelt. Dieser Gruppe wurden keine Publi-

Veröffentlichungen 1970 ff.	Personal- und Arbeitsplatz- informations- systeme	Personalplanung	Systemgestützte Personalplanung
deutschsprachig	96	171	25
englischsprachig	143	245	41
Summe	239	416	66
Summe (bereinigt)	589		66 (11,2%)

Abbildung 39: Ergebnisse aus der Literaturanalyse zum Thema „Systemgestützte Personalplanung"

---

8 Domsch, Michel: Systemgestützte quantitative Personalplanung in der Praxis. Ergebnisse einer kritischen Bestandsaufnahme. In: Müller-Merbach, Heiner (Hrsg.): Quantitative Ansätze in der Betriebswirtschaftslehre, München 1978, S. 345—359.

kationen zugeordnet, in denen die Personalplanung als ein Verwendungszweck nur erwähnt ist. Vielmehr müssen Lösungsansätze oder konkrete Realisierungen vorgestellt werden.

Von Interesse war außerdem, inwieweit es sich um theoretische, anwenderunabhängige Konzeptionen systemgestützter Personalplanung oder um anwenderbezogene Konzeptionen und/oder Realisierungen in der Praxis handelte. Es ist mit Absicht in Abbildung 40 zwischen Theorie und Praxis und nicht zwischen Wissenschaft und Praxis unterschieden worden, da ein erheblicher Teil der theoretischen Vorstellungen aus der Wirtschaft und Verwaltung selbst stammt. Gerade im Rahmen dieser Themenstellung muß man die häufig pauschal geäußerte Aussage, die Wissenschaft würde praxisferne Lösungen anbieten, zurückweisen. Die Spanne zwischen Wunsch und Wirklichkeit systemgestützter Personalplanung ist von Anfang der 70iger Jahre bis in die heutige Zeit erheblich von Wirtschaft und Verwaltung mitbestimmt worden.

Von den genannten 239 Literaturquellen, bezogen auf Personal- und Arbeitsplatzinformationssysteme betreffen nur 79 (33,1 %) konkrete Situationen in der Praxis[9]. Für die Personalplanung sind es nur 110 (26,4 %) von 416 Quellen[10]. Insgesamt handelt es sich um ca. 72,8 % theoretische Ausführungen, denen noch keine praktischen Anwendungen gegenüberstehen[11]. Von den 66 Veröffentlichungen, in denen beide Problembereiche im

---

9 Siehe u.a.: Patten, Thomas H.: Manpower Planning and the Development of Human Resources, New York u.a. 1971, S. 245–253; Blahusch, Friedrich u.a.: Personal-Verwaltungs-System (PVS). Ein EDV-gestütztes System zur Verwaltung des Personals und der Stellen der Hochschulen (hrsg. von Hochschul-Informations-System GmbH), Pullach b. München 1973; Bächler, H.G.: Einführung eines Personalinformationssysteme bei der IBM Schweiz. Überlegungen und Erfahrungen, in: DSWR Datenverarbeitung in Steuer, Wirtschaft und Recht, 4. Jg., 1974, Teil I: S. 194–200, Teil II: S. 234–241; Hill, Ruth: SIDPERS: One world in personnel management, in: Army, Vol. 24, 1974, No. 6, S. 23–25; Fuchs, Konrad D.: Das computergestützte Personalbudget-Planungs- und Kontrollsystem der Ersten österreichischen Spar-Casse, in: Betriebswirtschaftliche Blätter für die Praxis der Sparkassen und Landesbanken/Girozentralen, 24. Jg., 1975, Heft 2, S. 33–39; Lee, Robert D. und Lucianovic, William M.: Personnel Management Information Systems for State and Local Governments, in: Public Personnel Management, Vol. 4, 1975, March-April, S. 84–89; Bleil, Johannes und Korb, Horst: Das computerunterstützte Personaldateninformationssystem der Volkswagenwerke AG, in: IBM-Nachrichten, 27. Jg., 1977, S. 23–27; Drobisch, Gerhard und Horstmann, Karl: Das Personal-Informations-System bei der Hamburgischen Elektrizitäts-Werke AG, in: TED Journal für Ausbildungs- und Personalleiter, 1977, Heft 2, S. 43–56; Wolf, Klaus; Kummer, Walter und Nägele, Günter: Erfahrungen bei der Einführung des IBM-Personalinformationssystems PERSIS in einem Maschinenbau-Unternehmen, in: IBM-Nachrichten, 27. Jg., 1977, S. 169–175; Lehmann, Peter Klaus Wolfgang: PDS: Das Personal-Informations-System in der Standard Elektrik Lorenz AG (SEL), Stuttgart. In: Reber, Gerhard (Hrsg.): Personalinformationssysteme, Stuttgart 1979, S. 422–443.
10 Siehe u.a.: Jones, R.C.; Morrison, S.R. und Whiteman, R.P.: Helping to Plan a Bank's Manpower Resources, in: Operational Research Quarterly, Vol. 24, 1973, S. 365–374; Forbes, A.F.; Morgan, R.W. und Rowntree, J.A.: Manpower Planning Models in use in the Civil Service Department, in: Personnel Review, Vol. 4, 1975, No. 3, S. 23–35; Rabe, Uwe: Techniken der Personalbedarfsvorhersage. Beispiele aus der Personalplanung der Deutschen Bundespost. In: Schmidt, Herbert; Hagenbruck, Hasso und Sämann, Werner (Hrsg.): Handbuch der Personalplanung, Frankfurt/M. und New York 1975, S. 258–286; Pauck, Reinhard: Einsatzplanung für das fliegende Personal einer Luftverkehrsgesellschaft durch Zuordnung von Personen zu Besatzungsumläufen. Arbeitsbericht Nr. 10 des Instituts für Unternehmungsführung und Unternehmensforschung an der Ruhr-Universität Bochum, Bochum 1976; Peter, Walter: Modellgestützte Personalplanung, dargestellt am Beispiel einer chemischen Großunternehmung, Diss. St. Gallen 1976.
11 Siehe u.a.: Domsch, Michel: Simultane Personal- und Investitionsplanung im Produktionsbereich, Bielefeld 1970; Fehr, Hendrik: Quantitative Methoden in der Personalplanung, Diss. Hamburg

Veröffentlichungen 1970 ff.	Personal- und Arbeitsplatz-informationssysteme		Personalplanung		Systemgestützte Personalplanung	
T = Theorie P = Praxis	T	P	T	P	T	P
deutschsprachig	68	28	124	47	16	9
englischsprachig	92	51	182	63	21	20
Summe	160	79	306	110	37	29
Summe (bereinigt)	T : 429		P : 160		66	
	T : 71,1 %		P : 28,9 %		6,3 %	4,9 %

Abbildung 40: Theoretische und praxisorientierte Literatur zum Thema „Systemgestützte Personalplanung"

Sinne einer systemgestützten Personalplanung gemeinsam behandelt werden[12], sind nur 29 bzw. ca. 4,9 % der ausgewerteten 589 Literaturquellen anwenderbezogenen Konzeptionen und/oder Realisierungen in der Praxis zuzurechnen.

Bei einer anderen Analyse der 66 Literaturquellen wurde folgenden Fragestellungen nachgegangen:

1973; Kossbiel, Hugo: Personalplanung (inklusive Personalplanungsmodelle). In: Bierfelder, Wilhelm (Hrsg.): Handwörterbuch des öffentlichen Dienstes. Band: Das Personalwesen, Berlin 1976, Sp. 1235–1252; Wingefeld, Volker: Modellansätze zur Lösung von Planungsproblemen im Personalwesen, Diss. Gießen 1976; Franke, Günter: Stellen- und Personalbedarfsplanung, Obladen 1977; Jarr, Klaus: Stochastische Personalplanungen. Ansätze zur Planung des betrieblichen Reservepersonals, Wiesbaden 1978.

12 Siehe u.a.: Stainer, Gareth: Manpower Planning. The Management of Human Resources, London 1971, S. 47–77; Eickhoff, K.H.; Abels, P. und Mühlstephan, B.: System einer qualitativen Personalplanung in Sparkassen, in: Betriebswirtschaftliche Blätter für die Praxis der Sparkassen und Girozentralen, 22. Jg., 1973, S. 116–122; Klingelhöfer, Lutz: Personaleinsatzplanung durch ein computergestütztes Informationssystem, Frankfurt/M. und Zürich 1975; Deutsche Gesellschaft für Personalführung e.V. (Hrsg.): Die Anwendung der EDV im Personalwesen, Band 2: Personalplanung und Personalentwicklung mit Hilfe der EDV, Köln 1976.

- Welche Methoden/Verfahren/Modelle werden für die Personalplanung vorgeschlagen bzw. eingesetzt?
- Welche Teilgebiete der Personalplanung decken sie ab?
- Welche Zielfunktion(en) werden im Rahmen der Planungsmodelle vorgegeben?
- Welche Personal- und Arbeitsplatzdaten werden für den Einsatz der Planungsmodelle berücksichtigt?
- Inwieweit unterstützen die Personal- und Arbeitsplatzinformationssysteme die Personalplanung?

Die wesentlichen Ergebnisse werden im Folgenden zusammengefaßt wiedergegeben:

Unterteilt man die entwickelten und/oder eingesetzten Planungsmethoden grob in (a) Entscheidungsmodelle, (b) Erklärungs-/Prognosemodelle und in (c) Beschreibungs-/Erfassungs-/Ermittlungsmodelle, so ergibt sich folgendes Bild für die systemgestützte Personalplanung:

(a) Theorie 22; Praxis 7
(b) Theorie 9; Praxis 8
(c) Theorie 6; Praxis 14.

Wie zu erwarten, dominieren in den theoretischen Ausführungen anspruchsvolle Entscheidungsmodelle. In den anwenderbezogenen Veröffentlichungen ist ein umgekehrter Trend zu beobachten. In diesem Zusammenhang ist ein weiteres Ergebnis hervorzuheben: Bei der öffentlichen Verwaltung — insbesondere in den Bereichen Verkehr, Sicherheit, Gesundheitswesen, Bildung, Nachrichtenwesen und Militär — sind im Vergleich zur Privatwirtschaft Methoden der systemgestützten Personalplanung stärker forciert worden[14]. Die Problemstellungen beziehen sich dabei in Theorie und Praxis fast ausschließlich und etwa zu gleichen Teilen auf Themen der Personalbedarfsermittlung und der Personalbestandsplanung einerseits sowie des Personaleinsatzes andererseits. Die Zielfunktionen der entsprechenden Planungsmodelle basieren zu ca. 90 % auf rein ökonomischen Kriterien (Gewinn-, Umsatz-, Kosten-, Zeit-, Mengenziele).

Die Anforderungen hinsichtlich der Personal- und Arbeitsplatzdaten sind unterschiedlich formuliert und erfüllt. In den theoretischen Ausführungen stehen zukunftsorientierte, insbesondere Qualifikationsmerkmale (incl. psychische und physische Eignungsmerkmale/Anforderungen) im Mittelpunkt. In den anwenderorientierten Veröffentlichungen sind es Kenntnis- und Einsatzmerkmale, bezogen auf Aus- und Weiterbildung sowie Berufserfahrungen und Abrechnungsmerkmale (Lohn- und Gehaltsdaten, Sozialversicherungszahlungen, Zeitangaben etc.), häufig aber auch nur Mengengrößen wie Zeiteinheiten, Stückzahlen. Allerdings gilt auch hier die bereits erwähnte Unterscheidung zwischen Theorie und Praxis: es ist keineswegs so, daß die hohen Anforderungen an die Planungsdaten nur seitens der Wissenschaft formuliert worden sind. Eine starke Beeinflussung ist auch von Wirtschaft und Verwaltung selbst ausgegangen.

---

13 Siehe u.a.: Dyer, James S. und Mulvey, John, M.: An Integratet Optimizating/Information System for Academic Departmental Planning, in: Management Science, Vol. 22, 1976, S. 1332—1341; Städele, Gerhard: Personaleinsatzplanung im zentralen Verteilbetrieb, in: Industrielle Organisation, 48. Jg., 1979, S. 97—102.
14 Franklin, Allen D. und Koenigsberg, Ernest: Computed School Assignments in a Large District, in: Operations Research, Vol. 21, 1973, S. 413—426.

Schließlich ist der Stellenwert der Personal- und Arbeitsplatzinformationssysteme bei der Personalplanung hervorzuheben: In ca. 50 % der Fälle betrifft der System-Output nur Planungsdaten, die anschließend in Personalplanungsmodelle eingehen. In etwa gleicher Zahl sind die Modelle integrierter Bestandteil der Methoden- und Modellbank von Personal- und Arbeitsplatzinformationssystemen. Als System-Output ergeben sich damit bereits Personalpläne. Dies gilt allerdings vorwiegend für die theoretisch orientierten Veröffentlichungen.

b. Bestandsaufnahme auf der Basis empirischer Erhebungen bei Anwendern

Um den Entwicklungsstand von Personal- und Arbeitsplatzinformationssystemen in der Praxis generell und der systemgestützten Personalplanung speziell zu ermitteln, wurde die Literaturanalyse ergänzt durch Auswertungen von empirischen Erhebungen. Abbildung 41 enthält eine entsprechende Übersicht[15]. Als Ergebnis sind folgende Punkte hervorzuheben:

— Empirische Erhebungen im Bereich Personal- und Arbeitsplatzinformationssysteme einerseits und Personalplanung andererseits sind selten. Dies gilt um so mehr für die gemeinsame Betrachtung beider Schwerpunkte, die hier im Mittelpunkt steht. Eine umfassende aktuelle empirische Erhebung zur systemgestützten Personalplanung konnte aus dem deutschsprachigen Raum, aber auch aus dem englischsprachigen Raum nicht ausgewertet werden.

---

15 Morrison, Edward J.: Developing Computer-based Employee Information Systems. The American Management Association Inc., AMA Research Study 99, New York 1969; Springall, Joan: Personnel Records and the Computer — A Survey, Institute of Personnel Management and the Industrial Society in the UK, London 1971; Cheek, Logan M.: Personnel Computer Systems. Solutions in search of a problem, in: Business Horizons, Vol. 14, 1971, No. 4, S. 69—76; Mayer, Steven J.: EDP Personnel Systems: What Areas Are Being Automated?, in: Personnel Magazine, Vol. 48, 1971, No. 4, S. 29—36; Deutsche Gesellschaft für Personalführung e.V., DGFP (Hrsg.): Probleme der Entwicklung und Anwendung elektronischer Datenverarbeitungssysteme im Personalwesen — Ergebnisse einer empirischen Untersuchung in ausgewählten Unternehmen — (bearbeitet von Bartel, Harald), Düsseldorf 1971; Verband der privaten Krankenversicherungen e.V., Köln (Hrsg.): Elektronische Personaldatenverarbeitung, Heft 12 der Veröffentlichungen des Ausschusses für Betriebstechnik, Köln 1972, S. 7—13; Tomeski, Edward A. und Lazarus, Harold: Information Systems in Personnel, in: Journal of Systems Management, 24. Jg., 1973, Heft 8: S. 18—21 und Heft 9: S. 39—42; Bayhylle, J.E. und Hersleb, A. (Hrsg.): The Development of Electronic Data Processing in Manpower Areas, OEDC, Paris 1973; Domsch, Michel: Kosten-Analyse für Aufbau und Betrieb von Personal-Informationssystemen, in: Zeitschrift für betriebswirtschaftliche Forschung, 27. Jg., 1975, S. 428—448; Sämann, Werner: Entwicklungsstand EDV-gestützter Arbeitsplatz- und Personal-Informationssysteme (APIS), in: Personal, 27. Jg., 1975, S. 314—317; Domsch, Michel: Interdisziplinäre Kosten-Nutzen-Analysen bei Investitionsentscheidungen. Eine empirische Untersuchung von Kosten-Nutzen-Analysen bei EDV-gestützten Systemen. In: Albach, Horst und Simon, Hermann (Hrsg.): Investitionstheorie und Investitionspolitik privater und öffentlicher Unternehmen, Wiesbaden 1976, S. 65—96; Sämann, W.; Schulte, B. und Weertz, K.: Struktureller Aufbau und Leistungsbreite bestehender Personal-Informationssysteme, AWV-Fachinformationen, Frankfurt/M. 1976; Heinrich, L.J. und Pils, M.: Personalinformationssysteme. Anspruch, Realität, Konzepte, Arbeitsbericht Nr. 4 des Institut für Fertigungswirtschaft und Betriebsinformatik der Universität Linz, 5. Auflage, Linz 1977; Bisani, Fritz und Friedrichs, Hans (Projektleitung): Empirische Untersuchung zur Stellung des betrieblichen Personalwesens in der Bundesrepublik Deutschland. Teil III: Die Anwendung personalwirtschaftlich relevanter wissenschaftlicher Erkenntnisse in der betrieblichen Praxis, Teilprojekt: EDV-Einsatz und Personalinformationssysteme (Projektbearbeiter: Holthaus, Norbert und Hüsgen, Klaus-Peter), Universität Essen/GHS 1977.

- Die vorhandenen empirischen Erhebungen sind zum Teil überaltert. Die Entwicklung und Bedeutung von Personal- und Arbeitsplatzinformationssystemen hat erst in den letzten fünf bis sechs Jahren erheblich zugenommen. Dies gilt anderen empirischen Erhebungen zufolge ebenfalls für die betriebliche Personalplanung. Daher sind Erhebungen höchstens aus den letzten 5—6 Jahren für eine Aussage über Personalplanung mit Hilfe von Personal- und Arbeitsplatzinformationssystemen relevant. Die Auswertung konzentrierte sich somit auf Untersuchungen, die gem. Abbildung 41 nach 1973 durchgeführt bzw. veröffentlicht wurden. Aus diesem Grund und unter Berücksichtigung von Doppelzählungen wurden schließlich 56 Personal- und Arbeitsplatzinformationssysteme, die bei Anwendern im deutschsprachigen Raum konzipiert und/oder realisiert worden sind, in die engere Betrachtung einbezogen. Davon gehören knapp 65 % der Anwender zu den 200 größten Unternehmen (nach Umsatz) in der Bundesrepublik, knapp 20 % betreffen den öffentlichen Bereich.

- Es besteht nur eine geringe konkrete Auskunftsbereitschaft der Anwender über Konzeptionen oder Realisierungen systemgestützter Personalplanung. Zum Teil liegt es an der Zurückhaltung gegenüber umfangreichen Fragebögen, zum Teil am Problembereich selbst, zum Teil am niedrigen Entwicklungsstand, zum Teil am Fehlen kompetenter Gesprächspartner, zum Teil auch an Geheimhaltungsgründen.

Jahr	Anzahl Probanden	Projektleiter/Autor (Jahr der Veröffentlichung)
1970/72	38	OECD Bayhylle/Hersleb (1973)
1972 1974 1976 – 1979	39	Domsch SCS GmbH / HSBw HH (1975/79)
1974/75	28	Sämann/Schulte/Weertz TU Berlin / AWV 1975/76
Summe (ohne Doppelzählungen)	88	
Weitere Untersuchungen: — Morrison (1969) — Cheek (1971) — Mayer (1971) — DGFP (1971) — Springall (1971)		— Verband der privaten Krankenversicherungen e.V. ('72) — Tomeski/Lazarus(USA '73) — ifbi/Linz (1976/77) — Bisani/Friedrichs (1977)

Abbildung 41: Empirische Erhebungen im Bereich Personal- und Arbeitsplatzinformationssysteme

- Es hat sich in einer Reihe von Fällen erwiesen, daß die Angaben der befragten Anwender ungenau oder falsch waren. Dafür gab es die unterschiedlichsten Begründungen, auf die hier nicht näher eingegangen werden soll. Zu empfehlen war daher, soweit wie möglich nicht veröffentlichte firmeninterne Broschüren und Studien, Zwischen- und Ergebnisberichte zu analysieren und die Interviews in zeitlichen Abständen zu wiederholen. Zweckmäßig war es auch, falls eine Publikation über die spezielle Anwendung erfolgte, die dort enthaltenen Aussagen den empirisch erhobenen Informationen kritisch gegenüberzustellen.

- Ein systembezogenes „Project-Controlling" liegt nur selten vor. Daher ist es in der Regel schwer, im nachhinein eine Aussage über einmal geplante Vorhaben zu bekommen und den erreichten Realisierungsgrad im Rahmen einer Soll-Ist-Betrachtung zu beurteilen.

- Nur in 11 (ca. 20 %) der Fälle kann überhaupt von einer systemgestützten Personalplanung gesprochen werden, die sich zudem überwiegend noch in der Konzeptionsphase befindet.

Auf Basis dieser Ergebnisse der empirischen Erhebungen können zur Zeit abgesicherte Aussagen über systemgestützte Personalplanung in der Praxis nicht getroffen werden. Soweit aber eine Auswertung möglich ist, decken sich die Ergebnisse überwiegend mit denen aus der Literaturanalyse. Das läßt die Vermutung zu, daß auch umfangreiche neue empirische Untersuchungen zur Zeit zu ähnlichen Ergebnissen führen[16]. Diese Auffassung wird gestärkt durch Diskussionen in Arbeitskreisen verschiedener Verbände, in Arbeitssitzungen bei (potentiellen) Anwendern selbst sowie bei nationalen und unternationalen Tagungen.

c. Zwischenbilanz und Aspekte zukünftiger Entwicklungen

Die Ergebnisse der Literaturanalyse und der empirischen Erhebungen können in folgender Zwischenbilanz zusammengefaßt werden:

- Realisierungen systemgestützter Personalplanung in der Praxis konzentrieren sich in der Bundesrepublik bisher auf wenige Einzelfälle.

- Bisher werden Personal- und Arbeitsplatzinformationssysteme vorrangig für administrative Zwecke eingesetzt.

- Das bisherige empirische Material über systemgestützte Personalplanung ist zwar zum Teil überaltert und nicht repräsentativ. In die empirischen Erhebungen des Verfassers wurde jedoch der größte Teil der Anwender einbezogen, die unter Berücksichtigung der verschiedensten Informationsquellen zu den Fortschrittlichen bei der Realisierung von Personal- und Arbeitsplatzinformationssystemen und der Durchführung einer Personalplanung in der Bundesrepublik gelten. Somit ist selbst bei einer umfangreicheren empirischen Untersuchung eine andere Aussage über die derzeitige systemgestützte Personalplanung in der Bundesrepublik unwahrscheinlich.

---

16 Drumm, Hans-Jürgen; Scholz, Christian und Polzer, Helmut: Zur Akzeptanz formaler Personalplanungsmethoden. Regensburger Diskussionsbeiträge zur Wirtschaftswissenschaft, Regensburg 1979, S. 4–6. Hierbei wird allerdings der Systemaspekt nicht besonders untersucht.

- Die Literaturanalyse hat ergeben, daß auch international sowohl in der Praxis als auch in der Wissenschaft der Problembereich bisher nur selten anwendungsorientiert behandelt worden ist bzw. Anwendungen realisiert wurden.
- Die Ursachen liegen nicht im engeren Bereich der Personal- und Arbeitsplatzinformationssysteme. EDV-technische Lösungsmöglichkeiten bestehen. Die Systeme können grundsätzlich nur so gut eingesetzt werden, wie die Planungsmodelle und zukunftsorientierte Daten problem- und anwendungsspezifisch vorhanden sind. Gerade hier liegen aber in Wissenschaft und Praxis noch relativ wenige Kenntnisse und Erfahrungen vor. Dies gilt sowohl für Methoden der Informationsgewinnung als auch für Planungsmethoden im Rahmen der Informationsverarbeitung.
- Kosten-Nutzen-Analysen werden für die Systeminvestitionen nur selten durchgeführt. Hierin besteht aber die Chance, Wunsch und Wirklichkeit bei zukünftigen Entwicklungen praxisorientiert anzunähern.

Der Einsatz von Personal- und Arbeitsplatzinformationssystemen für dispositive Verwendungszwecke wird ab und zu in letzter Zeit von Wissenschaft und Praxis generell in Frage gestellt. Wesentliche Argumente sind: Es handele sich um schlecht strukturierbare Bereiche und Entscheidungen; Gesetze und Verordnungen/Vereinbarungen etc. erlaubten sowieso kaum einen Spielraum; die Mobilität der Arbeitnehmer sei in vielerlei Hinsicht zu gering; mit derartigen Methoden würde man den vielfältigen Anforderungen und Randbedingungen der Personalarbeit und den Eignungen und Bedürfnissen der Arbeitnehmer nicht gerecht. Demgegenüber fordert die Praxis an anderer Stelle häufig den Ausbau administrativer Systeme hin zu dispositiven Systemen[17]. Auf der Basis dieser widersprüchlichen Äußerungen ist zur Zeit eine Art „PATT-Situation" im Urteil über Möglichkeiten und Grenzen systemgestützter Personalplanung erreicht.

Die skeptische Haltung gegenüber systemgestützter Personalplanung mit Hilfe anspruchsvoller Planungsmodelle beruht allerdings häufig auf der Einnahme extremer, wirklichkeitsfremder Standpunkte. Dazu folgendes:

- Es ist selbstverständlich, daß nur bestimmte Teile der Personalarbeit durch den Einsatz quantitativer Methoden unterstützt werden können. Das Argument, betriebliche Personalarbeit könne nicht nur mit quantitativen Methoden durchgeführt werden, ist damit überflüssig, da selbstverständlich.
- Die Ergebnisse aus dem Einsatz der Personalplanungsmodelle sollen keineswegs direkt realisiert werden. Unter Abwägung der verschiedensten Aspekte durch die zuständigen Führungskräfte und Mitarbeiter sowie unter Berücksichtigung der Rechte und Pflichten der Arbeitnehmervertretungen sind die Ergebnisse der systemgestützten Personalplanung vor einer abschließenden Entscheidung sowieso zu diskutieren und eventuell zu modifizieren. Das Argument, die „Maschine treffe die Entscheidung", ist dann unsachlich. In vielen Fällen liegt der Nutzen systemgestützter Personalplanung sowieso (nur) darin, das Problemfeld zu strukturieren und transparenter zu machen oder verschiedene alternative Entscheidungsmöglichkeiten, Parameter oder Ziel- und Nebenbedingungen vorab auf ihre Wirksamkeit zu testen.

Für zukünftige Entwicklungen sind folgende Gegebenheiten in der Praxis mit zu berücksichtigen:

- Der Bedarf an systemgestützter Personalplanung nimmt insbesondere in den Verwaltungsbereichen und im Dienstleistungssektor zu.

---

17 Gliss, Hans: Personalwesen. DV-Informations-Systeme, in: Der Arbeitgeber, 27. Jg., 1975, S. 277 f.

- Wichtig ist die Beachtung des sog. Überflußproblems. Während in der Vergangenheit primär auf wirtschaftliches Wachstum, verbunden mit dem Faktor Arbeit als Knappheitsfaktor, abgestellt wurde, besteht heute in vielen Branchen — häufig mit Rationalisierungsmaßnahmen verbunden — das umgekehrte Problem: Abbau des Personals, d. h. Freisetzungsplanung, Eingliederung und Einsatz von höherqualifizierten Mitarbeitern — unter Berücksichtigung der überhaupt möglichen Flexibilität, eingeschränkt durch Vereinbarungen, Entgeltregelungen, Leistungsbereitschaft etc.

- Eng damit verbunden ist das Problem, aufgrund der schnell steigenden Lohn- und Gehaltskosten sowie der Personalzusatzkosten das vorhandene bzw. verfügbare Personal optimal einzusetzen. Die Personaleinsatzplanung sowie die Personalkostenplanung gewinnen dadurch besondere Bedeutung.

- Die Modelle der quantitativen Personalplanung basieren, wie in der Bestandsaufnahme festgestellt, überwiegend auf rein ökonomischen Einfachzielsetzungen. Diese Vorgabe ist wirklichkeitsfremd. Es sind Modelle mit Mehrfachzielsetzungen zu entwickeln, in denen unternehmerische, individuelle und gesellschaftliche Zielvorstellungen berücksichtigt werden.

- Quantitative Personalplanung setzt quantifizierbare zukunftsorientierte Eignungs- und Anforderungsinformationen voraus. Gerade hierbei besteht heute noch eine erhebliche Meß- und Erfassungsproblematik, die nur zum Teil und nur interdisziplinär gelöst werden kann[18]. Leitet man daraus eine Ablehnung der systemgestützten Personalplanung ab, dann trifft dieses Argument nicht das EDV-gestützte Personal- und Arbeitsplatzinformationssystem, sondern die Personalplanung generell. Denn das System kann nur so effizient arbeiten wie der Input von Daten und Methoden ist.

- Verschiedentlich wird argumentiert, nicht jeder Mitarbeiter habe ein Interesse an einem eignungsgerechten Einsatz, dieser sei häufig auch nicht realisierbar. Eine entsprechende Planung/Steuerung des Personals durch ein Personal- und Arbeitsplatzinformationssystem entspräche damit grundsätzlich nicht den Zielen der Arbeitnehmer. Geht man davon aus, daß das System keine Entscheidungen trifft, sondern nur Entscheidungsvorbereitungen unterstützt, dann mögen sich die angedeuteten Problemfälle in Grenzen halten. Darüber hinaus fehlen entsprechende Befragungen, welche die Argumentation stützen.

Die Aussagen aus der Bestandsaufnahme zur systemgestützten Peronalplanung mögen nicht besonders ermutigend für weitere Entwicklungen klingen. Gerade bei einem für die wissenschaftliche Entwicklung und praktische Umsatzung so jungen Gebiet der erweiterten, d. h. interdisziplinär orientierten Betriebswirtschaftslehre darf aber daraus kein abschließendes, womöglich negatives Urteil für zukünftige Entwicklungen abgeleitet werden. Erst seit Beginn der 70iger Jahre wird auf diesem Gebiet intensiv gearbeitet. Sowohl praxisrelevante Entwicklungen als damit auch Bewährungen in der Praxis stehen überwiegend noch aus.

---

18 Müller-Limmroth, Wolf: Physio-psychische Anforderungs- und Eignungsprofile. Mitwirkungsmöglichkeiten von Arbeitsmedizinern, Physiologen und Psychologen bei der Personalplanung. In: Schmidt, Herbert; Hagenbruck, Hasso und Sämann, Werner (Hrsg.): Handbuch der Personalplanung, Frankfurt/M. und New York 1975, S. 159–167.

3. Entwicklung eines Gesamtsystems zur Personalplanung

Die einzelnen Teilgebiete der Personalplanung sind eng miteinander verknüpft. Daraus folgt die Notwendigkeit, daß diese Verbindung auch durch ein Personal- und Arbeitsplatzinformationssystem im Rahmen des Informationsprozesses erfolgt. Sieht man die Personalerhaltungsplanung sowie die Aus- und Weiterbildungsplanung als Spezialfälle der Personalentwicklungsplanung und die Personalfreistellungsplanung als Spezialfall der Personaleinsatzplanung an, werden die Zusammenhänge in Abbildung 42 veranschaulicht. Dadurch wird ebenfalls die enge Verknüpfung zu anderen Teilbereichen des Gesamtsystems hervorgehoben.

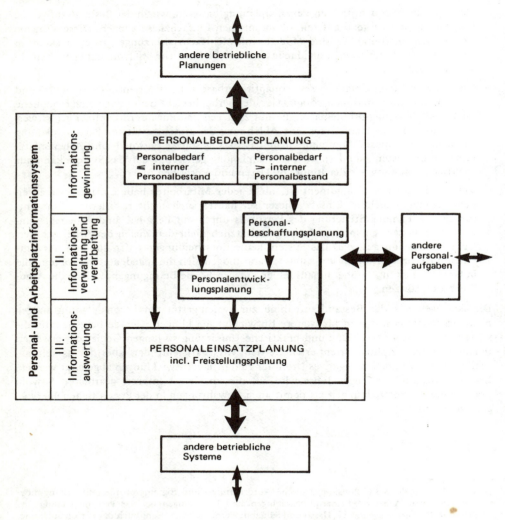

Abbildung 42: Verknüpfung der Teilplanungen im Personalbereich

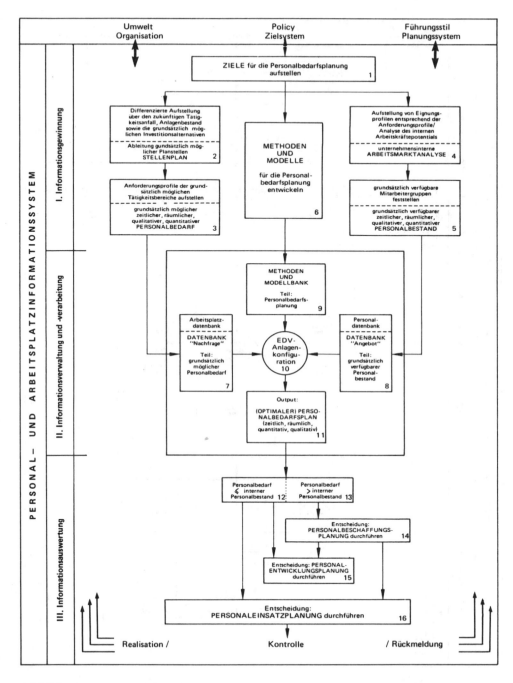

Abbildung 43: Personalbedarfsplanung mit Hilfe eines (EDV-gestützten) Personal- und Arbeitsplatzinformationssystems

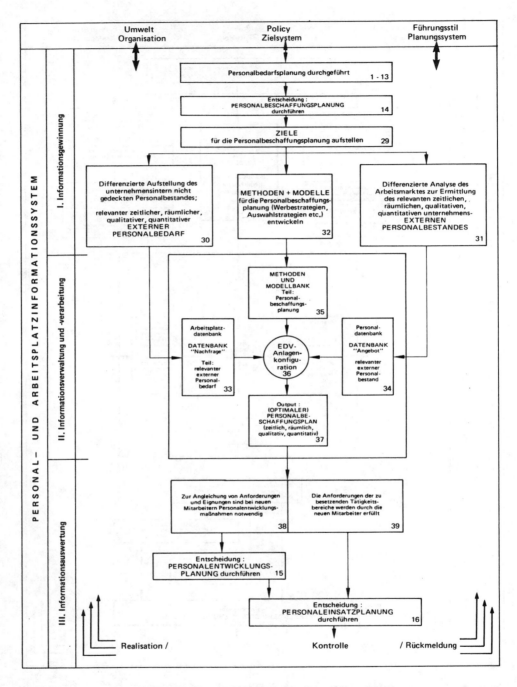

Abbildung 44: Personalbeschaffungsplanung mit Hilfe eines (EDV-gestützten) Personal- und Arbeitsplatzinformationssystems

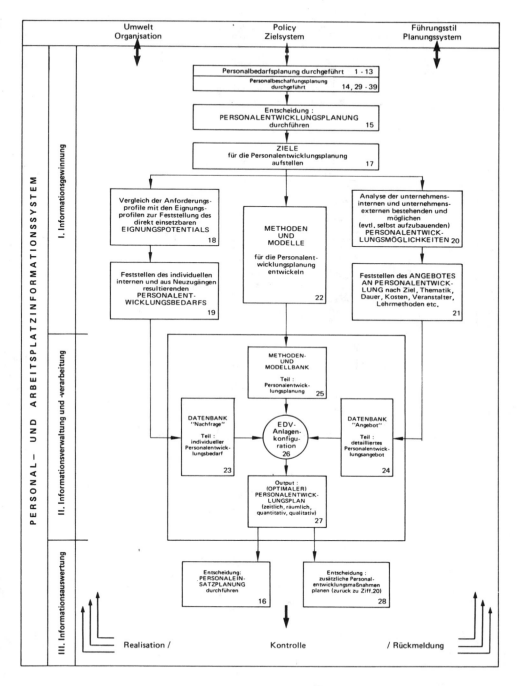

Abbildung 45: Personalentwicklungsplanung mit Hilfe eines (EDV-gestützten) Personal- und Arbeitsplatzinformationssystems

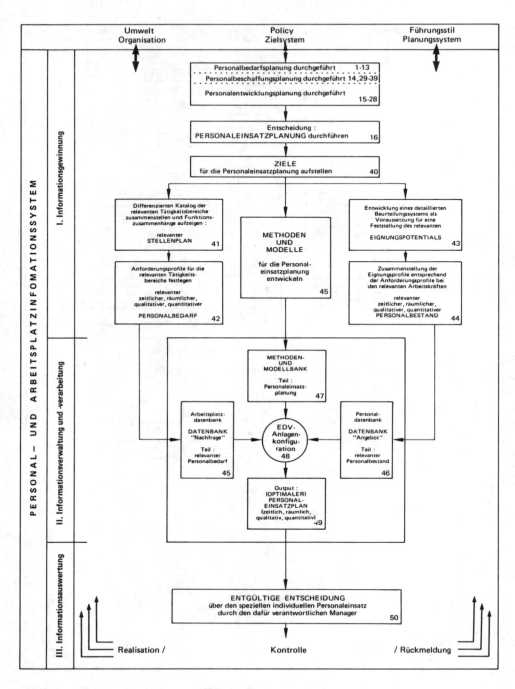

Abbildung 46: Personaleinsatzplanung mit Hilfe eines (EDV-gestützten) Personal- und Arbeitsplatzinformationssystems

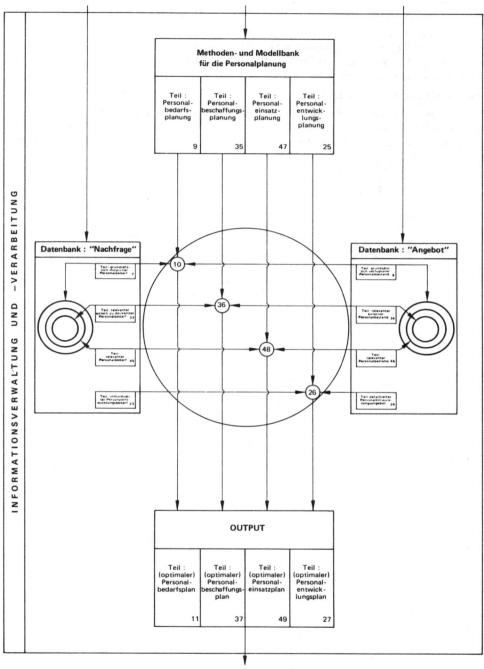

Abbildung 47: *Systemgestützte Integration der Teilplanungen im Rahmen eines (EDV-gestützten) Personal- und Arbeitsplatzinformationssystems*

Bei einer differenzierten Betrachtung des Informationsprozesses ergibt sich für

- die Personalbedarfsplanung der in Abbildung 43,
- die Personalbeschaffungsplanung der in Abbildung 44,
- die Personalentwicklungsplanung der in Abbildung 45,
- die Personaleinsatzplanung der in Abbildung 46

beispielhaft angegebene Ablauf.

Die einzelnen Schnittstellen der systemgestützten Teilplanungen zu anderen Bereichen wurden in Abbildung 43 bis 46 bereits ausgewiesen. Abbildung 47 soll die Integration der Teilsysteme in ein komplexes Personal- und Arbeitsplatzinformationssystem verdeutlichen.

II. Grundlagen der Personaleinsatzplanung

1. Begriff und Voraussetzungen der Personaleinsatzplanung

Der festgestellte Mangel an systemgestützter, anwendungsorientierter Personalplanung gilt auch für die Personaleinsatzplanung. Im folgenden wird deshalb auf Fragen der systemgestützten Personalplanung am Beispiel der optimalen Personaleinsatzplanung eingegangen. Von einer optimalen Personaleinsatzplanung wird dann gesprochen, wenn
— einer bestimmten Anzahl verfügbarer, in der Regel unterschiedlich geeigneter und leistungsbereiter Arbeitskräfte
— bestimmte Tätigkeitsbereiche mit in der Regel unterschiedlichen Anforderungen derart zugewiesen werden, daß
— die gesetzte(n) Zielsetzung(en) bestmöglich erfüllt wird (werden).

Neben der Bezeichnung „Personaleinsatz" findet man in der Literatur für den gleichen Tatbestand Begriffe wie „Personalzuordnung", „Personalzuweisung", „Personalanweisung", „Stellenbesetzung" und im englischsprachigen Bereich vorrangig „personnel assignment".

Die Personaleinsatzplanung ist ein Teil der Personalplanung und diese wiederum wie ausgeführt ein Teil der Gesamtplanung[19]. Die Zielvorstellungen für die Personaleinsatzplanung sind daher aus den Zielen für die Gesamtplanung abzuleiten; die Personaleinsatzplanung ist in die Gesamtplanung zu integrieren. Dabei sind die Ergebnisse aus der Personalbedarfsplanung, der Personalentwicklungsplanung und aus der Personalbeschaffungsplanung Planungsinput für die Personaleinsatzplanung[20]. Denn die Personalbedarfsplanung hat das Ziel, die benötigte Anzahl an Arbeitnehmern verschiedener Qualifikationen festzulegen, die letztendlich aus den zu besetzenden Tätigkeitsbereichen resultiert; die Personalbeschaffungsplanung incl. Personalbestandsplanung und die Personalentwicklungsplanung zeigen im Ergebnis auch das bei bestimmten Konditionen unternehmensintern und unternehmensextern verfügbare Personalpotential auf. Somit findet im Rahmen der Personaleinsatzplanung ein Abstimmungsprozeß zwischen Personalbedarf, Personalbeschaffung und Personalentwicklung statt.

Es ist auch denkbar, die Personalbedarfsplanung und die Personaleinsatzplanung simultan durchzuführen. Dagegen sprechen jedoch einige praktische Erwägungen. Bei einer Personalbedarfsplanung müssen der Planungsstelle zwar die Anforderungen, die aus den zu besetzenden Tätigkeitsbereichen an das Personal gestellt werden, bekannt sein. Erst dann kann man den Bedarf an unterschiedlich qualifizierten Arbeitskräften bestimmen. Andererseits steht aber bei der Bedarfsanalyse in der Regel noch nicht fest, welche Personen genau welche Positionen übernehmen sollen oder könnten. Das trifft insbesondere dann

---

19 Rationalisierungs-Kuratorium der Deutschen Wirtschaft (RKW) e.V. (Hrsg.): RKW-Handbuch „Praxis der Personalplanung", Teil I: Aufgaben der Personalplanung, S. 1—29., Neuwied 1978; Marr, Rainer und Stitzel, Michael: Personalwirtschaft — ein konfliktorientierter Ansatz, München 1979, S. 294.
20 Winnes, Ralf: Beschäftigungsabhängige Personalbedarfsplanung — Quantitative Verfahren zur Bestimmung des Personalbedarfs, Königstein/Ts. 1978, S. 33 ff.

zu, wenn die Unternehmung den Personalbedarf durch Einstellung von Arbeitskräften vom außerbetrieblichen Arbeitsmarkt decken muß. Sie stellt zunächst den Bedarf fest und versucht, diesen dann zu decken. Wenn aber die Personen noch nicht bekannt sind, können auch noch keine konkreten, individuellen Eignungsprofile berücksichtigt werden; eine Personaleinsatzplanung ist noch nicht durchführbar. Insofern wird in dieser Untersuchung angenommen, daß die Personaleinsatzplanung erst nach der erfolgten Personalbedarfsplanung durchgeführt wird[21]. Analoge Überlegungen gelten für die Personalbeschaffungsplanung.

Zusätzlich gilt für die Personaleinsatzplanung eine Reihe von Voraussetzungen. Insbesondere sind hier in Thesenform zu nennen:

— Die Personaleinsatzplanung muß grundsätzlich alle Mitarbeiter einbeziehen, da die Leistung von allen erbracht wird. Somit hat jeder das Recht, in der Planung berücksichtigt zu werden. Diese Notwendigkeit wird auch durch das Betriebsverfassungsgesetz unterstrichen. Dabei ist die Forderung nach einer „totalen" oder „globalen" Personaleinsatzplanung nicht realistisch. Vielmehr ist sie nach Personalgruppen und evtl. nach Betriebsbereichen zu differenzieren, weil die jeweiligen spezifischen Gegebenheiten zu berücksichtigen sind. In dieser Arbeit wird — wie ausgeführt — nur auf Arbeitnehmer unterer Unternehmensebenen eingegangen.

— Die Mitarbeiter müssen von den individuellen Vorteilen einer Personaleinsatzplanung und von der vertraulichen Behandlung der individuellen Daten überzeugt sein. Das ist notwendig, da die Planungsinstitution bei der Personaleinsatzplanung in der Regel auf Informationen von jedem Mitarbeiter angewiesen ist. Es sind daher Informationssitzungen, Schulungsveranstaltungen und Datenschutzmaßnahmen vorzusehen.

— Allerdings können nur zum Teil wirtschaftliche Überlegungen seitens der Arbeitgeber im Vordergrund stehen. Gleichberechtigt ist das Interesse eines jeden Mitarbeiters, an einem sicheren und qualifikationsgerechten Tätigkeitsbereich mit angemessenen Arbeitsbedingungen und der Möglichkeit zur freien Entfaltung eingesetzt zu werden. Besondere Berücksichtigung muß hierbei der Personenkreis der älteren, mindereinsatzfähigen und ausländischen Arbeitnehmer erfahren. Eine Abstimmung daraus evtl. entstehender Interessengegensätze bei der Personaleinsatzplanung kann nur unter gemeinsamer Abstimmung der Arbeitgeber, der Arbeitgeberverbände, der Mitarbeiter selbst, der Arbeitnehmervertretungen und des Staates wahrgenommen werden. Die Personaleinsatzplanung ist daher unter Berücksichtigung aller Interessengruppen durchzuführen.

— Hierzu gehört auch die Auffassung, „the human factor" müsse als Faktor und zugleich als Persönlichkeit aufgrund seiner speziellen und unterschiedlichen sozialen, psychischen und physischen Eigenschaften bei der Personaleinsatzplanung besondere Berücksichtigung erfahren. Denn neben der Forderung nach wirtschaftlichem Einsatz steht zunehmend die Forderung nach „Humanisierung der Arbeit", der einer Personaleinsatzplanung nicht widersprechen darf. Insofern sollte die Personaleinsatzplanung von einem interdisziplinär zusammengesetzten Team koordiniert und durchgeführt werden.

— Dadurch soll allerdings nicht der Eindruck entstehen, betriebswirtschaftliche Planungsmethoden zur Durchführung der Personaleinsatzplanung, zu ihrer Realisation und Kon-

---

21 Schoenfeld, Hanns-Martin: Personalplanung. In: Fuchs, Josef; Schwantag, Karl — Arbeitsgemeinschaft Planung — AGPLAN — E.V. (Hrsg.): AGPLAN — Handbuch zur Unternehmensplanung, Berlin 1970, Kennzahl 2305, S. 13 ff.

trolle seien nicht sinnvoll zu verwenden. Zwar sind quantitative Methoden allein für die Personaleinsatzplanung — ebenso wie in anderen Planungsbereichen — nur beschränkt verwendbar. Sowohl in der Praxis als auch in der Wissenschaft wird jedoch zunehmend die Frage untersucht, wie man auch Probleme des Personaleinsatzes quantifizieren und damit quantitativen Planungsmethoden zugängig machen kann. Obwohl hier ebenso häufig psychologische Schranken, zur Zeit aber auch noch einige wissenschaftliche und praktische Bedenken gegen diese Vorgehensweise bestehen, werden in Zukunft zunehmend quantitative Planungsmethoden als Hilfsmittel auch bei der Personaleinsatzplanung Anwendung finden. Bei der Argumentation gegen diese „formalen" Verfahren wird gerade bei der Personaleinsatzplanung häufig übersehen, daß dadurch bei dem einzelnen Mitarbeiter keineswegs der Individualcharakter unberücksichtigt bleiben soll, sondern vielmehr durch die Anwendung „objektivierender" Planungsmethoden nachteilige „subjektive" Willkürakte vermindert werden können.

— Im Rahmen der Personaleinsatzplanung ist ebenfalls jeweils die Möglichkeit zu prüfen, inwieweit die Anforderungen der zu besetzenden Tätigkeitsbereiche veränderbar sind. Denn zum einen besteht das Problem, Arbeitskräfte anforderungsgerecht einzusetzen. Gleichgewichtig ist jedoch das Ziel zu sehen, im Einzelfall die Anforderungen an die Leistungsfähigkeit und Leistungsbereitschaft der verfügbaren Mitarbeiter anzupassen.

— Schließlich sind — wie in jedem Teilbereich der Personalplanung — auch bei der Personaleinsatzplanung arbeitsrechtliche, insb. betriebsverfassungsrechtliche Vorschriften zu berücksichtigen[22].

Zur Bewältigung der Personaleinsatzplanung im beschriebenen Sinne ist es notwendig, planungsrelevante Personal- und Arbeitsplatzdaten zu gewinnen sowie planungsrelevante Methoden und Modelle zu entwickeln. Hinzu kommt, daß häufig die Masse der Daten ohne Einsatz eines EDV-gestützten Systems nicht mehr wirtschaftlich verwaltet und verarbeitet werden kann. Die Personaleinsatzplanung ist daher soweit wie operational und wirtschaftlich sinnvoll, EDV-gestützt im Rahmen eines Personal- und Arbeitsplatzinformationssystems durchzuführen.

Den genannten Forderungen kann und soll in dieser Arbeit in ihrer Gesamtheit nicht nachgegangen werden. Im Mittelpunkt steht hier die betriebswirtschaftlich orientierte Frage, wie ein Personal- und Arbeitsplatzinformationssystem zu konzipieren ist, falls es als Unterstützung der Personaleinsatzplanung eingesetzt werden soll. Es kann sich dabei nur um eine Grobkonzeption handeln. Darüber hinaus wird vorrangig auf Fragen des „optimalen" Personaleinsatzes eingegangen. Der traditionelle Ansatz des bekannten Zuordnungsproblems dient als Basis bei den Überlegungen zur Methoden- und Modellbank. Zwar ist damit eine erhebliche Einschränkung des gesamten Problemfeldes verbunden. Andererseits läßt sich jedoch dabei eine Vielzahl von Fragen und Lösungshinweisen aufzeigen, die auch für andere Fragestellungen und weiterführende Diskussionen relevant sein können.

Ansätze zur betrieblichen Personaleinsatzplanung in der Praxis sind für einige Branchen bereits zahlreich veröffentlicht worden. So gibt es zum Beispiel Untersuchungen im Be-

---

22 Mohr, Annegret: Personalplanung und Betriebsverfassungsgesetz. Beteiligungsmöglichkeiten des Betriebsrats, Köln 1977; Scholl, Wolfgang: Partizipation und Mitbestimmung bei der Personalplanung (DBW-Depot 77–1–9), Stuttgart 1977.

reich des Bankwesens[23], des Handels[24], der Verkehrsbetriebe[25], der Industrie[26], im Krankenhausbereich[27] und im Bereich der Forschung und Lehre[28]. Anwendungsorientierte Diskussionen über den systematischen Aufbau und den Betrieb eines Personal- und Arbeitsplatzinformationssystems als notwendige Voraussetzung und als Hilfsmittel für die Durchführung einer Personaleinsatzplanung sind in der Literatur allerdings selten zu finden.

2. Ursachen für eine Personaleinsatzplanung

Der Verwendungszweck des Personal- und Arbeitsplatzinformationssystems, Hilfsmittel für die Personaleinsatzplanung zu sein, wird in diesem Abschnitt noch stärker konkretisiert, da bisher nur der allgemeine Zweck der Personaleinsatzplanung herausgestellt wurde. Es soll nun hervorgehoben werden, welche Ursachen im einzelnen eine Personaleinsatzplanung bedingen. Hierbei zeigt sich, daß eine Reihe von unterschiedlichen betriebswirtschaftlichen Aspekten mit einer Fülle von Personaleinsatzproblemen verbunden ist. Damit entfällt zwar der systematische Bezug auf einen betrieblichen Funktionsbereich, es zeigt sich aber um so deutlicher, in welchen zum Teil heterogenen Problembereichen eine Personaleinsatzplanung relevant wird. Die wichtigsten Ursachen für eine Personaleinsatzplanung werden dargestellt. Dabei wird jeweils auf die Grundproblematik hingewiesen.

a. Änderung der Betriebsgröße und der Tätigkeitsbereiche

Die betriebswirtschaftliche Forschung beschäftigt sich in zunehmenden Maße mit der Änderung der Betriebsgröße. Eine Veränderung der Betriebsgröße wird in der Regel nicht

---

23 Bergrath, Detlef: Personaleinsatz im Bankbetrieb. Grundlagen und Probleme des qualitativen Personaleinsatzes in Bankbetrieben, Köln 1978.
24 Kabrede, H.J.: Ein Modell zur Planung und Kontrolle des Einsatzes von Verkaufspersonal, in: Zeitschrift für Operations Research, Band 17, 1973, S. B195–B 207.
25 Saha, J.L.: An Algorithm for Bus Scheduling Problems, in: Operational Research Quarterly, Vol. 21, 1970, S. 463–474; Pauck, Reinhard: Einsatzplanung für das fliegende Personal einer Luftverkehrsgesellschaft durch Zuordnung von Personen zu Besatzungsumläufen. Arbeitsbericht Nr. 10 des Instituts für Unternehmungsführung und Unternehmensforschung an der Ruhr-Universität Bochum, Bochum 1976.
26 Klein, Morton und Takamori, Hiroshi: Parallel Line Assignment Problems, in: Management Science, Vol. 19, 1972, S. 1–10; Baker, Kenneth R.: Workfore Allocation in Cyclical Scheduling Prolems: A Survey, in: Operational Research Quarterly, Vol. 27, 1976, S. 155–167.
27 Ahuja, Hira und Sheppard, Robert: Computerized Nurse Scheduling, in: Financial Engineering, Vol. 7, 1975, No. 10, S. 24–29; Miller, Holmes E.; Pierskalla, William P. und Rath, Gustave J.: Nurse Scheduling Using Mathematical Programming, in: Operations Research, Vol. 24, 1976, S. 857–870; Warner, Michael D.: Scheduling Nursing Personnel According to Nursing Preference: A Mathematical Programming Approach, in: Operations Research, Vol. 24, 1976, S. 842–870.
28 Childs, Martin und Wolfe, Harvey: A Decision and Value Approach to Research Personnel Allocation, in: Management Science, Vol. 18, 1972, S. B-269 bis B-278; Nagel, Kurt: Stellenbesetzung und Schulungsprogramme mit Hilfe von EDV-Anlagen, IBM Form 81 559, Sindelfingen 1972; Proll, L.G.: A Simple Method of Assigning Projects to Students, in: Operational Research Quarterly, Vol. 23, 1972, S. 195–201; Pallasch, R. und Rudl, Kurt: Schulstundenpläne mit Hilfe der EDV, in: ADL – Nachrichten, 1973, S. 34–43.

ohne Einfluß auf die quantitative und qualitative Personalstruktur bleiben. Handelt es sich um eine Erweiterung, so sind in diesen Bereichen Veränderungen in der Anzahl der Tätigkeitsbereiche und in deren Anforderungsprofilen zu beachten. Es ist zu überlegen, inwieweit eigene Arbeitskräfte und/oder welche Bewerber vom externen Arbeitsmarkt mit ihren speziellen Eignungen in den neuen Tätigkeitsbereichen mit ihren speziellen Anforderungen einsetzbar sind. Nimmt man eigene Arbeitnehmer, sind wiederum die durch die Umbesetzung vakant gewordenen Tätigkeitsbereiche neu zu besetzen. Diese ständige Änderung der quantitativen und qualitativen Personalbedarfsstruktur impliziert die Notwendigkeit einer Personaleinsatzplanung.

Analog zum Problem des Unternehmenswachstums stehen die Fälle der nachhaltigen Struktureinschränkung. Hier ist im Rahmen der Stillegungsplanung zu überlegen, welche der freigesetzten Arbeitnehmer weiterhin in welchen Tätigkeitsbereichen beschäftigt werden, welche von ihnen an den externen Arbeitsmarkt abgegeben und welche in den Ruhestand versetzt werden sollen[29].

Änderungen der Betriebsgröße und Änderungen der gesamten Organisationsstruktur oder eines Teiles der Organisation sind häufig gleichzeitig zu beobachten. Dabei wird deutlich, daß eine Änderung der Organisation ebenfalls eine Änderung im Rahmen des Personalbereichs verursacht. Die Änderung ist eine quantitative und/oder qualitative. Quantitativ insofern, als eventuell andere Führungsebenen gebildet werden und/oder die Anzahl der Mitarbeiter in den einzelnen Betriebseinheiten verändert wird. Ebenfalls können sich die Anforderungen in verschiedenen Tätigkeitsbereichen geändert haben, so daß eine qualitative Veränderung zu beobachten ist.

In der vorliegenden Untersuchung werden die Personaleinsatzprobleme für die Arbeitnehmer unterer Unternehmensebenen diskutiert. Dieser Bereich ist aber von Auswirkungen grundlegender Änderungen von Organisationsstrukturen relativ wenig betroffen. Für die Produktionsarbeiter, Gruppenleiter, Vorarbeiter oder etwa Meister ändern sich die Tätigkeitsbereiche und ihre Anforderungen selten, wenn zum Beispiel ein Konzern von einer funktionalen in eine divisionale Organisationsstruktur überführt wird. Grundsätzliche Änderungen der Organisationsstruktur der gesamten Unternehmen sind außerdem relativ selten. Personaleinsatzprobleme in unteren Unternehmensebenen werden daher viel häufiger verursacht durch die organisatorische Umgestaltung einzelner Abteilungen oder von Teilbereichen einzelner Abteilungen. Bei Veränderungen des Arbeitsablaufes, bei der Umgestaltung der Produktionsanlagen eventuell verbunden mit Änderungen des Produktionsprogramms, Umstellung auf Mehrschichtbetrieb, bei Rationalisierung von Bearbeitungsgängen, bei der Arbeitszeitregelung werden in der Regel Umfang und Art der Anforderungen an das in den betroffenen Bereichen eingesetzte Personal beeinflußt. Daher ist das Verhältnis der Eignungen der Arbeitskräfte in bezug auf die veränderten Anforderungen im Rahmen einer Personaleinsatzplanung erneut zu überprüfen und eventuell Umbesetzungen, Einstellungen und/oder Entlassungen vorzunehmen.

---

29 Habbel, Wolfgang und Posth, Martin: Personalabbau. In: Gaugler, Eduard (Hrsg.): Handwörterbuch des Personalwesens, Stuttgart 1975, Sp. 1455–1469; Wirtschafts- und Sozialwissenschaftliches Institut des Deutschen Gewerkschaftsbundes GmbH (WSI) – (Hrsg.): Betriebliche Beschäftigungspolitik und gewerkschaftliche Interessenvertretung. Rationalisierung und Personalplanung als Konfliktfeld, Köln 1977, S. 149–157; Dostal, Werner: Freisetzung von Arbeitskräften im Angestelltenbereich aufgrund technischer Änderungen, in: Mitteilungen aus der Arbeitsmarkt- und Berufsforschung, 11. Jg., 1978, S. 19–33; Jakobs-Fuchs, Ilse: Planung der Personalfreisetzung, München 1978; Rudhart, Peter M.: Stillegungsplanung. Grundlagen und Entscheidungsprozeß, Wiesbaden 1978.

Eng damit verbunden ist ein Zentralthema der letzten Jahre, nämlich die Diskussion über die durch den Strukturwandel der Wirtschaft, insbesondere durch Rationalisierungsprojekte bedingte Veränderung der Arbeits- und Berufswelt. Hier sind vorwiegend technische Änderungen mit der Umgestaltung von Tätigkeitsbereichen und ihren Anforderungen verbunden. Daraus resultiert wieder die Personaleinsatzproblematik. Das gilt insbesondere für die Arbeitnehmer unterer Unternehmensebenen, da technische Änderungen überwiegend Produktionsanlagen, Produktionssteuerung, die Lager- und Vertriebsorganisation sowie die Verwaltungsrationalisierung betreffen.

Berücksichtigt man außerdem die Diskussionen über Maßnahmen zum Thema „job enrichment", „job enlargement"[30] und „job splitting/sharing"[31], so wird auch hier die Personaleinsatzproblematik unmittelbar ersichtlich.

b. Arbeitsplatzwechsel und Abwesenheit der Arbeitnehmer

Eine besondere Gruppe von Personaleinsatzproblemen resultiert aus Arbeitsplatzwechsel und Abwesenheit von Arbeitnehmern.

— Bei einem innerbetrieblichen (internen) oder außerbetrieblichen (externen) Arbeitsplatzwechsel ist zunächst der freigewordene Tätigkeitsbereich neu zu besetzen. Wird diese Besetzung mit einer Arbeitskraft vorgenommen, die bereits an einem Tätigkeitsbereich eingesetzt war, der auch nicht aufgelöst werden soll, dann ist auch dieser Tätigkeitsbereich neu zu besetzen, usw. Insofern wird eine Kettenreaktion ausgelöst. Der „externe" Arbeitsplatzwechsel kann verschiedene Ursachen haben[32]. Diese Ursachenanalyse ist für eine Personaleinsatzplanung direkt nicht von Bedeutung. Sie ist ein Problem der Personalpolitik, die eine Auswirkung auf Personalbedarf und Personalbestand hat. Die Personaleinsatzplanung geht gemäß Definition jedoch von einem gegebenen Bestand bzw. Bedarf aus. Für die vorliegende Untersuchung ist aber die Tatsache relevant, daß die freiwerdenden Tätigkeitsbereiche neu zu besetzen sind und damit aus jedem Arbeitsplatzwechsel ein Personaleinsatzproblem resultiert. Betrachtet man die hohen Fluktuationsziffern vieler Unternehmungen, so wird der Umfang der Personaleinsatzproblematik, verursacht durch Arbeitsplatzwechsel, deutlich[33]. Der „interne" Arbeitsplatzwechsel impliziert ebenso wie die entsprechende „interne" Neubesetzung ein Personaleinsatzproblem. Hierunter fällt grundsätzlich auch die systematische Versetzung ausgewählter Arbeitnehmer in bestimmte Positionen (job-rotation), obwohl die Zielgruppe der vorliegenden Untersuchung relativ selten davon betroffen wird[34].

---

30 Mc Lean, A.J. und Sims, D.B.P.: Job Enrichment from Theoretical Poverty: The State of the Art and Directions for Further Work, in: Personnel Review, Vol. 7, 1978, No. 2, S. 5—10; Schreyögg, Georg; Steinmann, Horst und Zauner, Brigitte: Arbeitshumanisierung für Angestellte. Job — Enrichment im Verwaltungs- und Dienstleistungsbereich, Stuttgart 1978.

31 Teriet, Bernhard: Job Sharing — eine neue Form der Arbeitsvertragsgestaltung, in: Personal, 29. Jg., 1977, S. 214—217; Mc Neff, Nancy J. u.a.: Alternatives to Employee Layoffs: Work Sharing and Prelayoff Consultation, in: Personnel, Vol. 55, 1978, No. 1, S. 60—64.

32 Marr, Rainer: Fluktuation. In: Gaugler, Eduard (Hrsg.): Handwörterbuch des Personalwesens, Stuttgart 1975, Sp. 845—855; Price, James L.: The Study of Turnover, Ames, Iowa 1977.

33 Sabathil, Peter: Fluktuation von Arbeitskräften. Determinanten, Kosten und Nutzen aus betriebswirtschaftlicher Sicht, München 1977; Cawsey, Thomas F. und Wedley, William C.: Labor Turnover Costs: Measurement and Control, in: Personnel Journal, Vol. 58, 1979, S. 90—95, 121.

34 Isler, Kurt: Der systematische Arbeitsplatzwechsel zur Ausbildung des Führungsnachwuchses der Unternehmung, Winterthur 1974; Bettermann, Albert: Job Rotation. In: Personal — Enzyklopädie, Band 2, München 1978, S. 332—336.

Können die Neubesetzungen auch „extern" erfolgen, d. h. die Tätigkeitsbereiche von neuen Arbeitnehmern besetzt werden, so sind diese Alternativen ebenfalls für die Personaleinsatzplanung relevant, da in einem Ausleseverfahren entschieden werden muß, welcher Bewerber welchen freigewordenen Tätigkeitsbereich übernimmt.

— Ein besonderer Fall des Arbeitsplatzwechsels resultiert aus der Projektgruppenbildung. Viele betriebliche Probleme bedingen eine Bildung von Teams oder Projektgruppen, die für einen bestimmten Zeitraum an der Lösung konkreter Probleme arbeiten[35]. Typisch ist hier die Gruppenbildung innerhalb der Forschungs- und Entwicklungsabteilung für die Entwicklung neuer Produkte und Verfahren[36]. In der Planungsabteilung werden für besondere Probleme — wie Bau von neuen Industrieanlagen, Stillegung von Betriebsteilen, Konzeptentwicklung für eine Finanzplanung etc. — jeweils Planungsteams zusammengestellt und durch Problemspezialisten ergänzt. Aber auch in Produktionsbetrieben mit Einzelfertigung werden in der Fertigung häufig für jeden Auftrag neue Teams zusammengestellt. Das gleiche gilt für spezielle Montage- oder Installationsaufträge. In Beratungsunternehmen ist bei der Übernahme von Großprojekten die projektgebundene und zeitlich beschränkte Teamarbeit die Regel. Generell fällt auch bei jeder innerbetrieblichen oder außerbetrieblichen Kommissionsbildung das Personaleinsatzproblem an, indem eine Auswahl unter den vorhandenen Mitarbeitern für die Mitwirkung bei Kommissionsarbeit zu treffen ist.

— Im Gegensatz zum Arbeitsplatzwechsel liegt bei Abwesenheit kein dauerndes Fernbleiben des Arbeitnehmers von einem Tätigkeitsbereich vor[37]. Damit die Abwesenheit keinen Produktionsrückgang zur Folge hat, wird häufig die Einplanung von „Reservepersonal" empfohlen. Der Personaleinsatz wird dann im Rahmen eines „Springersystems" gesteuert. Aus einem „pool" von Arbeitnehmern, die ihrer Qualifikation entsprechend mehrere Tätigkeitsbereiche übernehmen können, wird jeweils während der Zeit der Abwesenheit eine Arbeitskraft eingesetzt. Das Personaleinsatzproblem wird hierbei allerdings um so komplexer je mehr Tätigkeitsbereiche zur gleichen Zeit wegen Abwesenheit zu besetzen sind. Die „Springer" sind dann unter Berücksichtigung ihrer Qualifikation und der Dauer der Abwesenheit bestmöglich einzusetzen. Ebenfalls ist zum Beispiel bei Knappheit von „Springern" zu prüfen, ob ein anderer Arbeitnehmer eventuell mit gleichem oder ähnlichem Tätigkeitsbereich während der Zeit der Abwesenheit den auf Zeit freigewordenen Tätigkeitsbereich mitübernehmen kann.

Hierunter fallen aber auch der bewußt gesteuerte Arbeitsplatzwechsel und die bewußt gesteuerte Abwesenheit ohne Ersatzbesetzung. Diese Situation ist besonders bei schwankendem Arbeitsanfall (Warenhaus, Bank mit Kundenbetrieb, Verkehrsbetriebe etc.) relevant.

— Auf eine spezielle Problematik im Bereich internationaler Konzerne soll hier ebenfalls hingewiesen werden. Hier entstehen zum Teil erhebliche Personaleinsatzprobleme aus

---

35 Martin, Charles C.: Project Management: How to Make it Work, New York 1976; Saynisch, M. (Hrsg.): Projektmanagement. Konzepte, Verfahren, Anwendungen (Deutsche Gesellschaft für Operations-Research, Arbeitsgruppe Netzplantechnik und Projektmanagement), München und Wien 1979.
36 Ley, Oswald: Personalplanung für den Bereich Produktentwicklung, in: Fortschrittliche Betriebsführung und Industrial Engineering, 25. Jg., 1976, S. 248–258.
37 Ulich, Eberhard: Fehlzeiten. In: Gaugler, Eduard (Hrsg.): Handwörterbuch des Personalwesens, Stuttgart 1975, Sp. 841–845; Nieder, Peter: Ursachen von Fehlzeiten, in: Fortschrittliche Betriebsführung und Industrial Engineering, 26. Jg., 1977, S. 231–233.

dem Einsatz von Arbeitskräften im Ausland und aus dem Problem der Wiedereingliederung nach erfolgtem Auslandseinsatz[38].

c. Personalentwicklungsmaßnahmen

Die Personaleinsatzproblematik stellt sich ebenfalls im Bereich der Personalentwicklung[39]. Dabei steht zwar die Übermittlung spezieller Fachkenntnisse, die Inhalt von Anforderungsprofilen bestimmter Tätigkeitsbereiche sind, für die hier zu betrachtende Zielgruppe häufig im Vordergrund. Hinzu kommen jedoch Maßnahmen, die auf die Veränderung des Verhaltens der Mitarbeiter abzielen[40]. Ebenso wie bei den bisher genannten Bereichen sind auch bei der Personalentwicklung Minderheitengruppen (ältere und mindereinsatzfähige Arbeitnehmer, Ausländer, Jugendliche, weibliche Arbeitnehmer) besonders zu berücksichtigen[41]. Zunehmend besteht darüber hinaus in der Praxis das Problem der Eingliederung überqualifizierter Arbeitnehmer, zu dessen Bewältigung spezielle Personalentwicklungsmaßnahmen erforderlich sind[42].

Auch während der Schulung kann es nach bestimmten Ausbildungsstufen notwendig sein zu entscheiden, wer welche weitere Spezialausbildung absolvieren bzw. welchen Tätigkeitsbereich übernehmen soll. Außerdem muß man berücksichtigen, daß in den einzelnen Ausbildungsstufen einige Arbeitskräfte ausscheiden oder bestimmte Ausbildungsteile wiederholen müssen.

Eng mit der Schulungsplanung ist die Laufbahnplanung verbunden, da zwar Schulung zum einen den Zweck haben kann, die Anforderungen des gleichen Tätigkeitsbereiches effizienter zu erfüllen, zum anderen aber auch als Vorbereitung für die Übernahme eines anderen Tätigkeitsbereiches verstanden werden kann. Die Diskussionen in der Literatur über die Laufbahnplanung beziehen sich ebenfalls überwiegend auf Arbeitnehmer oberer Führungsebenen[43]. Die Laufbahnplanung ist jedoch nicht auf die Führungskräfte oberer Unternehmensebenen beschränkt, da die Mitarbeiterentwicklung grundsätzlich alle Arbeitnehmer einbezieht. Im Rahmen der Personaleinsatzplanung ist hier darüber zu entscheiden, welcher Arbeitnehmer wann welche Position übernehmen soll.

---

38 Arbeitskreis „Organsiation international tätiger Unternehmen der Schmalenbach-Gesellschaft; Berichterstatter: Pausenberger, Ehrenfried und Noelle, Gerd F.: Entsendung von Führungskräften in ausländische Niederlassungen, in: Zeitschrift für betriebswirtschaftliche Forschung, 29. Jg., 1977, S. 346–366; Blue, Jeffrey L. und Haynes, Ulric: Preparation for the Overseas Assignment, in: Business Horizons, Vol. 20, 1977, No. 3, S. 61–67; Desatnick, Robert L. und Bennett, Margo L.: Human Resource Management in the Multinational Company, London 1977; Eckartsberg, Christian H. von: Auslandseinsatz von Stammhauspersonal, Frankfurt/M. 1978.
39 Hackstein, Rolf; Nüssgens, Karl-Heinz und Uphus, Peter H.: Personalentwicklung im System Personalwesen, in: Fortschrittliche Betriebsführung, 21. Jg., 1972, S. 85–106.
40 Stiefel, Rolf Th.: Betriebliches Bildungswesen als Instrument der Organisationsentwicklung, in: Fortschrittliche Betriebsführung und Industrial Engineering, 27. Jg., 1978, S. 77–80.
41 Deutsche Gesellschaft für Personalführung e.V., DGFP (Hrsg.): Einsatz älterer Arbeitnehmer. Erfahrungen und Lösungsvorschläge der Betriebe, Neuwied und Berlin 1972; Bundesanstalt für Arbeit (Hrsg.): Der ältere Arbeitnehmer. Risiko oder Chance?, 2. Auflage, Nürnberg 1976.
42 Berger, Gerda: Zur Problematik der Eingliederung überqualifizierter Mitarbeiter, in: Personal, 28. Jg., 1976, S. 246–247.
43 Hoelemann, Wolfram: Laufbahnplanung für Führungskräfte, in: Zeitschrift für betriebswirtschaftliche Forschung – Kontaktstudium, 28. Jg., 1976, S. 105–113; Fuchs, Kilian: Laufbahnplanung für Führungskräfte, München 1977.

3. Ziele betrieblicher Personaleinsatzplanung

Allgemein gilt, daß ein optimaler Personaleinsatz dann erreicht ist, wenn der „Zielwert" nach erfolgtem Einsatz maximiert bzw. minimiert wird. Diese Forderung setzt konkrete Zielvorstellungen und entsprechende Maßskalen voraus, damit zielrelevante Informationen über die zu besetzenden Tätigkeitsbereiche und über die verfügbaren Arbeitskräfte gewonnen und verarbeitet werden.

a. Struktur des Zielsystems

Das Zielsystem besteht aus der geordneten Menge aller situationsgerechten Ziele, denen der Entscheidungsträger nicht wertneutral gegenübersteht. Für die Personaleinsatzplanung sind daher „situationsgerechte" Ziele abzuleiten. Daraus folgt, daß auch hier eine laufende Anpassung des Zielsystems im Rahmen einer Zielplanung notwendig ist[44].

In der ökonomischen Theorie wird häufig die langfristige Gewinnmaximierung als langfristiges Oberziel der Unternehmensführung angesehen[45]. Zielforschungen nach ist das Streben nach maximalem Gewinn aber nur eines unter zahlreichen anderen Zielen einer Unternehmung. Es werden darüber hinaus insbesondere „Soziale Verantwortung gegenüber der Belegschaft", „Unabhängigkeit", „Marktanteil", „Sicherheit", „Wachstum", „Prestige" und „Kundenpflege" etc. hervorgehoben[46]. Diese Zielkriterien sind ihrem Sachverhalt nach verschieden, wenn es häufig auch nur Nebenziele bezüglich eines gemeinsamen Oberzieles (Gewinnziel) sind. Sie haben für eine gezielte Personaleinsatzplanung nur indirekte Bedeutung, da sie nicht direkt auf den einzelnen Tätigkeitsbereich abgestimmt sind und ihnen damit die notwendige Operationalität fehlt[47].

Aus dem unternehmerischen Oberziel sind somit Personaleinsatzziele für zum Beispiel Betriebe, Abteilungen, Projektbereiche bis zu den einzelnen Tätigkeitsbereichen abzuleiten[48]. Das Zielsystem für die Personaleinsatzplanung ist damit mehrstufig (s. Abbildung 48). Erst wenn man dieses mehrstufige Zielsystem inhaltlich analysiert, kann man eine zielrelevante Personaleinsatzplanung durchführen. Diese Differenzierung bis zum einzel-

---

44 Bamberger, Ingolf: Grundprobleme und Forschungsansätze der langfristigen Zielplanung, in: Zeitschrift für Organisation, 46. Jg., 1977, S. 91–99; Berthel, Jürgen: Zielorientierte Unternehmenssteuerung. Die Formulierung operationaler Zielsysteme, Stuttgart 1977.
45 Busse von Colbe, Walther: Planung, Koordination und Kontrolle als Hauptaufgaben der Unternehmensführung. In: Albach, H., Busse von Colbe, W. und Vaubel, L. (Hrsg.): Die Herausforderung des Managements im internationalen Vergleich, USW-Schriften für Führungskräfte, Band 4, Wiesbaden 1970, S. 50.
46 Heinen, Edmund: Zielanalyse als Grundlage rationaler Unternehmenspolitik. In: Jacob, H. (Hrsg.): Zielprogramm und Entscheidungsprozeß in der Unternehmung, Wiesbaden 1970, S. 16 ff.; Albach, Horst: Welche Aussagen lassen Führungsgrundsätze von Unternehmen über die Auswirkungen gesellschaftlicher Veränderungen auf die Willensbildung im Unternehmen zu? In: Albach, Horst und Sadowski, Dieter (Hrsg.): Die Bedeutung gesellschaftlicher Veränderungen für die Willensbildung im Unternehmen, Berlin 1976, S. 739–764; Reichwald, Ralf: Zur empirischen betriebswirtschaftlichen Zielforschung, in: Zeitschrift für Betriebswirtschaft, 49. Jg., 1979, S. 528–535.
47 Heinen, Edmund: Personalentscheidungen. In: Gaugler, Eduard (Hrsg.): Handwörterbuch des Personalwesens, Stuttgart 1975, Sp. 1531.
48 Schiemenz, Bernd und Seiwert, Lothar: Ziele und Zielbeziehungen in der Unternehmung, in: Zeitschrift für Betriebswirtschaft, 49. Jg., 1979, S. 581 f.

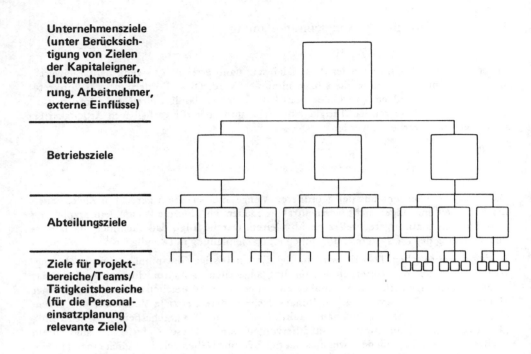

Abbildung 48: Mehrstufiges Zielsystem

nen Tätigkeitsbereich ist notwendig, da jeweils angegeben werden muß, welcher Zielbeitrag bei einem konkreten Einsatz einer Arbeitskraft geleistet wird.

b. Zielinhalte

In der Literatur wird eine Vielfalt von verschiedenen Zielsetzungen genannt, die bei der Personaleinsatzplanung relevant sein sollen:

(1) So werden Zielsetzungen wie „An jeden Platz den besten Mann" oder „Jede Spezialbegabung an den Platz, für den sie am besten geeignet ist" diskutiert[49]. Die Grenzen dieser Verfahren für einen optimalen Personaleinsatz sind leicht nachzuweisen. Insbesondere bleibt dabei das relevante Eignungspotential der einzelnen Arbeitskräfte bezüglich bestimmter Tätigkeitsbereiche unberücksichtigt. Eine optimale Personalzuweisung erfolgt

---

49 Goossens, Franz: Personalleiter-Handbuch. Kompendium des betrieblichen Personal- und Sozialwesens, 6. Auflage, München 1974, S. 78 ff.; Gutenberg, Erich: Grundlagen der Betriebswirtschaftslehre, 1. Band: Die Produktion, 21. Auflage, Berlin u.a. 1975, S. 186 f.; Schittek, Dieter: Planung des Personaleinsatzes, in: Fortschrittliche Betriebsführung und Industrial Engineering, 26. Jg., 1977, S. 59–61.

hier (zufällig) nur im Sonderfall. Hinzu kommt, daß keine Angaben zur Meßproblematik gemacht werden.

(2) Eine Reihe von Zielsetzungen wird genannt, die so allgemein formuliert werden, daß sie für eine konkrete Personaleinsatzplanung nicht operational sind. So wird gefordert, „den richtigen Mann an den richtigen Platz zu setzen", die „cost of satisfying the ith requirement by the jth method" als Zielkriterium zu nehmen oder etwa „the total efficiency" zu maximieren[50]. Diese Zielsetzungen sind aber so lange aussagelos, bis nicht genau angegeben wird, was konkret unter den Werten verstanden wird und wie sie für die Personaleinsatzplanung zu ermitteln sind[51].

(3) Den Mangel an Konkretisierung versuchen andere Autoren damit zu beheben, indem sie den Personaleinsatz nach Zielsetzungen wie „Kostenminimierung" oder „Gewinnmaximierung" steuern wollen (ökonomische Zielsetzungen)[52].
Aber auch diese Zielsetzungen beinhalten bei ihrer Anwendung für eine optimale Personaleinsatzplanung eine Fülle von Problemen:
— Zum einen sind sie noch zu ungenau formuliert. Wird eine Kostenminimierung verlangt, so muß man zunächst genau festlegen, welche Kostenarten einbezogen werden sollen.
— Kosten, die aufgrund bestimmter Lohn- und Gehaltszahlungen anfallen, können aber häufig kein Zielkriterium für die Personaleinsatzplanung sein. Angestellte und Arbeiter unterer Unternehmensebenen werden in der Regel tariflich eingestuft. Dabei müssen nur bestimmte grobe Merkmale wie Angaben über die Berufsausbildung und Berufserfahrungen erfüllt sein. Im betrieblichen Stellenplan sind häufig neben den Positionsbeschreibungen Angaben über die Tarifgruppen enthalten, nach denen die Stelleninhaber bezahlt werden sollen. In Stellenanzeigen (besonders aus dem öffentlichen Dienst) werden diese Tarifgruppen oft schon im Anzeigentext aufgenommen.

In diesen Fällen ist man bei der Personaleinsatzplanung hinsichtlich der Auszahlungshöhe nicht mehr flexibel genug. Die Einsätze nach der Zielsetzung „Kostenminimierung" vorzunehmen, ist dann nicht mehr sinnvoll, denn die Höhe der Gehaltszahlungen richtet sich nicht nach der speziellen individuellen Eignung der Arbeitskräfte, sondern nach globalen Gruppenmerkmalen.

— Außerdem ist nicht einzusehen, warum die Personaleinsatzplanung nur nach bestimmten Kostengesichtspunkten erfolgen soll. Eine Minimierung der Einarbeitungskosten sagt nur zum Teil etwas darüber aus, was eine Arbeitskraft nach der Einarbeitung leistet. Gerade darauf kommt es hier aber an.
— Bei einer „ökonomischen" Zielsetzung müßte jede Einsatzalternative als Investitionsobjekt angesehen werden, da die Zahlungen — wie Gehaltszahlungen — über mehrere

---

[50] Hadley, G.: Linear Programming, 3. Auflage, Reading, Mass. u.a. 1969, S. 367 f.; Hentze, Joachim: Funktionale Personalplanung, Frankfurt/M. 1969, S. 71.
[51] Mensch, Gerhard: Personaleinsatzplanung (Personalzuordnungsmodelle). In: Bierfelder, Wilhelm (Hrsg.): Handwörterbuch des öffentlichen Dienstes. Band: Das Personalwesen, Berlin 1976, Sp. 1181 ff.
[52] Churchman, C. West; Ackoff, Russel L. und Arnoff, E. Leornard: Operations Research. Eine Einführung in die Unternehmensforschung, 5. Auflage, Wien und München 1971, S. 335 f.; Ewashko, T.A.; Dudding, R.C. und Price, W.L.: The Integration of Computer-Based Assignment Models into the Personnel Management System of the Canadian Force, Ottawa 1971.

Betrachtungsperioden anfallen. Neben der Problematik der Informationsgewinnung sind hier zusätzlich Probleme der Verzinsung und Laufzeit dieser „Investitionen" zu berücksichtigen.

— Für die Informationsgewinnung wird zudem nicht angegeben, wie die Erfassung der Daten jeweils für einen Tätigkeitsbereich getrennt durchgeführt werden soll. Man kann zwar zum Beispiel an einem Tätigkeitsbereich die Anzahl der bearbeiteten Halbfertigprodukte pro Zeiteinhait feststellen, in der Regel aber nicht den durch die Bearbeitung der Halbfabrikate realisierten Kosten- oder Gewinnanteil. Zurechnungsprobleme ergeben sich insbesondere auch bei Verwaltungstätigkeiten.

Die genannten „ökonomischen" Zielgrößen sind für den rechentechnischen Teil zwar günstig und werden wohl deshalb so häufig angeführt. Anderseits sind sie in der Regel ohne genaue Definition unbrauchbar, wegen der Zurechnungsproblematik nur für spezielle Situationen verwendbar und berücksichtigen insbesondere nur Teile des einsetzbaren Potentials.

(4) Diese Mängel der „ökonomischen" Zielsetzungen sollen reduziert werden, indem die persönlichen Merkmale einer Arbeitskraft beim Einsatz berücksichtigt und das Eignungspotential maximiert („nicht-ökonomische"-Zielsetzung) wird.

(5) Die bisherige Übersicht zeigt, daß die Zielsetzungen überwiegend aus der Sicht der Arbeitgeber betrachtet werden. Zunehmend wird jedoch gefordert, daß die Zielsetzungen der Arbeitnehmer unter Beachtung von Leistungsfähigkeit und -bereitschaft gleichberechtigt bei der Personaleinsatzplanung zu berücksichtigen sind. Hier stehen Ziele wie gute Verdienstmöglichkeiten, Sicherung und Verbesserung der sozialen Situation, Anerkennung in der Gruppe oder etwa die Möglichkeit der Entfaltung des Eignungspotentials im Mittelpunkt[53]. Auf die gerade in den letzten Jahren zunehmende Diskussion über Arbeitszufriedenheit ist ebenfalls hinzuweisen[54]. Ebenfalls sind auch die Bemühungen der Organisationsentwicklung zu zählen, durch die eine Humanisierung des Arbeitslebens und eine Steigerung in der Effizienz der Arbeitsleistung erreicht werden soll[55]. Damit kommt die traditionelle Forderung zum Ausdruck, im Bereich des Personalwesens sowohl sozial/humanitär motivierte als auch wirtschaftlich motivierte Ziele zu berücksichtigen[56].

---

53 Seiwert, Lothar: Was wollen die Mitarbeiter? Empirische Untersuchungen zur Zielstruktur der Mitarbeiter, in: Personal, 31. Jg., 1979, S. 149—154; Marr, Rainer und Stitzel, Michael: Personalwirtschaft — ein konfliktorientierter Ansatz, München 1979, S. 57—84; Schiemenz, Bernd und Seiwert, Lothar: Ziele und Zielbeziehungen in der Unternehmung, in: Zeitschrift für Betriebswirtschaft, 49. Jg., 1979, S. 586—597.
54 Neuberger, Oswald: Theorien der Arbeitszufriedenheit, Stuttgart u.a. 1974; Bruggemann, Agnes; Groskurth, Peter und Ulich, Eberhard: Arbeitszufriedenheit, Bern u.a. 1975; Rühl, Günter: Untersuchungen zur Struktur der Arbeitszufriedenheit (AZ), in: Zeitschrift für Arbeitswissenschaft, 32. Jg., 1978, S. 140—160.
55 French, Wendell L. und Bell, Cecil H.: Organisationsentwicklung, Bern und Stuttgart 1977; Sievers, Burkard (Hrsg.): Organisationsentwicklung als Problem, Stuttgart 1977; Slesina, Wolfgang unter Mitarbeit von Krüger, Heidi: Zur Theorie und Praxis der Organisationsentwicklung, in: Zeitschrift für Arbeitswissenschaft, 32. Jg., 1978, S. 165—185.
56 Eckardstein, Dudo von und Schnellinger, Franz: Betriebliche Personalpolitik, 3. überarbeitete und ergänzte Auflage, München 1978, S. 12—22; Marr, Rainer und Stitzel, Michael: Personalwirtschaft — ein konfliktorientierter Ansatz, München 1979; Empirische Untersuchungen weisen aber häufig nach, daß soziale Zielsetzung vorrangig zu berücksichtigen, häufig nur gefordert, nicht aber realisierbar wird. Siehe: Abouzeid, Kamal M. und Weaver, Charles N.: Social Responsibility in the Corporate Goal Hierarchy, in: Business Horizons, Vol. 21, 1978, S. 29—35.

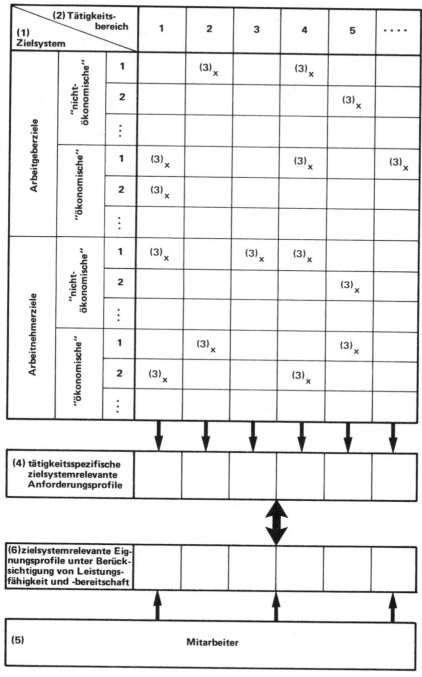

Abbildung 49: Ableitung von tätigkeitsbereichsspezifischen zielsystemrelevanten Anforderungsprofilen und Eignungsprofilen

Unter Berücksichtigung dieser Aussagen ist wie folgt zu verfahren (s. Abbildung 49): Zunächst sind die „ökonomischen" und „nicht-ökonomischen" Arbeitgeber- und Arbeitnehmerziele zu formulieren (1). Anschließend sind für die zu besetzenden Tätigkeitsbereiche (2) die jeweils relevanten Zielsetzungen auszuweisen (3). In ihrer Konkretisierung ergeben sie tätigkeitsspezifische, zielrelevante Anforderungsprofile (4). Andererseits sind für die für den Einsatz verfügbaren Mitarbeiter (5) analog dazu zielsystemrelevante Eignungsprofile zu erstellen (6), durch die die individuelle Leistungsfähigkeit und Leistungsbereitschaft zum Ausdruck kommt. Es gilt demnach im Folgeschritt, unter Berücksichtigung der jeweils relevanten Ursachen und Ziele der Personaleinsatzplanung, planungsrelevante Anforderungs- und Eignungskriterien sowie Methoden und Modelle zur Verarbeitung zu gewinnen.

III. Struktur und Inhalt eines Personal- und Arbeitsplatzinformationssystems für die Personaleinsatzplanung

1. Aufbau einer Arbeitsplatzdatenbank

Die tätigkeitsbereichsspezifischen Anforderungsprofile werden aus dem Zielsystem abgeleitet. Dabei sind wie ausgeführt sowohl „ökonomische" als auch „nicht-ökonomische" Zielvorstellungen der Arbeitgeber und der Arbeitnehmer sowie häufig mehrere Zielsetzungen gleichzeitig zu beachten. Während auf die konkrete Definition „ökonomischer" Zielkriterien und auf die Zuordnungsproblematik hinsichtlich einzelner Tätigkeitsbereiche bereits eingegangen wurde, konzentrierte sich die Diskussion in diesem Abschnitt überwiegend auf die Ableitung von (Teil-)Anforderungsprofilen, die sich auf „nicht-ökonomische" Zielkriterien beziehen. Es wird gezeigt, daß die „traditionellen" Methoden der Arbeitswissenschaft eine wesentliche methodische Hilfestellung bei der Erstellung der Anforderungsprofile geben. Es ist jedoch zu untersuchen, inwieweit diese Instrumente den Anforderungen einer Personaleinsatzplanung entsprechen bzw. inwieweit Ergänzungen und Abänderungen notwendig sind[57]. Aus Abbildung 50 sind die Schritte im Detail zu ersehen, die bei der Erstellung der Anforderungsprofile für die Personaleinsatzplanung zu beachten sind.

a. Katalog von Anforderungsmerkmalen

In einem ersten Schritt ist in Form von Tätigkeitsbeschreibungen katalogartig festzuhalten, welche konkreten Aufgaben in den einzelnen Tätigkeitsbereichen im Planungszeitraum durchgeführt werden sollen (s. Abbildung 50). In der Literatur als auch in der Praxis findet man die Begriffe Arbeitsbeschreibung, Funktionsbeschreibung, Stellenbeschreibung, Tätigkeits-, Aufgaben- oder Arbeitsplatzbeschreibung mit inhaltsmäßig weitgehender Übereinstimmung[58]. Die Tätigkeitsbeschreibungen ergeben sich überwiegend aus dem Zielsystem, dem geplanten Aufgabenvolumen und seiner Struktur, der geplanten Organisation des Arbeitsablaufes sowie aus dem Organisations- und Stellenplan[59].

---

[57] Eine Reihe von Perspektiven, die in diesem Abschnitt aufgezeigt werden, resultiert aus der Mitarbeit des Verfassers im Fachausschuß „Personalwirtschaft-Personalinformationssysteme" beim Ausschuß für wirtschaftliche Verwaltung in Wirtschaft und Öffentlicher Hand e.V. (AWV), Frankfurt/Main und im Arbeitsausschuß „Anforderungsanalyse/Eignungsanalyse" des Deutschen Normenausschusses (DNA), Berlin.

[58] Schwarz, Horst u.a.: Arbeitsplatzbeschreibungen, 6. Auflage, Freiburg i.Br. 1975; Pigors, Paul und Myers, Charles A.: Personnel Administration. A Point of View and a Method, 8. Auflage, New York u.a. 1977, S. 229–244; Knebel, Heinz und Schneider, Helmut: Taschenbuch der Stellenbeschreibung, 2. Auflage, Heidelberg 1978.

[59] Eggenberger, Albrecht: Ein umfassendes System zur Steuerung des Personaleinsatzes, in: Industrielle Organisation, 45. Jg., 1976, S. 149–152; Böhrs, Hermann: Bereichsorganisation nach dem Personalbedarf. Mit Beispielen analytischer Personalbedarfsermittlung in Industriebetrieben, Wiesbaden 1977.

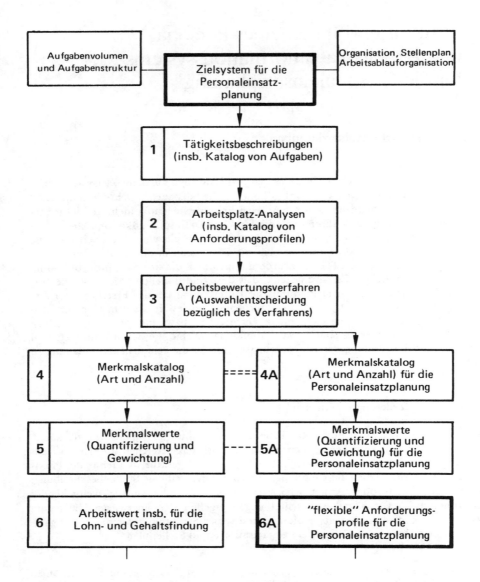

Abbildung 50: Schrittweise Erstellung von „flexiblen" Anforderungsprofilen für die Personaleinsatzplanung

Bei der Katalogisierung der geplanten Aufgaben ist darauf zu achten, daß in „traditionellen" Tätigkeitsbeschreibungen (als Vorarbeit für die analytische Arbeitsbewertung für die Lohn- und Gehaltsfindung) vorwiegend auf die Betrachtung von sich wiederholenden Tätigkeiten Bezug genommen wird, die möglichst auf längere Sicht — z. B. auch bei einem Wechsel des augenblicklichen Stelleninhabers — gelten sollen. Dieser Tatbestand ist wie ausgeführt bei der Personaleinsatzplanung nicht in allen Fällen gegeben. Hinzu kommt die Notwendigkeit, Beschreibungen von Tätigkeiten für die Planung vorzunehmen, die zum Teil noch nicht wahrgenommen werden. Häufig werden dabei aus Wirtschaftlichkeitsgründen nicht alle Tätigkeitsbereiche, sondern nur „typische Schlüsselarbeitsplätze" untersucht[60].

Die Tätigkeitsbeschreibungen werden in der vorliegenden Untersuchung als notwendiger erster Schritt für die Erstellung der Anforderungsprofile für die Personaleinsatzplanung angesehen. Das in der Praxis und in der Wissenschaft entwickelte methodische Instrumentarium ist formal für diesen Verwendungszweck geeignet. Es folgt in einem zweiten Schritt (s. Abbildung 50) eine Arbeitsplatz-Analyse, um die in der Tätigkeitsbeschreibung genannten geplanten Aufgaben in ihre Merkmale zu zerlegen, d. h. zu analysieren[61]. Die „traditionelle" Arbeitsplatz-Analyse dient im wesentlichen drei Aufgabenkomplexen:

— Zum einen wird sie als Mittel der Rationalisierung zur Bessergestaltung der Arbeit in Form von Arbeitsstudien verwendet. Eingesetzt werden — je nach Teilaspekt des Tätigkeitsbereiches, der analysiert und verbessert werden soll — Zeitstudien, Betriebsmittelstudien, Arbeitsablaufstudien, Arbeitsplatzstudien, Arbeitsbelastungsstudien etc.[62].

  In zahlreichen Veröffentlichungen finden sich ausführliche Beschreibungen der analytischen Untersuchungsverfahren zur Arbeitsgestaltung. Für die Erstellung von Anforderungsprofilen zum Zweck der Personaleinsatzplanung sind diese Instrumente einsetzbar. Allerdings werden hier in der Regel jeweils nur Teilaspekte des Tätigkeitsbereiches analysiert, nicht aber wird auf einen umfassenden Merkmalskatalog Bezug genommen, der für das gesamte Anforderungsprofil, das in der Regel für die Personaleinsatzplanung benötigt wird, relevant ist.

— Ein zweiter Aufgabenbereich bezieht sich auf die Lohn- und Gehaltsfindung. Sie ist auf die Erfassung solcher Arbeitsplatzmerkmale gerichtet, die den Arbeitswert und damit die Entgelthöhe beeinflussen. Zwar deckt sich dieses Ziel in der Regel nicht mit dem Zielsystem der Personaleinsatzplanung, das methodische Vorgehen entspricht aber dem für die Erstellung der hier benötigten Anforderungsprofile.

— Außerdem dient die Arbeitsplatz-Analyse einer Reihe von speziellen Zwecken wie z. B. wissenschaftlichen Untersuchungen auf dem Gebiet der Arbeitsmedizin, der Arbeitspsychologie oder der Arbeitssoziologie, die auch für die Personaleinsatzplanung relevant sein können. Die in der Arbeitswissenschaft bereits entwickelte Methode der „traditionellen" Arbeitsplatz-Analyse stellt somit — wie die vorgeschaltete Tätigkeitsbeschreibung — ein weiteres wertvolles methodisches Hilfsmittel bei der Erstellung von Anforderungsprofilen für die Personaleinsatzplanung dar. Das Ergebnis dieses zweiten Schrittes ist ein Katalog von Anforderungsmerkmalen, der aus der zukunftsorientierten Betrachtungsweise der Personaleinsatzplanung resultiert. Als Grundlage kann immer der in Abbildung 7 enthaltene Merkmalskatalog gelten.

---

60 Knebel, Heinz: Aufbau und Anwendung einer Arbeitsbewertungsmethode in der betrieblichen Praxis, in: Das Personalbüro in Recht und Praxis (Loseblattsammlung), Freiburg i.Br. 1972. Gruppe 7, S. 186 f.

61 Youngman, M.: Analysing Jobs, Farnborough 1978; Klingner, Donald E.: When the Traditional Job Description Is Not Enough, in: Personnel Journal, Vol. 58, 1979, S. 243—248.

62 Kaminsky, Gerhard: Praktikum der Arbeitswissenschaft. Analytische Untersuchungsverfahren beim Studium der menschlichen Arbeit, 2. Auflage, München 1980; Verband für Arbeitsstudien — REFA — e. V. (Hrsg.): Methodenlehre des Arbeitsstudiums. Teil 2: Datenermittlung, 6. Auflage, München 1978.

Die Auswahl eines für die Personaleinsatzplanung geeigneten Verfahrens zur Arbeitsbewertung erfolgt in einem dritten Schritt (s. Abbildung 50). Eine einheitliche, generell anerkannte Methode der Arbeitsbewertung hat sich allerdings noch nicht durchgesetzt. Die Arbeitswissenschaft versteht unter Arbeitsbewertung das Erfassen und Messen der objektiven Unterschiede in den Arbeitsschwierigkeiten, die aufgrund der verschiedenen Anforderungen an den einzelnen Arbeitsplätzen oder bei Arbeitsvorgängen entstehen und von dem Mitarbeiter bei einer normalen Leistung überwunden werden müssen[63]. Die Bewertung bezieht sich somit eindeutig nicht auf die Arbeitskraft, sondern auf den Tätigkeitsbereich. Da die verschiedenen Methoden bereits ausführlich in der Literatur dargestellt worden sind, wird hier nur darauf verwiesen[64].

Die analytischen Arbeitsbewertungsverfahren sind für die Erstellung der Anforderungsprofile geeignet. Sie berücksichtigen mehr oder weniger umfangreiche Kataloge von Anforderungsmerkmalen, die wiederum in Teilanforderungen zerlegt werden. Bei der Untersuchung der gebräuchlichsten in- und ausländischen Systeme zeigt sich, daß sowohl Anzahl als auch Art der Anforderungsmerkmale unterschiedlich angegeben werden[65]. Fast alle analytischen Arbeitsbewertungsverfahren bauen auf dem sog. „Genfer Schema" auf[66]. Diese „traditionellen" Verfahren haben allerdings „starre" Anforderungsprofile insoweit, als sie im Grundansatz zwar zum Teil unterschiedliche Anforderungsmerkmale berücksichtigen oder gleiche Anforderungsmerkmale unterschiedlich bewerten, im Rahmen eines Verfahrens aber ein bestimmter Merkmalskatalog fixiert und eine Gewichtung festgelegt wird. Dies gilt grundsätzlich auch für handlungsorientierte Verfahren, in denen die Anforderungen am Arbeitsplatz in Verhaltensbegriffen formuliert werden[67]. Sie sind daher für die speziellen Zwecke der Personaleinsatzplanung je nach Ziel und Ursache zu modifizieren[68]. Auf die mit Abbildung 7 gegebene Grundlage wurde bereits hingewiesen.

Zudem ist noch auf einige Sonderaspekte einzugehen, die ebenfalls einen wichtigen Einfluß auf die Erstellung der Anforderungsmerkmale für die Personaleinsatzplanung nehmen.

— Es wurde bereits gezeigt, daß geplante Maßnahmen hinsichtlich Rationalisierung und Automation in der Regel mit dem Problem der Personaleinsatzplanung gekoppelt sind. Es sind daher diejenigen Anforderungsmerkmale besonders zu berücksichtigen, die durch diese Maßnahmen beeinflußt werden. Bereits in der Phase der Einsatzplanung

---

63 Bloch, Willi: Arbeitsbewertung. In: Gaugler, Eduard (Hrsg.): Handwörterbuch des Personalwesens, Stuttgart 1975, Sp. 142 f.; Zander, Ernst und Knebel, Heinz: Taschenbuch für Arbeitsbewertung, Heidelberg 1977; Verband für Arbeitsstudien — REFA — e.V. (Hrsg.): Methodenlehre des Arbeitsstudiums, Teil 4: Anforderungsermittlung (Arbeitsbewertung), 4. Auflage, München 1977, S. 136.
64 Zander, Ernst: Arbeits- und Leistungsbewertung, Heidelberg 1970, S. 18 ff.; Woelke, Hans Gert: Analytische Bewertung von Angestelltentätigkeiten (I), in: Arbeit und Leistung, 26. Jg., 1972, S. 265.
65 Forschungsinstitut für Rationalisierung an der Rheinisch-Westfälischen Technischen Hochschule Aachen (Hrsg.): Forschungsprogramm: Qualitative Personalplanung im Hinblick auf Ergonomie und Anpassung (Projektleiter: Hackstein, R.), Aachen 1974; Arbeitsring der Arbeitgeberverbände der Deutschen Chemischen Industrie e. V. (Hrsg.): Arbeitsbewertung von Angestelltentätigkeiten. Ein Leitfaden für die Praxis, Heidelberg 1976.
66 Zander, Ernst: Handbuch der Gehaltsfestsetzung, 3. Auflage, Heidelberg 1972, S. 74—87; Böhrs, Hermann: Arbeitsbewertung. In: Grochla, Erwin und Wittmann, Waldemar (Hrsg.): Handwörterbuch der Betriebswirtschaftslehre, 4. Auflage, Stuttgart 1974, Sp. 191 ff.
67 Hoyos, Carl Graf: Arbeitspsychologie, Stuttgart u.a. 1974, S. 136—138; Frieling, Ekkehart und Hoyos, Carl Graf: Fragebogen zur Arbeitsanalyse (FAA), Bern u.a. 1978.
68 Kappel, Heinz: Arbeits- und Leistungsbewertung als Instrumente der Personalführung, in: Zeitschrift für Arbeitswissenschaft, 30. Jg. (2 NF), 1976, S. 17—21.

ist es wichtig, die Veränderungen durch die geplante Rationalisierung und Automation bei der Ermittlung der zukunftsorientierten Anforderungsmerkmale einzubeziehen. Zu dieser Maßnahme führen notwendigerweise auch zahlreiche Rationalisierungsschutzabkommen im Rahmen tarifvertraglicher Regelungen. Ebenfalls enthält das Betriebsverfassungsgesetz entsprechende Vorschriften[69]. Zu berücksichtigen sind auch die Maßnahmen, die aufgrund von Arbeitsorganisation und Arbeitsgestaltung eine Anpassung der Anforderungen an die Leistungsfähigkeit und Leistungsbereitschaft der Arbeitnehmer anstreben[70]. Insofern sind die Veränderungsmöglichkeiten bei den entsprechenden Anforderungsmerkmalen auszuweisen.

— Bei dieser zukunftsorientierten Betrachtung ergibt sich nicht immer ein gleicher Anforderungskatalog und in den weiteren Schritten eine konstante Bewertung und Gewichtung der Merkmale. Denn die Anforderungen können sich im Planungszeitraum in Art und Umfang ändern. Diese zeitliche Komponente, gekoppelt mit eventuell variierendem Anforderungspotential, ist in den entsprechenden Profilen ebenfalls zu berücksichtigen.

— Im zunehmenden Maße wird die Berücksichtigung besonderer Arbeitnehmergruppen (ältere Arbeitnehmer, Jugendliche, Frauen, Schwerbeschädigte, Ausländer etc.) bei der Personaleinsatzplanung diskutiert[71]. Falls eine Anpassung des Arbeitsplatzes — zum Beispiel durch Einwirkung auf die Umwelteinflüsse, durch organisatorische Maßnahmen, durch körpergerechte Gestaltung des Arbeitsplatzes, bessere Einteilung der Leistungsanforderungen etc. — möglich ist, hat das unmittelbaren Einfluß auf Anzahl und Art der für die Personaleinsatzplanung relevanten Anforderungsmerkmale[72]. Das führt dazu, daß ein Tätigkeitsbereich in der Planungsphase mehrere Anforderungsprofile haben kann, je nachdem, welche Personenkreise grundsätzlich für den Einsatz relevant sind, so daß hier eine weitere wichtige Flexibilität bei der Erstellung der Anforderungsprofile für die Personaleinsatzplanung zu berücksichtigen ist.

---

69 Hromadka, Wolfgang: Mitbestimmung bei Versetzungen. Zum Begriff der Versetzung nach Betriebsverfassungsrecht, in: Der Betrieb, 25. Jg., 1972, S. 1532—1535; Birkwald, Reimar und Pornschlegel, Hans: Handlungsanleitung zur menschengerechten Arbeitsgestaltung nach den §§ 90 und 91 Betriebsverfassungsgesetz, Köln 1976.
70 Fricke, Werner: Arbeitsorganisation und Qualifikation. Ein industriesoziologischer Beitrag zur Humanisierung der Arbeit, Bonn-Bad Godesberg 1975, S. 9—25; Gaitanides, Michael: Industrielle Arbeitsorganisation und technische Entwicklung. Produktionstechnische Möglichkeiten qualitativer Verbesserungen der Arbeitsbedingungen, Berlin und New York 1976; Hentze, Joachim (unter Mitarbeit von Metzner, Joachim): Personalwirtschaftslehre, Band 1 und 2, Bern und Stuttgart 1977, S. 308—328.
71 Dinius, G.: Beitrag zur Bestimmung der DV-Funktionen und ihrer Zuordnung zu Funktionsträgern und darauf aufbauende Konzeption zur Erschließung von Blindenarbeitsplätzen in der EDV, Dissertation TH Aachen 1971; Arbeitskammer des Saarlandes (Hrsg.): Personalplanung für ältere und mindereinsatzfähige Arbeitnehmer. Anregungen für Betriebsräte und Personalleitungen, Saarbrücken 1972; Rinke, Erhard: Möglichkeiten zur Berücksichtigung der Probleme älterer Arbeitnehmer in der betrieblichen Personalplanung. Expertise für das Bundesministerium für Arbeit und Sozialordnung im Rahmen des Forschungsprojektes „Betriebliche Personalplanung", o.O. 1973; Klee, Ernst: Behindertenreport, 4. Auflage, Frankfurt/M. 1974; Schmidt, Hartmut: Der ältere Arbeitnehmer im technischen Wandel, München und Wien 1977; Rationalisierungs-Kuratorium der Deutschen Wirtschaft (RKW) e.V. (Hrsg.): RKW-Handbuch „Praxis der Personalplanung", Teil VI: Planung des Personaleinsatzes, Neuwied 1978, S. VI-70 bis 75.
72 Koch, Günter A.; Luxem, Elmar und Meyer, Friedrich W.: Die Arbeitsplatzanalyse als Grundlage für eine zweckmäßige Personaleinsatzplanung unter Berücksichtigung arbeitswissenschaftlicher Erkenntnisse, in: Arbeit und Leistung, 26. Jg., 1972, Teil III: S. 244 f.; Oestreich, Helmut: Personaleinsatzplanung für gewerbliche Arbeitnehmer im Mittel- und Großbetrieb, in: Personalwirtschaft, 6. Jg., 1979, S. 3—6.

- Es wurde bisher über die „Anforderungen" diskutiert, nicht aber über das (darüber hinausgehende) „Angebot", das einem zukünftigen Stelleninhaber gemacht werden kann. Um jedoch nicht unrealistische Personaleinsatzalternativen bei der Planung zu berücksichtigen, ist es wichtig zu wissen, welches Gehalt, welche Zusatzleistungen, welche Entfaltungs- und Aufstiegsmöglichkeiten etc. voraussichtlich im Zeitablauf zu erwarten sind. Auch hiervon hängt die Einsatzbereitschaft ab. Für die Personaleinsatzplanung sollten demnach unter Einbeziehung von „Angebotsinformationen" Anforderungsprofile „im weiteren Sinne" erstellt werden. Angesprochen werden könnten dabei zukunftsorientiert insbesondere die Bereiche

  - materielle Regelungen im Zeitablauf
  - Aufstiegsmöglichkeiten im Zeitablauf
  - Vertretungsbefugnisse im Zeitablauf
  - Titel
  - Kompetenzen/Vollmachten im Zeitablauf
  - Aus- und Weiterbildungsmaßnahmen im Zeitablauf

  Aus Gründen der Geheimhaltung und Vertraulichkeit kann es allerdings sinnvoll sein, davon nur einen Teil in ein EDV-gestütztes Personal- und Arbeitsplatzinformationssystem zu übernehmen.

Die Ausführungen über Art und Anzahl der Anforderungsmerkmale hat ergeben, daß
– bei grundsätzlicher Übereinstimmung mit der methodischen Vorgehensweise in der „traditionellen" Arbeitsplatz-Analyse inhaltlich eine Reihe von zusätzlichen Kriterien bei der Erstellung von Anforderungsprofilen für die Personaleinsatzplanung zu berücksichtigen ist. Das ist im Einzelfall insbesondere durch die Planung selbst und durch die verschiedenen Verwendungszwecke bedingt. Dies führt von „starren" Anforderungsprofilen hin zu „flexiblen" Anforderungsprofilen für die Personaleinsatzplanung. Bei den Einzelmerkmalen kann der in Abbildung 7 vorgeschlagene Katalog Grundlage sein. Die Entscheidung über den jeweils relevanten Merkmalskatalog im konkreten Planungsfall erfolgt im vierten Schritt (Abbildung 50).

b. Flexible Anforderungsprofile

Für die Personaleinsatzplanung mit Hilfe mathematischer Entscheidungsmodelle ist es notwendig, die Ausprägungen der relevanten Anforderungsmerkmale im Rahmen der Anforderungsprofile in quantifizierter Form festzulegen[73]. Das geschieht im fünften Schritt (s. Abbildung 50) analog zu dem bekannten Vorgehen im Rahmen der analytischen Arbeitsbewertung[74]:

- In einer ersten Stufe werden für die Anforderungsmerkmale unterschiedliche Ausprägungen („Stufen") festgelegt. Jede Stufe eines Merkmales wird in der Regel mit einem erklärenden Text für die entsprechende Beanspruchung versehen und häufig durch ei-

---

[73] Reber, Gerhard: Arbeitsbewertung. In: Bierfelder, Wilhelm (Hrsg.) Handwörterbuch des öffentlichen Dienstes. Band: Das Personalwesen, Berlin 1976, Sp. 139 ff.; Jäger, Philipp K.: Belastungs- und Beanspruchungsanalyse, in: Fortschrittliche Betriebsführung und Industrial Engineering, 27. Jg., 1978, S. 110–116.

[74] Verband für Arbeitsstudien – REFA – e.V. (Hrsg.): Methodenlehre des Arbeitsstudiums. Teil 4: Anforderungsermittlung (Arbeitsbewertung), München 1975, S. 70–73.

nen Katalog von Richtbeispielen ergänzt. Diese methodische Vorgehensweise der „traditionellen" Arbeitsbewertung wird auch bei der Erstellung der Anforderungsprofile für die Personaleinsatzplanung empfohlen. In der ersten Stufe sind daher „verbal" verschiedene Ausprägungen der Merkmale des Anforderungskataloges definiert.

— Für die Gewichtung der Tiefenstufen eines Merkmales untereinander — in einer zweiten Stufe — haben sich (ebenso wie bei der Festlegung des relativen Gewichtes bei den Anforderungsmerkmalen untereinander) weitgehend Punktsysteme durchgesetzt. Das resultiert aus der Erkenntnis, daß nur bei einigen Anforderungsmerkmalen wie Muskelbelastung, Lärm oder Temperatur wissenschaftlich gesicherte Meßmethoden vorliegen. Damit entzieht sich zwar die Ermittlung der konkreten Ausprägungen von Anforderungsmerkmalen überwiegend einer objektiv wissenschaftlichen Nachprüfbarkeit. Dieses Problem ist jedoch allgemein bekannt und wird von der Arbeitswissenschaft gesehen. Andererseits ist man der Auffassung, daß die Verwertung von Schätzungen oder von Testergebnissen immer noch bessere Resultate liefert als Entscheidungen ohne dieses Basismaterial. Jedes Anforderungsmerkmal ist demnach in der 2. Stufe sowohl mit einem Tiefenstufenkatalog als auch einer entsprechenden Punktbewertung versehen, soweit keine anderen Maßskalen vorliegen. Auch hierbei deckt sich das methodische Vorgehen der „traditionellen" Arbeitsbewertung weitgehend mit dem, das für die Erstellung von Anforderungsprofilen für die Personaleinsatzplanung empfohlen wird. Die Verbindungslinie zwischen den Schritten 5 und 5A in Abbildung 50 soll das unterstreichen.

— In einer dritten Stufe sind im Rahmen des fünften Schrittes (s. Abbildung 50) die Anforderungsmerkmale zueinander zu gewichten. Unter Gewichtung ist genauer die besondere Hervorhebung oder Abschwächung bestimmter Merkmale bzw. Merkmalsgruppen zu verstehen. Hier liegt ein zentrales Problem der analytischen Arbeitsbewertung. Bisher ist keine wissenschaftliche Methode bekannt, durch die die Gewichtung — ebensowenig wie die Auswahl der Merkmale — theoretisch einwandfrei im voraus bestimmt werden kann. Auf diese Begrenztheit arbeitswissenschaftlicher Methoden hinsichtlich der Gewichtung wird immer wieder besonders aufmerksam gemacht. Die Auswahl der Bestimmungsgrößen der Gewichtung zeigt bereits, daß es nicht möglich sein wird, eine Gewichtung nur arbeitswissenschaftlich abzuleiten. Man stellt daher häufig fest, daß der einzige Weg zur Beurteilung der Richtigkeit der Wertigkeit die Erfahrungen aus der Praxis ist. „Mit aller Entschiedenheit muß daher allen Versuchen entgegengetreten werden, die der analytischen Arbeitsbewertung den Mantel der Wissenschaftlichkeit umhängen wollen"[75].

Sowohl auf der 1. Internationalen Tagung der Arbeitswissenschaft 1950 in Genf als auf der 2. im Jahre 1969 in Amsterdam sprachen sich die teilnehmenden Arbeitswissenschaftler dafür aus, das bestehende Lohn- und Gehaltsgefüge grundsätzlich als Basis für eine Gewichtung anzusehen[76]. Es ist jedoch zunehmend feststellbar, daß Fragen der Gewichtung — insbesondere der Kriterien zueinander — im Rahmen der „traditionellen" Arbeitsbewertung nicht mehr alleine eine Angelegenheit der Arbeitswissenschaft sind. Sozialpolitische Wertvorstellungen führen zu einer Mitbestimmung der Sozialpartner bei der Anforderungsgewichtung und bei der in bestimmten Tarifverträgen festge-

---

75 Woelke, Hans Gert: Analytische Bewertung von Angestelltentätigkeiten (I), in: Arbeit und Leistung, 26. Jg., 1972, S. 268.
76 DAG — Deutsche Angestellten-Gewerkschaft, Bundesvorstand (Hrsg.): Grundlagen und Methoden der analytischen Arbeitsbewertung, Hamburg 1970, S. 14 ff.

legten Arbeitsbewertungsmethode. Vergleicht man zudem das Vorgehen der Gewichtung in der Praxis, so zeigt sich, daß bei in der Regel gleichen Merkmalen bzw. Merkmalsgruppen die Gewichtung untereinander zum Teil verschieden ist. Das wird in einem Gewichtungsvergleich bei 76 Unternehmungen gezeigt[77]. Auch diese Beobachtung ist wieder durch den primären Verwendungszweck der „traditionellen" Arbeitsbewertung (Lohn- und Gehaltsfindung) beeinflußt. Die jeweilige Gewichtung kann zwar Basis für die Personaleinsatzplanung sein, es gilt aber hier – ebenso wie für die Auswahl der Anforderungsmerkmale gefordert – eine Flexibilität bei der Gewichtung. Unterschiedliche Ursachen (s. B. I.2.) bedingen eine problemabhängige und damit „flexible" Gewichtung. Dies ist insbesondere auch durch das zukunftsorientierte Vorgehen im Rahmen der Personaleinsatzplanung relevant.

— Eine genaue Spezifikation der Anforderungsmerkmale mit ihren jeweiligen Ausprägungsgraden für die speziellen Tätigkeitsbereiche erfolgt in einer vierten Stufe. Die Einstufung wird bei der „traditionellen" Arbeitsbewertung in der Regel mit Hilfe der arbeitswissenschaftlich definierten „Normalleistung" vorgenommen[78]. Für die Personaleinsatzplanung gelten einige zusätzliche Anmerkungen. Denn es handelt sich beim „traditionellen" Vorgehen zunächst wieder um „starre" Anforderungsprofile. Zum Zwecke einer „gerechten" Lohn- und Gehaltsfindung ist diese „Starrheit" gerade notwendige Voraussetzung. Diese Profile können zwar als Ausgangsbasis für die Personaleinsatzplanung gelten. Andererseits ist auch hier im speziellen Fall zu berücksichtigen, daß aus kurzfristig auftretenden, betrieblichen Situationen (z. B. hohe Anzahl der Qualitätsreklamationen für bestimmte Produkte oder etwa Ausfällen von Mitarbeitern durch Streik, Fluktuation, Abwesenheit etc.) Tatbestände entstehen können, die eine ganz andere notwendige Ausprägung und Gewichtung der Anforderungsmerkmale für die Personaleinsatzplanung nach sich ziehen. Diese entsprechen dann nicht derjenigen, die aufgrund der „traditionellen" analytischen Arbeitsbewertung zur Lohn- und Gehaltsfindung vorgesehen sind. Da sich somit die Gewichtung bei der Personaleinsatzplanung auf die spezielle Problemstellung bezieht, ist hier vielmehr eine „flexible" problemspezifische Gewichtung bei der konkreten Festlegung der Anforderungswerte zu berücksichtigen.

— Zusätzlich oder alternativ wird vorgeschlagen, für jedes Anforderungsmerkmal außerdem Höchst- und Mindestwerte anzugeben[79]. Durch Berücksichtigung der Höchstgrenzen wird verhindert, daß zu hochwertiges Personal eingesetzt wird. Zum einen würde das eine Verschwendung von Mitarbeiterpotential bedeuten, zum anderen würde die Arbeitskraft mit zu hohem Eignungspotential in der Regel sowieso nicht langfristig für die Tätigkeit motivierbar sein. Durch die Bestimmung der Mindestgrenzen wird sichergestellt, daß nichtrelevante Einsatzalternativen unberücksichtigt bleiben. Durch eine Vorauswahl werden demnach bei der Personaleinsatzplanung zunächst diejenigen Einsatzalternativen ausgeschlossen, bei denen die Arbeitskräfte aufgrund ihrer (noch zu

---

77 Zander, Ernst: Handbuch der Gehaltsfestsetzung, Heidelberg 1972, S. 94 f.
78 Steffen, Reiner: Die Erfassung von Arbeitseinsätzen in der betriebswirtschaftlichen Produktionstheorie, in: Zeitschrift für betriebswirtschaftliche Forschung, 24. Jg., 1972, S. 816 ff.; Verband für Arbeitsstudien – REFA – e.V. (Hrsg.): Methodenlehre des Arbeitsstudiums. Teil 3: Kostenrechnung, Arbeitsgestaltung, 6. Aufl., München 1978, S. 135 f.
79 Klingelhöfer, Lutz: Personaleinsatzplanung durch ein computergestütztes Informationssystem, Frankfurt/Main und Zürich 1975, S. 92–118; Bergrath, Detlef: Personaleinsatz im Bankbetrieb. Grundlagen und Probleme des qualitativen Personaleinsatzes in Bankbetrieben, Köln 1978, S. 149 f.

bestimmenden) Eignung die Mindestanforderungen nicht erfüllen oder die Höchstgrenzen überschreiten.

Schließlich sind in einem sechsten Schritt (s. Abbildung 50) die Anforderungsprofile der zu besetzenden Tätigkeitsbereiche für die Personaleinsatzplanung zusammenzustellen und auf der Arbeitsplatzdatenbank zu speichern. Bei der analytischen Arbeitsbewertung für die Lohn- und Gehaltsfindung wird ein „Arbeitswert" errechnet. Diese Verdichtung der bewerteten Anforderungsmerkmale ist für die Personaleinsatzplanung nicht zu empfehlen, da dann eine tätigkeits- und eignungsspezifische Auswahl der Mitarbeiter nicht mehr erfolgen kann. Hierfür ist vielmehr notwendig, den Informationswert der detaillierten Anforderungsprofile zu erhalten. Es handelt sich dabei nicht um „starre" Anforderungsprofile, sondern wie dargestellt um „flexible" zukunftsorientierte Anforderungsprofile. Diese „flexiblen" Anforderungsprofile werden bedingt durch die Tatsache, daß der gleiche Tätigkeitsbereich durch bestimmte Maßnahmen in den Anforderungen veränderbar ist, daß unterschiedliche Beschäftigtengruppen (z. B. Frauen, Schwerbeschädigte) eine Veränderung der Anforderungen bedingen können und daß die Personaleinsatzplanung aus verschiedenen Ursachen und wechselnden Zielsetzungen resultieren kann. Insofern ist das Instrumentarium der „traditionellen" Arbeitsplatz-Analyse und Arbeitsbewertung methodisch einsetzbar, inhaltlich ergeben sich jedoch planungsspezifische Abweichungen. Damit nimmt die Komplexität der Problemstellung zu, andererseits ist es unrealistisch, im Bereich der Personaleinsatzplanung von „starren" Anforderungsprofilen auszugehen, da sie nur im Sonderfall die tatsächlichen Anforderungen und Möglichkeiten einer anwendungsbezogenen Personaleinsatzplanung abdecken.

c. Speicherung der Anforderungsprofile

Der materielle Inhalt der für die Personaleinsatzplanung zusammengestellten „flexiblen" Anforderungsprofile muß formell so aufbereitet werden, daß eine Speicherung der Informationen auf der Arbeitsplatzdatenbank und eine Verarbeitung im Rahmen des Personal- und Arbeitsplatzinformationssystems möglich ist. Deshalb müssen entsprechende formelle Vorschriften in standardisierter Form bestehen. Es soll gelten:

T_j symbolisiere den Tätigkeitsbereich j (für j = 1, 2, ..., n)

a_{jk} symbolisiere den Ausprägungsgrad/Schlüsselwert a des für T_j angegebenen Anforderungsmerkmals k (für k = 1, 2, ..., u), für das eine bestimmte Maßskala oder ein Schlüssel definiert ist

Sofern im Sinne einer „flexiblen" Ausgestaltung der Anforderungsprofile unterschiedliche Ausprägungsgrade/Schlüsselwerte für Anforderungen eines Tätigkeitsbereiches Gültigkeit haben können, so ergibt sich jeweils eine andere Kombination der Merkmale in Art und Umfang. Diese unterschiedlichen Versionen werden durch den zusätzlichen Index g (für g = 1, 2, ..., v) unterschieden. Für den Tätigkeitsbereich T_j ergeben sich dann als Anforderungsprofile (Anforderungsvektoren):

(1) $a_{jkg} = (a_{j1g}, a_{j2g}, \ldots, a_{jug})$

Jedem Tätigkeitsbereich j werden damit g Anforderungsprofile zugeordnet. Um die genannten Höchst- und Mindestwerte zu berücksichtigen, sind analog dazu jeweils

$$a\genfrac{}{}{0pt}{}{Min}{jkg} - \text{bzw.} \quad a\genfrac{}{}{0pt}{}{Max}{jkg} - \text{Vektoren}$$

zu entwickeln. Das Ergebnis geht als Planungsinput in die Arbeitsplatzdatenbank ein.

2. Aufbau einer Personaldatenbank

Unter 1. wurde der Prozeß der Informationsgewinnung für die Arbeitsplatzdatenbank dargestellt. Analog dazu muß für die Lösung von Personaleinsatzproblemen der Prozeß der Informationsgewinnung für die Erstellung individueller Eignungsprofile als Input für die Personaldatenbank analysiert werden. Dieses Vorgehen nach der Profilmethode ist in der Literatur immer wieder diskutiert worden[80]. Die Grenzen und Möglichkeiten sind damit hinlänglich bekannt. Sie konzentrieren sich im wesentlichen auf folgende Argumentation:

— Die informationelle Abbildung beschränke sich nur auf Teilaspekte. Insbesondere sei die Leistungsbereitschaft nicht berücksichtigt. Dies ist zwar häufig der Fall, andererseits spricht nichts dagegen, diese Informationen ebenfalls in ein Eignungsprofil aufzunehmen, falls sie vorliegen.

— Eine Übereinstimmung über Art, Umfang, Gewichtung der Merkmale sei bei allen Interessengruppen (Unternehmensleitung, Personalabteilung, Betriebsrat, Mitarbeiter) nicht oder nur schwer erreichbar. Daß diese Idealvorstellung in der Praxis nicht zu realisieren ist, weiß jeder, der Erfahrungen im Bereich der konfliktorientierten Personalarbeit besitzt.

— Abwehrreaktionen seitens der Mitarbeiter seien zu beachten. Grundsätzliche Ablehnung der analytischen Arbeitsbewertung sowie Personalbeurteilung können aber ernsthaft nicht beobachtet worden sein.

— Die Lösung der Meßproblematik sei Voraussetzung für die Profilmethode. Dieses Argument kann nicht ernst genug genommen werden. Falls man allerdings damit objektive und exakte Messungen im naturwissenschaftlichen Sinne fordert, ist dies wirklichkeitsfremd.

— Eignungsprofile wie Anforderungsprofile zu prognostizieren, sei zumindest heute unlösbar. Dieses Argument ist schwer zu verstehen. Sicherlich wird die Meßproblematik noch größer. Es ist jedoch tägliche Praxis, daß Potentialbeurteilungen durchgeführt werden bzw. Anforderungen für Tätigkeitsbereiche festgelegt werden, die z. B. nach Abschluß von Rationalisierungsvorhaben, Erweiterungen etc. entstehen.

— Profile alleine genügten nicht, z. B. seien auch Informationen über soziale Beziehungen innerhalb von Arbeitsgruppen erforderlich. Hier genügt der pauschale Hinweis, daß die

---

80 Morse, John J.: Person-Job Congruence and Individual Adjustment and Development, in: Human Relations, Vol. 28, 1975, S. 841–861; Meixner, Hanns-Eberhard: Struktur- und Fortbildungsanalyse als Grundlage eines integrierten Personalverwendungs- und Fortbildungssteuerungssystems im öffentlichen Dienst — dargestellt am Beispiel der Führungskräfte des höheren Verwaltungsdienstes, Diss. Bonn 1977, S. 243–247; Friedrichs, Hans: Moderne Personalführung, 5. Auflage, München 1978, S. 173; Heinrich, Lutz J. und Pils, Manfred: Das Aufgabensystem von Personalinformationssystemen. In: Reber, Gerhard (Hrsg.): Personalinformationssysteme, Stuttgart 1979, S. 18–20.

Vertreter der Profilmethode nie behauptet haben, daß Eignungs- und Anforderungsprofile alleine ausreichen, um komplexe Personalprobleme zu lösen. Sie stellen aber wichtige Teilinformationen zur Verfügung.

— Menschen könnten nur unvollständig durch die Aufzählung von verschiedenen Einzelmerkmalen abgebildet werden. Bei der hier gewählten Vorgehensweise würde dies bedeuten: der auf der Personaldatenbank für einen Mitarbeiter gespeicherte Datensatz erfaßt diesen Arbeitnehmer immer nur unvollständig. In dieser Formulierung stellt die Aussage eine Selbstverständlichkeit dar. Sie ist aber auch nie ernsthaft bestritten worden. Nicht nur, daß im betrieblichen Bereich sowieso nur ein Teil der personenbezogenen Daten relevant ist. Darüber hinaus verhindern wie ausgeführt Erfassungsprobleme eine vollständige Darstellung der relevanten Einzelmerkmale in ihrer Art und Ausprägung. Außerdem werden Zusammenhänge und Abhängigkeiten zwischen Einzelmerkmalen nicht immer verdeutlicht. Schließlich kann man nicht alle — wenn überhaupt bekannt — Eigenschaften eines Menschen in Worte und Werte fassen.

Es hat aber wenig Sinn, diesen Zustand nur zu beschreiben und dann eventuell sogar eine Ablehnung systemgestützter Personalarbeit damit zu verbinden. Man muß sich davor hüten, bei den Bemühungen um wissenschaftliche Exaktheit zu vergessen, praktikable Alternativen vorzuschlagen. Das würde wiederum an den Bedürfnissen der Praxis vorbeigehen. Sie hat jetzt ihre aktuellen Personalprobleme zu lösen. Dafür ist in vielen Bereichen eine Systemunterstützung sinnvoll, und dafür wird stets auf eine Fülle von Anforderungs- und personenbezogener Einzeldaten zurückgegriffen. Insofern müssen die genannten Argumente lediglich als Aufforderung verstanden werden, sich auch weiterhin zu bemühen, die Mängel der bisher vorliegenden Konzeptionen und Realisierungen zu reduzieren.

a. Formaler Aufbau und Speicherung

Übereinstimmung herrscht in der Literatur und in der Praxis, daß sich Anforderungsprofile und Eignungsprofile in Struktur und Inhalt entsprechen sollen, d. h. „von der gleichen theoretischen Konzeption sein müssen"[81]. Die Forderung nach weitgehender Übereinstimmung ist unmittelbar einleuchtend, da die Anforderungsprofile — wie ausgeführt — im Rahmen des unternehmerischen Zielsystems erarbeitet wurden. Da eine Arbeitskraft danach eingesetzt werden soll, welchen relativen Beitrag sie unter Berücksichtigung der Leistungsbereitschaft zur Erfüllung dieser Zielkriterien beiträgt, muß sie auch daraufhin entsprechend beurteilt werden. Das drückt sich inhaltlich in den Eignungsprofilen aus.

Erst wenn die Anforderungsstruktur der Arbeit mit denselben Kategorien wie die Persönlichkeitsstruktur des arbeitenden Menschen erfaßt werden kann, ist eine präzise Abstimmung von Anforderungen und Wirkungsmöglichkeiten mit Hilfe der Profilmethode durchführbar[82]. Hierzu gehören auch Anweisungen zur einheitlichen Verschlüsselung der Daten,

---

81 Meyer, Friedrich W.: Aufbau von Arbeitsplatz- und Personal-Informationssystemen, in: Arbeit und Leistung, 27. Jg., 1973, S. 306—310; Zülch, Gert: Anwendung der Profilmethode bei der qualitativen Personaleinsatzplanung, in: Zeitschrift für Arbeitswissenschaft, 30. Jg. (2 NF), 1976, S. 226—233.
82 Hoyle, M.H. und Stubbs, R.J.: Management Stocktaking: An Approach to Manpower Planning in Banking, in: Long Range Planning, Vol. 2, 1970, March, S. 18—23; Meyer, Friedrich W. und Schnabel, B.: Psychologische Testverfahren als Bestandteil eines Arbeitsplatz- und Personal-Informationssystems, in: Arbeit und Leistung, 27. Jg., 1973, S. 6; Rationalisierungs-Kuratorium der Deutschen Wirtschaft (RKW) e.V. (Hrsg.): RKW-Handbuch „Praxis der Personalplanung", Teil VIII: Stelle und Stellenplan, Neuwied 1978, S. VIII-34.

damit eine maschinelle Erfassung und Auswertung ermöglicht wird[83]. Allerdings treten dabei für viele Unternehmungen bereits formelle Probleme auf, denn die vorhandenen Formulare aus der Personalkartei, für Stellenbeschreibungen, für „skill inventories"[84], Funktionsbilder und Kompetenzregelungen, die Arbeitsbewertungsblätter, Beurteilungsbögen, Personalstatistiken der unterschiedlichsten Art usw. sind zu sammeln, zu überprüfen und aufeinander abzustimmen. Dabei wird man in der Regel feststellen, daß eine Fülle von zielrelevanten Informationen überhaupt nicht vorliegt und ebenfalls, daß unterschiedliche Formulare nach Inhalt und Aufbau benutzt werden und daß die eingetragenen Informationen unvollständig oder veraltet sind. Für den Prozeß der Informationsgewinnung muß daher in einer Vorstufe eine Überprüfung des Formularwesens stattfinden. Die Forderung nach einem spiegelbildlichen Aufbau der Anforderungsprofile bezieht sich nicht auf sämtliche Kriterien[85]. Das wird in Abbildung 51 durch die Unterscheidung der Teile A, B und C verdeutlicht. Merkmale wie „identifizierende Merkmale" oder solche aus dem Komplex „Umwelteinflüsse" (Schmutz, Staub, Lärm, Unfallgefährdung etc.) beziehen sich ausschließlich auf die Anforderungsprofile (Teil A). Entsprechend gibt es Merkmalsgruppen wie „Allgemeine Personaldaten" oder Angaben zur „Mobilitätsbereitschaft", die sich nur auf die Eignungsprofile beziehen (Teil C). Im Teil B sind die sich entsprechenden Merkmale erfaßt (s. Abbildungen 6 und 7).

Analog zum Anforderungsvektor a_{jkg} aus der Gleichung (1) erhält man für eine bestimmte Arbeitskraft A_i (für i = 1, 2, . . ., m) ein Eignungsprofil (Eignungsvektor):

(2) $\quad e_{ijkg} = (e_{ij1g}, e_{ij2g}, \ldots, e_{ijkg}, \ldots, e_{ijug})$

Der Eignungswert e_{ijkg} gibt an, inwieweit die Arbeitskraft A_i beim Tätigkeitsbereich j die Anforderung mit dem Index k (für k = 1, 2, . . ., u) der Version g (für g = 1, 2, . . ., v) erfüllt. Die Eignungsvektoren gehen als Input in die Personaldatenbank ein.

b. Ermittlung der Eignungsprofile

Zweck dieser Phase der Informationsgewinnung ist es, im Rahmen spezieller Verfahren zu ermitteln, inwieweit die Arbeitskräfte die Anforderungsmerkmale erfüllen. Dabei werden hier insbesondere diejenigen Merkmale berücksichtigt, die auf „nicht-ökonomischen" Zielkriterien basieren, weil sie als vorrangig für die Personaleinsatzplanung angesehen werden. Die Bezeichnung „nicht-ökonomisch" gilt in Analogie zu den Anforderungswerten für diejenigen Werte, die nicht direkt in ökonomischen Einheiten gemessen werden können[86]. Als Grundlage hierfür kann der in Abbildung 6 ausgewiesene Merkmalskatalog gelten.

---

83 Ausschuß für Wirtschaftliche Verwaltung in Wirtschaft und öffentlicher Hand e.V. (AWV): Personalfragebogen. In: Schmidt, Herbert; Hagenbruck, Hasso und Sämann, Werner (Hrsg.): Handbuch der Personalplanung, Frankfurt/M. und New York 1975, S. 422–431; Zimmermann, Günter: EDV im Personalwesen. Durchdachte Schlüssel senken Programmieraufwand, in: Personalwirtschaft, 6. Jg., 1979, S. 108–112.
84 Patten, Thomas H.: Manpower Planning and the Development of Human Resources, New York u.a. 1971, S. 238–251; Dinner, Gianpietro: Die Organisation des Wissens in der Unternehmung, in: Industrielle Organisation, 44. Jg., 1975, S. 286–290.
85 Woelke, Hans Gert: Analytische Bewertung von Angestelltentätigkeiten (I), in: Arbeit und Leistung, 26. Jg., 1972, S. 267.
86 Bassett, Glenn A. und Weatherbee, Harvard Y.: Personnel Systems and Data Management, New York 1971, S. 61–68 und 175–191.

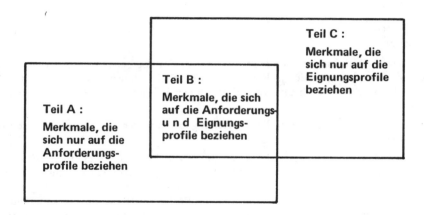

Abbildung 51: Abgrenzung der Merkmale der Anforderungs- und Eignungsprofile

Allerdings muß immer wieder betont werden, daß es sich hierbei um eine umfassende Aufstellung handelt. Im konkreten Fall der Personaleinsatzplanung wird man je nach Relevanz daraus eine gezielte Auswahl treffen, die in das jeweilige Eignungsprofil aufgenommen wird. Unter diesem Aspekt sind die folgenden Ausführungen zu sehen.

a. *Benutzung von Beurteilungsbögen*

In der betriebswirtschaftlichen Praxis haben sich bei vielen Unternehmen spezielle Beurteilungsverfahren durchgesetzt[87].

— In der ersten Stufe wird analog zum Anforderungsprofil jeweils ein Merkmalskatalog für vergleichbare Arbeitskräfte aufgestellt. Auf die formalen Anforderungen wurde bereits eingegangen. Hinzu kommt die Anforderung nach Allgemeingültigkeit, Beobachtbarkeit, Eindeutigkeit, Relevanz, Unabhängigkeit, Unterscheidbarkeit, Verständlichkeit und Vollständigkeit[88].

— Jedes einzelne Merkmal ist in einer zweiten Stufe dahingehend zu prüfen, ob es objektiv und auf genauerem Wege (z. B. durch psychometrische Verfahren, durch ökono-

---

[87] Lattmann, Charles: Die Leistungsbeurteilung als Führungsmittel. Zwecke und Aufgaben von Qualifikationssystemen, Bern und Stuttgart 1975; Grunow, Dieter: Personalbeurteilung. Empirische Untersuchung von Personalbeurteilungssystemen in Wirtschaft und Verwaltung, Stuttgart 1976; Strametz, Dieter und Lometsch, Arndt: Leistungsbeurteilung in deutschen Unternehmen. Königstein/Ts. 1977; Gaugler, Eduard u.a.: Leistungsbeurteilung in der Wirtschaft. Verfahren und Anwendung in der Praxis, Baden-Baden 1978; Zander, Ernst und Knebel, Heinz: Taschenbuch für Leistungsbeurteilung und Leistungszulagen, Heidelberg 1979.

[88] Lattmann, Charles: Die Leistungsbeurteilung als Führungsmittel. Zwecke und Aufgaben von Qualifikationssystemen, Bern und Stuttgart 1975, S. 56 f.; Franke, Joachim: Psychologie als Hilfsmittel einer personenorientierten Unternehmungsführung, Herne und Berlin 1976, S. 90 f.

mische Zielkriterien) erfaßt werden kann bzw. ob der genannte Weg nicht beschritten werden kann.

- In einer dritten Stufe müßten die Merkmale der 2. Gruppe genau definiert und unterschiedliche Ausprägungsgrade in Form von Stufendefinitionen festgelegt werden[89]. Dies ist jedoch bereits durch die Stufendefinitionen bei den Anforderungsmerkmalen geschehen.
- In der vierten Stufe erfolgt dann die Beurteilung an Hand der beschriebenen Systematik durch den Beurteiler.

Dieses Vorgehen ist für die Personaleinsatzplanung nur bedingt geeignet. Denn in der Regel können die Bewerber an den zu besetzenden Arbeitsplätzen nicht für eine bestimmte Zeit „auf Probe" arbeiten, um dann hinsichtlich ihrer tätigkeitsspezifischen Eignung beurteilt zu werden. Vielmehr ist es ja gerade das Problem der Personaleinsatzplanung, unter einer Vielzahl von möglichen Bewerbern zunächst erst einmal auszusuchen. Hier sind also Fälle häufig, in denen Arbeitskräfte von Vorgesetzten Tätigkeitsbereiche zugewiesen bekommen sollen, auf denen sie vorher nicht gearbeitet haben, ihre Eignung dafür also nicht unter Beweis stellen konnten. Das Urteil jedoch auf Interviewergebnisse, Beobachtungen, Zeugnisse von früheren Arbeitgebern oder allgemeine Menschenkenntnis aufzubauen, birgt die Gefahr, relativ unsichere Informationen zu gewinnen. Darüber hinaus besitzen die bekannten Probleme einer Personalbeurteilung in dieser Form Gültigkeit[90]. Ein bisher nahezu übersehenes Verfahren, „Peer Nomination" (Bewertung durch Gleichgestellte), das sich im militärischen Bereich bewährt hat, enthält ebenfalls eine Fülle von subjektiven Elementen[91]. Hierbei werden Gleichgestellte über Mitarbeiter dahingehend befragt, wer nach ihrer Meinung für bestimmte Aufgaben am besten geeignet ist. Die Zahl der Nennungen wird als Indikator der Eignung für die Position angesehen.

Durch eine Reihe von Maßnahmen wird versucht, die Informationsgewinnung zu „objektivieren", dennoch ist der „subjektive" Einfluß bei dieser Art der Informationsgewinnung für den Aufbau der Personaldatenbank erheblich[92]. Dies gilt ebenfalls für die „Vorgesetztenbeurteilung". Hier findet eine Beurteilung „von unten nach oben" statt[93]. Gleichsam wie durch die Soziogramm-Analyse können hierbei Informationen gewonnen wer-

---

89 Dirks, Heinz: Personalwirtschaft. Aufgaben und Verfahren, Köln 1975, S. 56–74; Gaugler, Eduard u.a.: Leistungsbeurteilung in der Wirtschaft. Verfahren und Anwendung in der Praxis, Baden-Baden 1978, S. 62–65.
90 Lattmann, Charles: Die Leistungsbeurteilung als Führungsmittel. Zwecke und Aufgaben von Qualifikationssystemen, Bern und Stuttgart 1975, S. 157–180; Schuler, Heinz: Leistungsbeurteilung in Organisationen. In: Mayer, Arthur (Hrsg.): Organisationspsychologie, Stuttgart 1978, S. 137–169; Boerger, Martin: Leitlinien zur Beobachtungs- und Bewertungsphase, in: Personal, 31. Jg., 1979, S. 218–223.
91 Mayfield, Eugene C.: Peer Nominations: A Neglected Selection Tool, in: Personnel, Vol. 48, 1971, No. 4, S. 37–43; Mitchel, J.O.: Assessment centers validity: A longitudinal study, in: Journal of Applied Psychology, Vol. 60, 1975, S. 574.
92 Franke, Joachim: Psychologie als Hilfsmittel einer personenorientierten Unternehmungsführung, Herne und Berlin 1976, S. 86–95; Holley, William H. u.a.: Analyzing Performance Appraisal Systems: An Empirical Study, in: Personnel Journal, Vol. 55, 1976, S. 457–459, 463.
93 Koontz, Harold D. und O'Donnell, Cyril J.: Principles of Management. An Analysis of Managerial Functions, 5. Auflage, New York u.a. 1972, S. 453–469; Keller, Markus: Kontrolle auf Führungsebene, in: Industrielle Organisation, 44. Jg., 1975, S. 69–76; Schmidt, Walter: Ein Beitrag zur Psychologie der Vorgesetztenpersönlichkeit, in: Fortschrittliche Betriebsführung und Industrial Engineering, 27. Jg., 1978, S. 247–251.

den, die in die Personaldatenbank eingehen[94]. Allerdings wird darauf nicht näher eingegangen, da sie nicht primär für die hier betrachtete Zielgruppe und/oder für die Personaleinsatzplanung relevant sind.

β. Psychologische Testverfahren

Die geäußerte Kritik führt dazu, für einen Teil der Merkmale nach „objektiveren" Meßverfahren zu suchen. Dabei sind psychologische Eignungsuntersuchungen als Instrument der Informationsgewinnung von Bedeutung[95]. Unter standardisierten Bedingungen (d. h., der Ablauf für die Eignungsfeststellung muß festgelegt sein und jeweils gleichartig angewendet werden), wird eine relevante Verhaltensstichprobe der jeweiligen Arbeitskraft gewonnen, die einen wissenschaftlich begründeten Rückschluß auf die individuelle Ausprägung eines oder mehrerer Eignungsmerkmale der Arbeitskraft gestattet. Dadurch wird ein spezielles Verhalten (Verhaltensstichprobe), zum Beispiel Konzentration einer Arbeitskraft bei einer bestimmten Tätigkeit, getestet. Der Nutzen, der sich für eine Unternehmung ergibt, wenn herkömmliche Verfahren durch psychologische Testverfahren ersetzt werden, ist um so größer, je besser das Eignungsuntersuchungsprogramm die Gütekriterien erfüllt, die man allgemein an psychologische Testverfahren stellt. Es versteht sich von selbst, daß jeweils auch auf die rechtliche Zulässigkeit zu achten ist[96]. Die Testverfahren müssen als Hauptgütekriterien Reliabilität, Objektivität und Validität erfüllen. Dies ist hinreichend in der entsprechenden Literatur beschrieben worden[97].

Auf der Grundlage der Arbeitsanalyse werden von Arbeits- und Betriebspsychologen diejenigen psychologischen Verfahren ausgewählt, die am besten geeignet sind, die zielrelevanten Merkmale (zum Beispiel: Handgeschick, Belastbarkeit, Reaktionsfähigkeit, räumliches Vorstellungsvermögen, allgemeine Intelligenz) zu erfassen. Dabei empfiehlt es sich, zunächst mehr Verfahren in das Eignungsuntersuchungsprogramm aufzunehmen, als voraussichtlich benötigt werden. Das „mehr" bezieht sich dabei auf zweierlei:

— Es sollten auch Verfahren verwendet werden, die andere als die aufgrund der Arbeitsanalyse vermuteten Fähigkeiten erfassen, um so eventuellen Mängeln der Arbeitsanalyse zu begegnen.

---

94 Dwyer, James und Dimitroff, Nick J.: The Bottoms Up/Tops Down Approach to Performance Appraisal, in: Personnel Journal, Vol. 55, 1976, S. 349—353; Schneider, Hans J.: Wie mache ich eine Soziogramm-Analyse? — Möglichkeiten und Aussagen für die Personalpolitik — in: Personal, 30. Jg., 1978, S. 281—286.
95 Haire, Mason: Use of Tests in Employee Selection. In: Pigors, Paul; Myers, Charles A. und Malm, F.T. (Hrsg.): Management of Human Resources, New York u.a. 1973, S. 401—414; Meyer, Friedrich W. und Schnabel, Bernd: Psychologische Testverfahren als Bestandteil eines Arbeitsplatz- und Personal-Informationssystems, in: Arbeit und Leistung, 27. Jg., 1973, S. 5—10; Brandstätter, Hermann: Die Ermittlung personaler Eigenschaften kognitiver Art. In: Reber, Gerhard (Hrsg.): Personalinformationssysteme, Stuttgart 1979, S. 74—95; Engelbrecht, Walter: Psychologische Berufseignungsdiagnostik mit Hilfe des Computers. In: Reber, Gerhard (Hrsg.): Personalinformationssysteme, Stuttgart 1979, S. 144—162.
96 Marschner, Günter: Rechtsprobleme bei der Anwendung von Intelligenztests zur Bewerberauslese, in: Der Betrieb, 24. Jg., 1971, S. 2260—2263; Schmid, Karlheinz: Psychologische Testverfahren im Personalbereich. Eine Darstellung ihrer rechtlichen Problematik für Personalleiter, Psychologen und Juristen, Köln 1972; Braun, Gunter: Rechtsfragen bei Personalauswahlverfahren, in: Personalwirtschaft, 5. Jg., 1978, S. 150—154.
97 Rippe, Wolfgang: Organisation und Personalwesen, Düsseldorf 1971, S. 132—149; Kastner, Michael: Kriterien zur Beurteilung der Qualität psychologischer Testverfahren. Arbeitsbericht des Instituts für Psychologie der RWTH Aachen 1977.

— Es ist sinnvoll, zur Erfassung derselben Merkmalsausprägungen verschiedene Verfahren einzusetzen, um dann empirisch abzuklären, welches Verfahren in diesem Fall besser geeignet ist.

Hat man es mit bewährten Untersuchungsverfahren zu tun, so brauchen Objektivität und Reliabilität zumeist nicht erneut untersucht zu werden. Dagegen ist es in jedem Fall erforderlich, die Gültigkeit im Hinblick auf die speziellen Anforderungen festzustellen. Die zwei für die betriebliche Praxis bedeutsamsten Validitätsmaße, die beide ermittelt werden sollten, sind die gleichzeitige Validität und die Vorhersagevalidität.

Bei der Feststellung der Validität eines Verfahrens wird man häufig bemerken, daß der Validitätskoeffizient (der aus der numerischen Bestimmung der Enge des Zusammenhangs zwischen Test und Kriterium mittels korrelationsstatistischer Methoden resultiert) für einen bestimmten Ausschnitt aus der Testleistung höher ist als die übrigen Bereiche. Das ist auch durchaus einsichtig. So mag für eine bestimmte Tätigkeit (zum Beispiel: Schreibmaschineschreiben) ein Intelligenzminimum erforderlich sein, von dem ab ein enger Zusammenhang zwischen Testleistung und Erfolgskriterium (zum Beispiel: durchschnittliche Anzahl fehlerfreier Seiten pro Arbeitstag) besteht. Ab einem gewissen Intelligenzniveau trägt dagegen ein Mehr an Intelligenz nicht mehr zur Verbesserung des Erfolges bei, kann sich unter Umständen sogar schädlich auswirken. Dieser Sachverhalt ist in Abbildung 52 für ein Beispiel dargestellt worden. Hier ist die Abhängigkeit des Erfolges (Y) von der Intelligenz (X) durch Regressionsgeraden mit Korrelationskoeffizienten r wiedergegeben. Mit Y wird die tatsächlich geschriebene, empirisch ermittelte Anzahl an fehler-

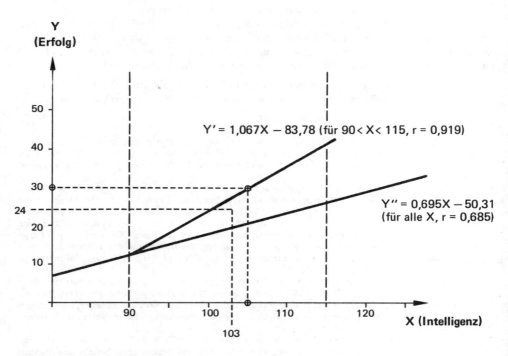

Abbildung 52: Abhängigkeit von Intelligenz und Erfolg

frei abgelieferten Seiten pro Arbeitstag angegeben. Mit X wird ein Intelligenzquotient in einer dimensionslosen Zahl angegeben, der tatsächlich aufgrund von Intelligenztests gewonnen wurde. Die in Abbildung 52 enthaltenen Punkte beziehen sich auf empirisch ermittelte Wertepaare. So wurde zum Beispiel bei einer Arbeitskraft, die durchschnittlich 24 fehlerfreie Seiten ablieferte, ein Intelligenzquotient von 103 festgestellt. Entsprechend ergaben sich die anderen Punktwerte.

Durch lineare Regression wird auf der Basis der empirisch ermittelten Werte ein Vorhersageinstrument, die in Abbildung 52 enthaltenen Regressionsgeraden $Y' = f(X)$ bzw. $Y'' = f(X)$, entwickelt. Aufgrund bestimmter Testwerte (hier: Intelligenzquotient X) wird dann die mutmaßliche Leistung (hier: durchschnittliche Anzahl fehlerfreier Seiten pro Arbeitstag) „vorhergesagt". Berücksichtigt man die erwähnten „Intelligenzschwellen" nicht, so ergibt die Regressionsrechnung die Gleichung $Y'' = f(X)$. Unter Berücksichtigung der mittleren und oberen Schwellen (gestrichelte Linien in Abbildung 52) ergibt sich die Funktion $Y' = f(X)$. Durch Vergleich der entsprechenden Korrelationskoeffizienten $r = 0,919$ und $r = 0,685$ zeigt sich, daß die Funktion $Y' = f(X)$ tatsächlich sicherere Vorhersagen ermöglicht. Würde zum Beispiel bei einer Arbeitskraft ein Intelligenzquotient von 105 festgestellt, so würde gemäß der Gleichung $Y' = f(X)$ in Abbildung 52 die Ausprägung des Merkmals „durchschnittliches Schreiben von fehlerfreien Seiten pro Arbeitstag" mit 30 (Score) im Eignungsprofil angegeben.

Für die Personaleinsatzplanung ist dieses Vorhersageinstrument von zentraler Relevanz, da — wie ausgeführt — nicht alle relevanten Arbeitskräfte „Probearbeit leisten können". Vielmehr müssen aufgrund von Testergebnissen Vorhersagen für die Eignungsscores abgeleitet werden. Es ist sinnvoll, die Validität der verwendeten Verfahren in regelmäßigen Abständen zu überprüfen, um damit etwaigen Änderungen der Anforderungen, die sich zum Beispiel durch Änderungen des Tätigkeitsbereiches ergeben können, durch eine Neuberechnung der Regressionsgleichung Rechnung zu tragen.

Neben den rein eignungsdiagnostischen Variablen spielen auch noch andere Größen für die Personaleinsatzplanung eine Rolle. Dazu gehören neben personalstatistischen Daten (Geschlecht, Alter etc.) vor allem motivationale Variable, die mit einem eignungsdiagnostischen Instrumentarium nicht erfaßt werden. Es stehen jedoch andere psychologische Verfahren zur Verfügung, die es gestatten, in die Motivationsstruktur eines Menschen Einblick zu gewinnen. Sie haben aber drei wesentliche Nachteile:

— Sie sind zeitlich sehr aufwendig.
— Sie genügen nicht immer den Anforderungen, die man hinsichtlich Reliabilität, Objektivität und Validität an ein Testverfahren stellt.
— Sie lassen nur globale Aussagen über die Motivation zu, geben aber über die Motivation für eine ganz bestimmte Tätigkeit keine Auskunft.

Bisher wurde ein Eignungsmerkmal (im Beispiel: durchschnittliche Anzahl fehlerfreier Seiten pro Arbeitstag) nur durch ein einziges Testkriterium (im Beispiel: Intelligenz) überprüft. Es können aber durchaus eine Reihe anderer Einflüsse für die Ausprägung eines Merkmales relevant sein. Jeder relevante Einfluß wird dann durch einen gesonderten Test gemessen. Der Eignungsscore wird durch die Amalgamierung der Einzeltestergebnisse ermittelt. Wie diese Amalgamierung mit Hilfe der linearen, multiplen Regression erfolgen kann, wird am folgenden Beispiel gezeigt[98].

---

98 Domsch, Michel und Gabelin, Thomas: Der Aufbau eines Systems zur Personaleinsatzplanung, in: Zeitschrift für Betriebswirtschaft, 41. Jg., 1971, S. 67 f.

Beispiel

In einer Unternehmung wird ein neues Textverarbeitungssystem eingeführt. Ersetzt werden soll in einem Schreibbüro die Ausstattung von drei voneinander unabhängigen Tätigkeitsbereichen mit mechanischen Schreibmaschinen vom Typ W. Es werden an den drei Tätigkeitsbereichen T_1, T_2 und T_3 jetzt eine elektrische Kugelkopfmaschine vom Typ X, eine Datic-Lochstreifenmaschine vom Typ Y und eine elektrische Schreibmaschine mit Anschluß an eine Datenerfassungsstation vom Typ Z installiert. Durch die neue Ausstattung werden unterschiedliche Anforderungen an die Kenntnisse und Fähigkeiten der Arbeitskräfte gestellt. Der Vorteil des neuen Textverarbeitungssystems liegt für das Unternehmen u. a. in der höheren Seitenzahl, die in der gleichen Zeiteinheit geschrieben und verbessert werden kann. Das Problem besteht für die Unternehmensleitung nun darin, die drei Arbeitskräfte, die bisher an den alten Tätigkeitsbereichen eingesetzt waren, auf die drei neuen Bereiche aufzuteilen.

Um einen tätigkeitsspezifischen Eignungsscore für das Eignungsmerkmal „durchschnittliche Anzahl fehlerfrei abgelieferter Seiten pro Arbeitstag" angeben zu können, will man die Arbeitskräfte auf Fingerfertigkeit (Test d = 1), Rechtschreibung (Test d = 2), Konzentration (Test d = 3) und Intelligenz (Test d = 4) testen. Es stellte sich heraus, daß die spezielle Eignung der Arbeitskräfte mit denselben vier eignungsdiagnostischen Verfahren ermittelt werden konnte, die auch zur Feststellung der Eignung für die alten Tätigkeitsbereiche bei der Einstellung verwendet wurden. Durch die Tests erhält man nun Informationen darüber, inwieweit die neue Anforderung erfüllt wird. — Die drei Arbeitskräfte A_1, A_2 und A_3 haben die in Abbildung 53 enthaltenen Testwerte X_d erzielt (X_1, X_2, X_3, X_4 sind Standardwerte von Skalen mit einem Mittelwert von M = 100 und einer Streuung von $\sigma = 15$, die sich jeweils auf das eignungsdiagnostische Verfahren d beziehen).

Test auf :	Testergebnisse X_d	Arbeitskräfte A_i			Test
		A_1	A_2	A_3	
Fingerfertigkeit	X_1	108	93	102	d = 1
Rechtschreibung	X_2	97	107	100	d = 2
Konzentration	X_3	100	103	110	d = 3
Intelligenz	X_4	102	99	90	d = 4

Abbildung 53: Testwerte für das Eignungsmerkmal

Die Unternehmungsleitung muß nun aus den einzelnen Testergebnissen den Eignungsscore mit Hilfe der multiplen Regression gewinnen. Man erhalte analog zu den in Abbildung 52 gewonnenen Gleichungen aus den Korrelationen der Tests untereinander und mit dem Eignungskriterium folgende Regressionsgleichungen für die drei neuen Tätigkeitsbereiche:

(3) $\quad e_{i1} = 0,62X_{1i} + 0,57X_{2i} + 0,71X_{3i} + 0,44X_{4i} + 42$

(4) $\quad e_{i2} = 0,73X_{1i} + 0,47X_{2i} + 0,53X_{3i} + 0,65X_{4i} + 33$

(5) $\quad e_{i3} = 0,42X_{1i} + 0,74X_{2i} + 0,61X_{3i} + 0,57X_{4i} + 25$

Daraus ergibt sich unter Berücksichtigung von Abbildung 53 für das untersuchte Eignungsmerkmal folgende Matrix der Eignungsscores e_{ij} für die drei neu ausgestatteten Tätigkeitsbereiche T_1, T_2, T_3 und die drei Arbeitskräfte A_1, A_2, A_3 (Abb. 54).

A_i \ T_j	T_1	T_2	T_3
A_1	$e_{11}=280$	277	261
A_2	277	270	263
A_3	280	271	260

Abbildung 54: Eignungs-Matrix

Zum Beispiel erhält man den Wert für e_{11} (Eignungsscore der Arbeitskraft A_1 für Tätigkeitsbereich T_1) unter Berücksichtigung von Gleichung (3) und Abbildung 53 wie folgt:

$e_{11} = 0,62 \cdot 108 + 0,57 \cdot 97 + 0,71 \cdot 100 + 0,44 \cdot 102 + 42$
$\phantom{e_{11}} = 280$

Liegt der Wert $e_{11} = 280$ (Eignungsscore) innerhalb der Grenzen (Mindestanforderung und evtl. Höchstanforderung), dann ist der Einsatz der Arbeitskraft $A_i = A_1$ am Tätigkeitsbereich $T_j = T_1$ hinsichtlich des untersuchten einen Eignungsmerkmals relevant. Liegen die Eignungsscores aller zielrelevanten Eignungsmerkmale innerhalb der Grenzen, ist der Einsatz für die Personaleinsatzplanung relevant.

Nicht zu übersehen sind bei dieser Vorgehensweise allerdings Probleme, die in der Praxis die Anwendung der Eignungsdiagnostik erschweren[99]:

---

[99] Triebe, Johannes K.: Eignung und Ausbildung: Vorüberlegungen zu einem eignungsdiagnostischen Konzept, in: Schweizerische Zeitschrift für Psychologie, 34. Jg., 1975, S. 50–67.

- Insbesondere wird auf die Gefahr der Konzeptlosigkeit hingewiesen. Mit Recht wird in diesem Zusammenhang vor Pragmatismus und Subjektivismus gewarnt. Denn es besteht die Gefahr, daß auch Nicht-Psychologen, sowie Psychologen, die in kurzer Zeit viele diagnostische Untersuchungen zu bewältigen haben, auf ökonomische Weise zu treffsicheren Vorhersagen kommen sollen bzw. müssen. Es liegt dann nahe, komplexe Strukturen der Arbeitsplatzanforderungen auf möglichst wenige elementare Anforderungskriterien zu reduzieren, für deren Prognose möglichst wenig zeitaufwendige, einfach zu handhabende Testverfahren als Prediktoren zur Verfügung stehen. Außerdem besteht die Gefahr, daß Urteile meist sehr rasch, aufgrund weniger, ins Auge fallender Eigenschaften getroffen werden.
- Hinzu kommt eine Reihe von methodischen Problemen. Bisher ist es noch immer nicht gelungen, ein gleiches, wissenschaftlich begründetes Begriffssystem beim Vergleich von Anforderungen und Eignungen zu finden sowie eine situationsgerechte Operationalisierbarkeit und Quantifizierbarkeit der Begriffe zu erreichen. Diese drei Forderungen, die in der Literatur als Kernpunkte einer wissenschaftlich exakten Eignungsdiagnostik angesehen werden, sind bis heute erst teilweise erfüllbar.
- Schließlich sei noch auf die Konstanzproblematik hingewiesen. Viele Eignungsdiagnostiker verzichten auf das Diagnostizieren von Entwicklungs- und Förderungsmöglichkeiten. Es wird von einem statischen, damit aber unrealistischen Menschenbild ausgegangen. Demgegenüber gehören zur sachgemäßen Eignungsfeststellung im Bereich der Personaleinsatzplanung zukunftsbezogene Aussagen, die der dynamischen und damit realistischeren Betrachtungsweise gerecht werden[100]. Allerdings besteht auch hier ein Nachholbedarf in der methodischen Entwicklung.

Insofern ist es selbstverständlich, daß die diesbezügliche Grundlagenforschung noch viele Aufgaben zu bewältigen hat. Bis dahin läßt sich aber mit bereits vorliegenden Konzepten in der Praxis eine verantwortbare und praktisch vorerst befriedigende Eignungsdiagnostik betreiben[101].

γ. *Beeinflussung der Eignungswerte*

Als Ergebnis der Eignungsfeststellung ergeben sich zunächst „starre" Eignungsprofile. Durch einen Vergleich mit den Anforderungsprofilen werden die Arbeitskräfte jeweils in zwei Gruppen aufgeteilt. Es gibt Arbeitskräfte, die die gesetzten Anforderungen nicht erfüllen. Ein Einsatz ist hier nicht relevant. Andererseits gibt es Arbeitskräfte, die die gesetzten Anforderungen mindestens erfüllen bzw. zwischen den genannten Minimum-/Maximumgrenzen liegen. Ein Einsatz ist grundsätzlich relevant.

Analog zu „flexiblen" Anforderungsprofilen wird hier gefordert, statt „starrer" Eignungsprofile „flexible" zu berücksichtigen. Sie ergeben sich, wenn man bedenkt, daß Leistungsfähigkeit und Leistungsbereitschaft durch verschiedene Maßnahmen beeinflußbar sind. Hierzu gilt kurz folgendes:

---

100 Marr, Rainer und Stitzel, Michael: Personalwirtschaft – ein konfliktorientierter Ansatz, München 1979, S. 321 f.; Wiesner, Herbert: Potentialbeurteilung – Entscheidungshilfe in der Personalentwicklung, in: Personal, 31. Jg., 1979, S. 228–230.
101 Jäger, Adolf Otto: Personalauslese. In: Mayer, Arthur und Herwig, Bernhard (Hrsg.): Handbuch der Psychologie. 9. Band: Betriebspsychologie, 2. Auflage, Göttingen 1970, S. 620.

— Bei den Arbeitskräften, die die Anforderungen zunächst nicht erfüllen, ist wie folgt zu unterscheiden: Diejenigen Arbeitskräfte, die die Anforderungen nicht erfüllen und in Zukunft voraussichtlich auch nicht erfüllen werden. Sie sind für den speziellen Einsatz tatsächlich nicht relevant. Andererseits sind diejenigen Arbeitskräfte zu beachten, die im Zeitpunkt der Beurteilung die Anforderungen noch nicht erfüllen, aber durch gezielte Aus- und Weiterbildungsmaßnahmen nach einer gewissen — für einen Einsatz noch relevanten Zeit — die Anforderungen erfüllen. Die Eignungsscores sind demnach beeinflußbar. Wie stark dieser Einfluß bei den Arbeitskräften der letzteren Gruppe sein muß, um eine gezielte Änderung innerhalb des Eignungsprofils zu bewirken, kann nicht allgemein gültig angegeben werden, denn es soll ja die individuelle Anpassung eines Eignungsprofils an ein tätigkeitsspezifisches Anforderungsprofil erreicht werden.

— Bisher wurde angenommen, eine Arbeitskraft würde auch den Arbeitsplatz übernehmen, wenn sie die Anforderungen erfüllt. Diese Bereitschaft wird aber auch durch das vorhandene Anreizsystem beeinflußt. Eine Veränderung zum Beispiel des monetären Anreizes kann bei einer Erhöhung zur Folge haben: Die Arbeitskraft steigert nachhaltig ihre Leistung, weil sie durch die erhöhten Zahlungen dazu motiviert wird. Oder die Arbeitskraft ist bereit, auch Tätigkeitsbereiche zu übernehmen, die sie vorher aufgrund zu geringer Bezahlung (trotz Eignung dafür) nicht übernommen hätte. Die Anzahl der relevanten Einsatzalternativen wird somit erhöht. Obwohl die Wirkung von monetären Anreizen auf die „menschliche Leistungseffizienz" allerdings umstritten ist, zeigt sich in solchen Fällen, daß auch die Höhe des Auszahlungsniveaus einen Einfluß auf die Personaleinsatzplanung hat[102].

Eine Arbeitskraft kann damit grundsätzlich mehrere Eignungsprofile haben. Analog zu den Anforderungsprofilen wird demnach von „flexiblen" Eignungsprofilen gesprochen.

c. Zur Verdichtung der Eignungsscores

Bisher wurden die Ausprägungen der einzelnen Eignungsmerkmale (Scores) behandelt. Diese müssen für die optimale Personaleinsatzplanung, bei der das gesamte Eignungspotential berücksichtigt wird, zusammengefaßt (verdichtet) werden. Das Ergebnis der Verdichtung ist „die ontologische Substanz aller bzw. aller relevanten Einzelinformationen..."[103]. Eine vollständige Identifikaton aller Einzelinformationen im Verdichtungsergebnis ist dann nicht mehr möglich. Umso wichtiger ist es daher, die Einzelinformationen über die Arbeitskräfte in der Personaldatenbank zu erhalten. Zum einen sind — wie erwähnt — für besondere Verwendungszwecke andere Einzeldaten oder Datenkombinationen relevant. Eine gezielte Abfrage auf Einzelinformationen wäre somit nicht mehr möglich. Zum anderen ist durch die Festlegung der Verdichtungsalgorithmen ein bestimmter Einfluß auf das Verdichtungsergebnis und damit auf das Ergebnis der Personaleinsatzplanung verbunden. Der Prozeß der Informationsverdichtung muß daher nachprüfbar, d. h. die Einzelinformationen müssen reproduzierbar bleiben. Nur so kann die Aussagefähigkeit des verdichteten Ergebnisses für die Personaleinsatzplanung nachvollzogen werden. Die verdichteten Scores werden zusätzlich auf der Personaldatenbank gespeichert.

---

102 Berthel, Jürgen: Determinanten menschlicher Leistungseffizienz im Betrieb — Ergebnisse neuerer Forschungen, in: Zeitschrift für betriebswirtschaftliche Forschung, 25. Jg., 1973, S. 383—397.
103 Garbe, Helmut: Der Verdichtungsgrad von Informationen. In: Grochla, Erwin und Szyperski, Norbert (Hrsg.): Management-Informationssysteme. Eine Herausforderung an Forschung und Entwicklung, Wiesbaden 1971, S. 201.

In der betrieblichen Praxis wird die Verdichtung häufig pragmatisch vorgenommen. Der Beurteiler wird nur aufgefordert, unter Berücksichtigung der Einzelbeurteilungen ein Gesamturteil in verbaler Form abzugeben. Die Prozedur, wie man dazu gelangt, wird nicht oder nur kurz beschrieben. Die Gefahr des zu starken subjektiven Einflusses besteht hier ebenfalls. Hinzu kommt, daß der Beurteiler überfordert ist, für eine Vielzahl von Merkmalen — je nach Tätigkeitsbereich in unterschiedlicher Kombination und mit verschiedenen Ausprägungen — bei verschiedenen Arbeitskräften ohne erhöhte Transparenz durch einen Verdichtungsalgorithmus eine widerspruchsfreie Maßskale zugrundezulegen. Eine pragmatische Globalbehandlung kann dann nicht befriedigend sein.

Das vorliegende Verdichtungsproblem entspricht gleichen Fragestellungen, wie sie aus der Forschungsplanung bekannt sind[104]: Es sind eine Fülle von Einzelmerkmalen quantitativer oder qualitativer Art mit verschiedenen Dimensionen relevant. Ebenso spielen subjektiv beeinflußte Beurteilungen eine Rolle. Aber auch bei Standortanalysen, im militärischen, medizinischen und kommunalen Bereich sowie bei Marketingentscheidungen gilt eine analoge Fragestellung[105]. Mit Hilfe von Nutzwertanalysen wird versucht, die komplexen Situationen transparenter zu machen und die Entscheidungsfindung in einem mehrdimensionalen Zielsystem zu objektivieren[106]. Von der Logik her handelt es sich bei der Verdichtungsproblematik im Rahmen der Personaleinsatzplanung um gleiche Fragestellungen. Es wird daher vom Verfasser vorgeschlagen, den Ansatz der Nutzwertanalyse auch bei der Verdichtung der Eignungsscores zu verwenden[107]. Folgende Stufen sind unter Berücksichtigung der bisherigen Überlegungen, jedoch ohne Angabe verschiedener Versionen, dafür relevant (Abbildung 55):

1. Stufe: Aufstellung eines Zielsystems und Erarbeitung von Anforderungsprofilen.

2. Stufe: Ermittlung der Einsatzalternativen. — Durch die Gegenüberstellung der Anforderungs- und Eignungsprofile (Vorauswahl) werden zunächst die grundsätzlich relevanten Einsatzalternativen ermittelt, d. h., aus den verfügbaren Arbeitskräften werden dadurch jeweils die für einen Tätigkeitsbereich relevanten ausgesondert.

3. Stufe: Feststellung der Merkmalsausprägungen. — Bei der Messung der Ausprägungen eines gleichen Merkmals liegt wie ausgeführt jeweils die gleiche Maßskale zugrunde. Allerdings werden nicht alle Merkmale mit der gleichen Maßskale bewertet. Um dieses mehrdimensionale Problem in ein eindimensionales zu überführen, ist eine Transformationsregel notwendig. Hier liegt der entscheidende Schritt bei der Verdichtung der Eignungsscores. Je nachdem, welches Skalenniveau den Scores zugrundeliegt (nominales, ordinales,

---

104 Siehe für die ähnliche Problematik bei der Forschungsplanung die Untersuchungen: Der Bundesminister für Bildung und Wissenschaft (Hrsg.): Methoden der Prioritätsbestimmung I, II, III (Schriftenreihe Forschungsplanung 3, 4, 5), Bonn 1971.
105 Müller, Wolfgang: Der Entscheidungsprozeß bei einer Standortwahl, Schriften zur Unternehmensführung, Band 11, Wiesbaden 1970; Kendall, M.G. (Hrsg.): Cost-Benefit Analysis, London 1971; Dichtl, Erwin und Schobert, Rudolf: Mehrdimensionale Skalierung. Methodische Grundlagen und betriebswirtschaftliche Anwendungen, München 1979.
106 Zangemeister, Christof: Nutzwertanalyse in der Systemtechnik. Eine Methodik zur multidimensionalen Bewertung und Auswahl von Projektalternativen, 4. Auflage, München 1976.
107 Es gibt eine Fülle weiterer Verdichtungsvorschläge. Siehe hierzu z. B.: Moser, Gudrun: Das Assignment — Problem im Personal-Informations-Entscheidungssystem. In: Reber, Gerhard (Hrsg.): Personalinformationssysteme, Stuttgart 1979, S. 204–264.

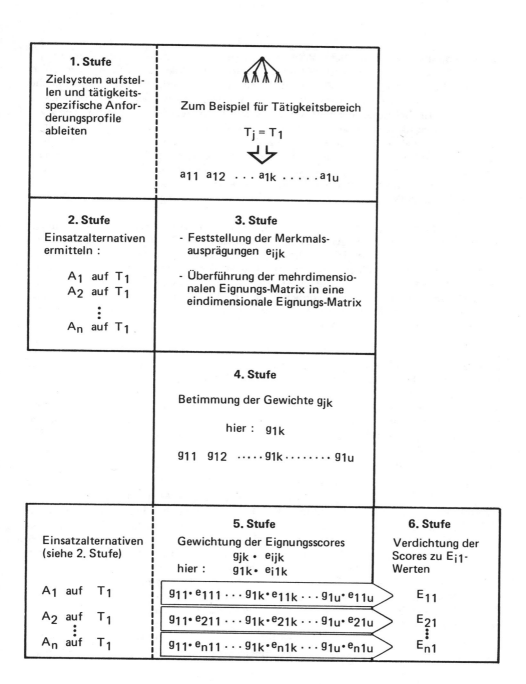

Abbildung 55: Algorithmus für die Verdichtung mit Hilfe der Nutzwertanalyse

kardinales), sind unterschiedliche Verdichtungsregeln zu beachten. In der Literatur werden ausführlich die wesentlichsten Entscheidungsregeln diskutiert, die bei der „Wertsynthese" bei verschiedenen Skalenniveaus relevant sind. Auf einen Überblick kann daher verzichtet werden. Vielmehr wird gefragt, welches Skalenniveau bei der Personaleinsatzplanung praktikabel ist. In der Praxis haben sich für Arbeitskräfte unterer Ebenen kardinale Beurteilungsskalen bewährt[108]. Nachdem jeweils ein spezieller Stufenkatalog für die einzelnen Merkmale entwickelt wird, erfolgt über ein kardinales Skalenniveau die Zuordnung eines Punktwertes. Es handelt sich hier grundsätzlich um die gleiche Problematik wie bei der Arbeitsbewertung. Zwar werden dort nicht individuelle Merkmale berücksichtigt, aber auch mehrdimensionale (Anforderungs-)Werte zu einem eindimensionalen „Arbeitswert" — zum Beispiel für die Lohn- und Gehaltsgruppierung — zusammengefaßt.

4. Stufe: Bestimmung der relevanten Gewichte. — Die Anforderungs- bzw. Eignungsmerkmale besitzen in der Regel nicht das gleiche Gewicht. Die Entscheidungsträger sind bei der Festsetzung der Gewichte nicht frei, sondern sie müssen sich am Zielsystem orientieren. Ein Problem der Merkmalsgewichtung liegt hier ebenfalls — wie bei der Arbeitsbewertung — in der subjektiven Beeinflussung. Die Gewichte können von den Entscheidungsträgern aufgrund von Diskussionen festgelegt werden. Es empfiehlt sich jedoch, die Ermittlung der Gewichte systematisch durchzuführen, da sie einen wesentlichen Einfluß auf das Verdichtungsergebnis haben[109].

5. Stufe: Gewichtung der Einzelscores. — Die in der 3. Stufe ermittelten (standardisierten) Scores sind mit den in der 4. Stufe gewonnenen Gewichte zu multiplizieren. Dadurch wird die unterschiedliche Bedeutung der Scores berücksichtigt.

6. Stufe: Verdichtung der Scores. — Die gewichteten Scores haben die gleiche Dimension. Bei der Annahme eines kardinalen Skalenniveaus erhält man die verdichteten (standardisierten) Eignungsscores E_{ij} durch Additionsregeln. Auf die Berücksichtigung anderer Skalenniveaus wurde verwiesen.

Die vorstehenden Überlegungen zielen darauf ab, die Personaleinsatzplanung mit verdichteten Eignungswerten durchzuführen. Dabei handelt es sich jedoch bereits um einen speziellen Vorschlag. Denn häufig wird es ausreichen, einfache Auswahlsysteme (matchingsystem) einzusetzen (s. auch Abbildung 14). Letztere haben sich in der Praxis bereits als Hilfsmittel zur Vorauswahl durchgesetzt. Bei der folgenden Diskussion über Methoden und Modelle zur Personaleinsatzplanung wird zwar auf Optimierungsmodelle unter Verwendung dieser verdichteten Werte eingegangen. Damit ist aber keineswegs der Vorschlag verbunden, grundsätzlich diese Art von Entscheidungsmodellen einzusetzen. Dafür ist die damit verbundene Kritik zu beachten. Sie gelten vielmehr nur als zusätzliches Angebot und als Möglichkeit, komplexere Personaleinsatzprobleme in der Lösung zu unterstützen. Außerdem ist es selbstverständlich, daß nicht alle Eignungsmerkmale bei der Verdichtungsprozedur im vorgeschlagenen Sinne einbezogen werden können. Dies gilt insbesondere nicht für die Merkmale aus den in Abbildung 6 ausgewiesenen Merkmalsgruppen 1, 2 (teilweise) und 5. Angaben zur Leistungsbereitschaft wirken sich vorrangig in der 2. Stufe

---

108 Zander, Ernst: Arbeits- und Leistungsbewertung, Heidelberg 1970, S. 97 ff.; Manekeller, Wolfgang und Möhl, Werner: Mitarbeiter-Bewertung. Maßstäbe und Methoden der Persönlichkeits- und Fähigkeitsbeurteilung, 2. Auflage, Bad Wörishofen 1970, S. 127–133.
109 Gaugler, Eduard u. a.: Leistungsbeurteilung in der Wirtschaft. Verfahren und Anwendung in der Praxis, Baden-Baden 1978, S. 51–53.

der Verdichtungsprozedur aus: Besteht — soweit bekannt — keine Leistungsbereitschaft, so würde dies zu einer nicht-relevanten Einsatzalternative führen. Allerdings muß hier auf die Probleme der Bedürfnisanalyse generell hingewiesen werden.

3. Aufbau einer Methoden- und Modellbank

Der Prozeß der Informationsgewinnung für den Aufbau der Personaldatenbank und der Arbeitsplatzdatenbank des Personal- und Arbeitsplatzinformationssystems wurde unter 1. und 2. behandelt. Die gewonnenen Informationen müssen mit Hilfe von Personaleinsatz-Modellen verarbeitet werden. In der nächsten Phase muß daher der Aufbau der Methoden- und Modellbank für das Personal- und Arbeitsplatzinformationssystem behandelt werden. Beispielhaft werden hier einige Modelle zur optimalen Personaleinsatzplanung diskutiert.

Der Stand der Theorie des Personaleinsatzes basiert in der betriebswirtschaftlichen Literatur nach wie vor auf dem klassischen Zuordnungsproblem. Dieser „traditionelle" Modellansatz beinhaltet jedoch eine Reihe von Annahmen (zum Beispiel Unabhängigkeit der Tätigkeitsbereiche, Unabhängigkeit von Gruppenzusammensetzung), die nur beschränkt in konkreten Unternehmenssituationen Gültigkeit haben. Die Diskussion konzentriert sich im folgenden auf zwei Bereiche:

— Beeinflussung der Eignungsscores durch Niveauänderungen und ihre Berücksichtigung im Modellansatz durch bestimmte Parameter.
— Berücksichtigung mehrerer Zielsetzungen bei der Personaleinsatzplanung.

a. Der „traditionelle" Modellansatz und seine Annahmen

Ein einfacher Modellansatz zur Bestimmung eines Gesamtoptimums bei der Personaleinsatzplanung wird in der einführenden Operations-Research-Literatur dargestellt. Die Problemstellung ist eine Variante des Transportproblems[110]. Eine Fülle von Erweiterungen und konkrete Programmpakete sind bereits vorgestellt worden[111].

Der „traditionelle" Modellansatz kann wie folgt formuliert werden: Der Eignungswert (Score) einer Arbeitskraft A_i (für i = 1, 2, . . ., m) für einen Tätigkeitsbereich T_j (für j = 1, 2, . . ., n) ist mit e_{ij} bestimmt. Es sei r_{ij} eine Variable, die nur zwei Werte annehmen kann:

(6) $r_{ij} = \begin{cases} 1, \text{ wenn die Arbeitskraft } A_i \text{ den Tätigkeitsbereich } T_j \text{ übernimmt.} \\ 0, \text{ wenn die Arbeitskraft } A_i \text{ nicht den Tätigkeitsbereich } T_j \text{ übernimmt.} \end{cases}$

---

110 Klingelhöfer, Lutz: Personaleinsatzplanung durch ein computergestütztes Informationssystem, Frankfurt/M. und Zürich 1975, S. 186–226; Zimmermann, Werner: Planungsrechnung und Entscheidungstechnik. Operations Research Verfahren, Braunschweig 1977, S. 50–78.
111 Moser, Gudrun: Das Assignment – Problem im Personal-Informations-Entscheidungssystem. In: Reber, Gerhard (Hrsg.): Personalinformationssysteme, Stuttgart 1979, S. 204–264.

Es wird angenommen, daß die Anzahl der insgesamt zur Verfügung stehenden Arbeitskräfte gleich der Anzahl der zu besetzenden Tätigkeitsbereiche ist. Daraus folgt:

(7) $m = n$

Die Voraussetzung in Gleichung (7), daß $m = n$, d. h. die Anzahl der zu besetzenden Tätigkeitsbereiche (n) gleich der Zahl der verfügbaren Personen (m) ist, trifft nur im Sonderfall zu. Das Modell ist aber durch einfache Annahmen auch für den Fall $m \neq n$ anwendbar, indem man „dummy men" bzw. „dummy jobs" hinzufügt.

Mehrstellenarbeit wird ausgeschlossen. Eine Arbeitskraft kann einen und nur einen Tätigkeitsbereich übernehmen. Dann gilt:

(8) $\sum_{j=1}^{n} r_{ij} = 1$ (für $i = 1, 2, \ldots, m$)

Jeder Tätigkeitsbereich ist so abzugrenzen, daß nur eine Arbeitskraft dafür zuständig ist. Daraus folgt:

(9) $\sum_{i=1}^{m} r_{ij} = 1$ (für $j = 1, 2, \ldots, n$)

Liegt der Fall identischer Tätigkeitsbereiche und/oder eignungsgleicher Arbeitskräfte vor, so lassen sich „job categories/job classes" bzw. „personnel categories/men classes" bilden und die Gleichungen (8) und (9) entsprechend leicht modifizieren.

Ein optimaler Personaleinsatz ist dann erreicht, wenn der Zielwert ZW maximiert oder minimiert wird:

(10) $\sum_{i,j=1}^{n} e_{ij} \cdot r_{ij} \Rightarrow ZW_{max}!$ bzw. $ZW_{min}!$

Der dargestellte „traditionelle" Modellansatz kann einschließlich der bereits genannten nur unter bestimmten Annahmen benutzt werden[112]. Insbesondere werden hier genannt:

(1) Die Eignungsscores (einzeln oder verdichtet) der Arbeitskräfte müssen in der Personaldatenbank bereits gespeichert sein. Hier liegt das dargestellte umfangreiche Problem der Informationsgewinnung, dessen Behandlung und Lösung überhaupt erst eine Voraussetzung zur Anwendung des Modells schafft.

(2) Im „traditionellen" Modellansatz wird unterstellt, die Arbeitskräfte hätten jeweils während der gesamten Zeit der Beschäftigung die ermittelten Anforderungen der Tätigkeitsbereiche zu erfüllen. Zum Beispiel in Warenhäusern, bei Verkehrsbetrieben oder Bankbetrieben ist jedoch der unterschiedlich hohe Arbeitsanfall und seine zeitliche Strukturierung bei der Personaleinsatzplanung zu beachten. Hinzu kommt, daß die Arbeitskräfte eventuell nicht während der gesamten Arbeitszeit zur Verfügung stehen. Es sind daher Modelle zu benutzen, die die Schwankungen im Arbeitsanfall und damit im Personal-

---

112 Kupsch, Peter Uwe und Marr, Rainer: Personalwirtschaft. In: Heinen, Edmund (Hrsg.): Industriebetriebslehre, 6. verbesserte Auflage, Wiesbaden 1978, S. 563–565; Kolb, Meinulf und Werner, Eva: Personaleinsatz, Wiesbaden o.J. (1978), S. 21 f.

bedarf neben der unterschiedlichen Arbeitszeit berücksichtigen. Hierzu besteht bereits eine umfangreiche Literatur[113].

(3) Im „traditionellen" Modellansatz wird jeder Arbeitskraft A_i bezüglich der Besetzung eines Tätigkeitsbereiches T_j ein bestimmter Score e_{ij} zugeordnet. Es wird dabei nicht berücksichtigt, daß dieser Score beeinflußt werden kann und damit grundsätzlich „flexible" Eignungsprofile zu unterstellen sind.

(4) Das „traditionelle" Modell besitzt nur Gültigkeit, wenn lediglich eine Zielsetzung berücksichtigt wird. Das Problem der „Berücksichtigung mehrfacher Zielsetzungen bei der Personaleinsatzplanung" wird jedoch explizit nicht erfaßt[114].

Zu (3) und (4) wird im folgenden Stellung genommen.

b. Der Einfluß von Niveauänderungen

Leistungsfähigkeit und Leistungsbereitschaft einer Arbeitskraft bezogen auf einen Tätigkeitsbereich ist — wie bereits ausgeführt — in bestimmten Grenzen veränderlich. Als wichtigste Gründe für die Leistungsänderungen werden hier exemplarisch die Schulung und Weiterbildung der Arbeitskräfte und die Veränderung der Auszahlungen berücksichtigt. In Abbildung 56 sind mögliche Wirkungen bei Erhöhung des Niveaus noch einmal ausgewiesen worden. Das kann generell geschehen oder durch gezielte Maßnahmen bei einer Arbeitskraft oder einer Gruppe erfolgen. Ist bei Arbeitskräften eine Eignungsverbesserung oder Erhöhung der Leistungsbereitschaft erreicht worden, so sind diese grundsätzlich für mehr Einsatzalternativen als vorher geeignet. Werden die Zahlungen erhöht, so sind sie eventuell bereit, alternativ auch andere Tätigkeitsbereiche zu übernehmen. Diese höhere Eignung und/oder Bereitschaft wirkt sich auf Personalbedarf und Personalbestand aus. Orientiert an dem unternehmerischen Zielsystem und den individuellen Zielvorstellungen wird die Unternehmensleitung bei optimaler Personaleinsatzplanung das Niveau realisieren, das zu einem optimalen Zielwert führt.

Gibt man ohne Berücksichtigung verschiedener Versionen mit

α_{ijh} den Umfang der prognostizierten Änderung eines verdichteten Scores E_{ij}, der sich auf die Arbeitskraft A_i und den Tätigkeitsbereich T_j bezieht,

β_{jh} den Umfang der prognostizierten Änderung eines Bestandes BS_j, der sich auf Tätigkeitsbereiche T_j bezieht,

γ_{ih} den Umfang der prognostizierten Änderung eines Bedarfes BD_i, der sich auf Arbeitskräfte A_i bezieht,

---

113 Saha, J.L.: An Algorithm for Bus Scheduling Problems, in: Operational Research Quarterly, Vol. 21, 1970, S. 463–474; Bundesarbeitsgemeinschaft der Mittel- und Großbetriebe des Einzelhandels e.V., Köln (Hrsg.): Personaleinsatz im Handel. Einführung und Anregungen für die Unternehmensleitung, Köln 1972, S. 10–31; Baker, Kenneth R.: Workforce Allocation in Cyclical Scheduling Problems: A Survey, in: Operational Research Quarterly, Vol. 27, 1976, S. 155–167; Förderreuther, Rainer: Beschäftigungspolitik im Bankbetrieb, Berlin 1977; Junginger, W.: Ein Verfahren zur Erstellung von Dienstplänen für Vermittlungszentralen, in: Zeitschrift für Operations Research, Band 21, 1977, S. B109–B120; Marx, Jürg: Auch im Detailhandel: Arbeitsvorbereitung und Personaleinsatzplanung, in: Industrielle Organisation, 46. Jg., 1977, S. 560–563.

114 Mensch, Gerhard: Zur Berücksichtigung mehrerer Zielfunktionen bei der Optimalen Personalanweisung, in: Zeitschrift für betriebswirtschaftliche Forschung, 23. Jg., 1971, S. 200–207.

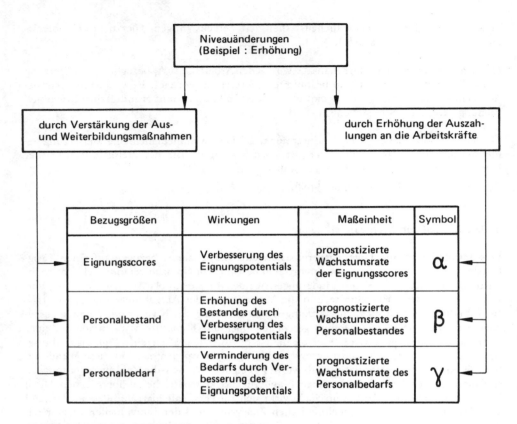

Abbildung 56: Einfluß der Niveauänderungen

an, die bei einem bestimmten Niveau N_h Gültigkeit haben, dann kann allgemein eine Niveau-Matrix (Abbildung 57) aufgestellt werden. In dieser Niveau-Matrix sind nur die Niveau-Koeffizienten α_{ijh}, β_{jh} und γ_{ih} enthalten. Ein bestimmtes Niveau N_h wird definiert durch eine ganz bestimmte Kombination von α_{ijh}-, β_{jh}- und γ_{ih}-Koeffizienten. Das angesprochene Niveau N_h wird daher genauer durch die Kombination aller Niveau-Koeffizienten bestimmt, die den gleichen h-Index haben. Eine Niveauänderung liegt dann vor, wenn mindestens einer dieser Niveau-Koeffizienten geändert wird. Es ist dann eine andere Niveau-Index-Variable relevant.

Wie oben gezeigt wurde, sind diese Niveau-Koeffizienten jedoch nicht unabhängig voneinander. Die Änderungen der α_{ijh}-Werte haben wie dargestellt in der Regel einen Einfluß auf Personalbedarf und Personalbestand über die β_{jh}- und γ_{ih}-Koeffizienten. Es ist demnach genauer zu formulieren:

(11) $\quad \beta_{jh} = f(\alpha_{ijh})$ und

(12) $\quad \gamma_{ih} = f(\alpha_{ijh})$

	T_1	T_2	....	T_j	....	T_n	BD_i
A_1	α_{11h}	α_{12h}	$\cdots$			α_{1nh}	γ_{1h}
A_2	α_{21h}	α_{22h}	$\cdots$			α_{2nh}	γ_{2h}
$\vdots$	$\vdots$	$\vdots$				$\vdots$	$\vdots$
A_i				α_{ijh}			γ_{ih}
$\vdots$							$\vdots$
A_m	α_{m1h}	α_{m2h}	$\cdots$			α_{mnh}	γ_{mh}
BS_j	β_{1h}	β_{2h}	$\cdots$	β_{jh}	$\cdots$	β_{nh}	

Abbildung 57: Niveau-Matrix

Es ergibt sich im Modellansatz insbesondere

(13) $\quad \sum\limits_{i=1}^{m} \sum\limits_{j=1}^{n} \alpha_{ijh} \cdot E_{ij} \cdot x_{ijh} \Rightarrow ZW_{max}!$ bzw. $ZW_{min}!$
(für h = 1, 2, ..., l)

(14) $\quad \sum\limits_{i=1}^{m} x_{ijh} \leq \beta_{jh} \cdot BS_j \quad$ (für j = 1, 2, ..., n und h = 1, 2, ..., l)

(15) $\quad \sum\limits_{j=1}^{n} x_{ijh} \geq \gamma_{ih} \cdot BD_i \quad$ (für i = 1, 2, ..., m und h = 1, 2, ..., l)

Dieser Modellansatz gilt jeweils für ein konkret definiertes Anspruchsniveau N_h. Die Unternehmungsleitung strebt dasjenige Niveau N_h an, aus dem der optimale Zielwert resultiert. Zusätzliche Annahmen entsprechen dem „traditionellen" Modellansatz. Weitere Nebenbedingungen sind im Einzelfall zu ergänzen. Soll der Zielwert maximiert werden (Zielsetzung: Maximierung des Eignungspotentials), wird man den höchsten α-Wert realisieren. Das folgt aus der Überlegung (siehe auch Abbildung 56), daß mit steigendem $\alpha \to \beta$ steigt und γ sinkt. Dadurch werden die Nebenbedingungen (14) und (15) aber lediglich abgeschwächt. Es ist in diesem Fall daher sinnvollerweise eine „ökonomische" Restriktion hinzuzufügen.

Für die Anwendung dieses Modellansatzes ist eine Reihe von Problemen zu berücksichtigen:

— Es wurde der Ansatz für ein Gruppenmodell formuliert. Dieser Ansatz ist dann nicht geeignet, wenn individuelle Variationen der α_{ijh}-Koeffizienten zweckmäßig erscheinen.

Gerade das trifft aber in der Praxis häufig zu. Bei Aus- und Weiterbildungsmaßnahmen handelt es sich in der Regel um ganz gezielte individuelle Maßnahmen. Das bedingt in diesem Beispiel eine Aufteilung der Bestandsgrößen bis auf Einzelpersonen. Jede Einsatzalternative wird in den Modell-Gleichungen besonders berücksichtigt, die Summenschreibweise ist nicht mehr möglich. Diese individuelle Behandlung läßt auch keine parametrische Programmierung zu, um ein „optimales" Niveau zu ermitteln.

— Ebenso können zwar Lohn- und Sozialleistungen generell variiert werden. Häufig treten aber auch hier individuelle Probleme auf. Eine spezielle Arbeitskraft vom innerbetrieblichen oder außerbetrieblichen Arbeitsmarkt ist für bestimmte Tätigkeitsbereiche geeignet, würde dem Einsatz aber grundsätzlich nur zustimmen, wenn eine bestimmte Lohn- und Sozialleistungsforderung erfüllt wird. Dieser individuelle Fall könnte nicht im Rahmen eines Gruppenmodells behandelt werden. Auch in solchen Fällen müssen die entsprechenden Arbeitskräfte aus den globalen Bestandsgrößen herausgelöst betrachtet werden. Eine individuelle Behandlung muß aber auch personalpolitisch durchsetzbar sein, denn eine Begünstigung einzelner Arbeitskräfte ist häufig nicht ohne Einfluß auf andere Arbeitskräfte. Ein höheres Angebot an eine Arbeitskraft ist oft nicht unabhängig von den Forderungen anderer Arbeitskräfte, so daß sich weitere Niveau-Koeffizienten ändern. Der Einfluß dieser Variationen ist durch erneute Berechnung mit Hilfe des Modells zu ermitteln. Da diese individuelle Betrachtung häufig relevant sein kann, führt sie zu einer großen Anzahl von Optimierungsrechnungen. Die individuelle Betrachtung läßt auch hier den Weg nicht zu, über parametrische Programmierung das „optimale" Niveau zu ermitteln.

— Eng damit verbunden ist der Umfang an Informationsgewinnung. Die Berücksichtigung von Niveauänderungen erfordert zusätzliche Aktivitäten beim Aufbau der Daten-Banken, denn es ist jeweils der Einfluß einer Koeffizientenänderung auf die anderen Koeffizienten zu prognostizieren. Dieser Einfluß kann in der Regel kaum durch Befragungen festgestellt werden, denn häufig will man die Veränderungen eines individuellen Koeffizienten in der Planungsphase für die anderen Arbeitskräfte geheim halten.

c. Die Berücksichtigung mehrerer Zielsetzungen

Man geht im „traditionellen" Modellansatz zur Personaleinsatzplanung von einer Zielvorstellung aus. Eine explizite Berücksichtigung von mehreren Zielen bedeutet eine Komplizierung der Entscheidungsfindung[115]. Denn verfolgt man den Personaleinsatz alternativ nach verschiedenen Zielsetzungen, so führt das in der Regel zu unterschiedlichen Einsatzalternativen. Die Problematik wird anhand des folgenden Beispiels aufgezeigt. Ausgangspunkt der Überlegungen ist wieder das „traditionelle" Personaleinsatzmodell.

---

115 Hatch, R.S.: Development of Optimal Allocation Algorithms for Personnel Assignment. In: Smith, A. R. (Hrsg.): Models of Manpower Systems, London 1970, S. 383—400; Pollatscheck, M.A.: Personnel Assignment by Multiobjective Programming, in: Zeitschrift für Operations Research, Band 20, 1976, S. 161—170; Dathe, H.M.: Zur Lösung des Zuordnungsproblems bei zwei Zielgrößen, in: Zeitschrift für Operations Research, Band 22, 1978, B105—118; Isermann, H.: Strukturierung von Entscheidungsproblemen bei mehrfacher Zielsetzung, in: Operations Research-Spektrum, Band 1, 1979, S. 3—26.

Beispiel:

In einer Unternehmung besteht eine Planungs- und Organisationsabteilung, die als Stabsabteilung direkt dem Vorstand unterstellt ist. Bestimmte Projekte werden von Teams oder Einzelpersonen durchgeführt. Vier Arbeitskräfte, die durch die Beendigung eines bestimmten Projekts freigesetzt worden sind, sollen vier neuen, unabhängigen Projekten (Tätigkeitsbereichen) T_j zugeordnet werden. Es handelt sich um:

T_1 Mitarbeit an der Organisationsstudie im Rahmen der Fertigfabrikate – Lagerhaltung

T_2 Vorbereitung für die Umstellung der Lohn- und Gehaltsabrechnung auf EDV

T_3 Mitarbeit in der Projektgruppe „Management-Informations-System"

T_4 Mitarbeit bei der Umstellung der Abrechnungsprogramme „Verkauf" aufgrund neuer Rabattbestimmungen.

Durch Diskussion innerhalb der Unternehmungsleitung ergeben sich folgende vier Zielsetzungen Z_b (für b = 1, 2, 3, 4):

Z_1 Es wird der Abschluß der Projekte in möglichst kurzer Zeit gefordert, da man unter Termindruck steht. Insbesondere die Arbeitsvorbereitungen und die Projektorganisation werden als mangelhaft angesehen. Die festgesetzten Termine können absehbar nicht gehalten werden. Es gilt daher, die Zeit zwischen Terminfälligkeit und Projektende zu minimieren. Die entsprechende Eignung der Arbeitskräfte wird in Tagen angegeben, die man bei Mitarbeit der speziellen Arbeitskraft für den Projektüberzug veranschlagt.

Z_2 In den Projekten müssen Datenbankprobleme gelöst werden. Da die Konzeption der Datenbanken großen Einfluß auf die Folgekosten (z. B. Rechenzeit, Speicherkapazität etc.) hat, soll jeweils ein bestmögliches Datenbankkonzept realisiert werden. Die Arbeitskräfte werden entsprechend mit Punkten von 0–25 (schlechtester Wert) beurteilt.

Z_3 Die Projektrealisation erfordert betriebswirtschaftliche Kenntnisse, denn es soll jeweils die wirtschaftlichste Lösung gefunden werden. Die Eignung der Arbeitskräfte soll in Jahren angegeben werden, wobei diese sich berechnen aus der Formel:

3 x Jahre projektbezogener theoretischer Ausbildung + 1 x Jahre praktischer Tätigkeit ohne projektähnliche Tätigkeit + 4 x Jahre mit projektähnlicher Tätigkeit.

Z_4 Die Realisation der Projekte soll teilweise mit Hilfe von computergesteuerten Programmen erfolgen. Es müssen daher Programmiervorgaben erstellt werden. Es wird gefordert, die Qualität dieser Vorgaben zu maximieren. Die Eignung der Arbeitskräfte wird durch eine „Programmzahl" angegeben, die wie folgt berechnet wird:

1 x Anzahl der in mehr als 6 Wochen selbst geschriebenen projektbezogenen Programme

+ 2 x Anzahl der in gleich oder weniger als 6 Wochen selbst geschriebenen projektbezogenen Programme

+ 0,5 x Anzahl sonstiger in mehr als 4 Wochen selbst geschriebener Programme.

Über die Beurteilungsskalen war vorher mit der Unternehmungsleitung und im Rahmen der Planungs- und Organisationsabteilung diskutiert worden. Folgende Fälle werden hier exemplarisch unterschieden:

α. *Gleichrangige Ziele*

Betrachtet wird zunächst der Fall gleichrangiger Ziele mit totalen Geltungsbereichen. Es wird also die Erfüllung mehrerer Zielsetzungen Z_b (für b = 1, 2, . . ., p) als gleich wichtig angesehen. Es besteht also keine Zielhierarchie. Außerdem werden bei der Besetzung aller Tätigkeitsbereiche T_j (für j = 1, 2, . . ., n) mit Arbeitskräften A_i (für i = 1, 2, . . ., m) alle Ziele angestrebt. Im dargestellten Beispiel würden demnach die Ziele Z_1, Z_2, Z_3 und Z_4 für alle vier Tätigkeitsbereiche (Projekte) relevant sein. Der Koeffizient e_{ijb} gibt dann den Eignungsscore an, den die Arbeitskraft A_i bei der Besetzung des Tätigkeitsbereiches T_j unter Beachtung der Zielsetzung Z_b erreichen würde. Die Dimensionen dieses Eignungsscores können je nach Zielsetzung bzw. Maßkriterium Geldeinheiten, Produktionsmengen-

Arbeitskraft A_i \ Tätigkeitsbereich T_j	T_1		T_2		T_3		T_4	
A_1	e_{111} = 4	e_{112} = 17	e_{121} = 28	3	18	10	12	8
	e_{113} = 77	e_{114} = 7	92	8	15	4	45	7
A_2	6	15	25	5	16	13	14	7
	79	6	91	10	5	7	50	6
A_3	5	20	27	3	17	9	14	10
	78	7	92	7	5	6	43	6
A_4	3	20	25	1	17	11	13	8
	78	7	93	9	15	8	40	5

Abbildung 58: Spezielle Eignungs-Matrix

einheiten, Zeiteinheiten, Punkte etc. sein. Im Beispiel sind es Zeiteinheiten, Punkte und Mengeneinheiten. Statt Gleichung (10) gilt jetzt genauer:

(16) $\sum_{i=1}^{m} \sum_{j=1}^{n} e_{ijb} \cdot r_{ijb} \Rightarrow ZW_b - \max!$ bzw. $ZW_b - \min!$ (für b = 1, 2, ..., p)

Entsprechend sind die anderen Modellgleichungen zu modifizieren.

Betrachtet man das Beispiel mit den vier Zielsetzungen Z_b (für b = 1, 2, 3, 4), vier Arbeitskräften A_i (für i = 1, 2, 3, 4) und vier Tätigkeitsbereichen T_j (für j = 1, 2, 3, 4) mit konkreten Werten, so erhält man die Eignungs-Matrix in Abbildung 58. Jede Arbeitskraft hat jetzt — abweichend vom „traditionellen" Personaleinsatzmodell — statt einem Eignungsscore vier Eignungsscores je Tätigkeitsbereich, bezüglich jeder Zielsetzung einen. Die Lösung des vorliegenden Personaleinsatzproblems aufgrund der verschiedenen Ziele ergibt folgende, durch Kreuze (x) in der Einsatz-Matrix (Abbildung 59) gekennzeichneten, je nach Zielsetzung verschiedenen Einsätze der Arbeitskräfte.

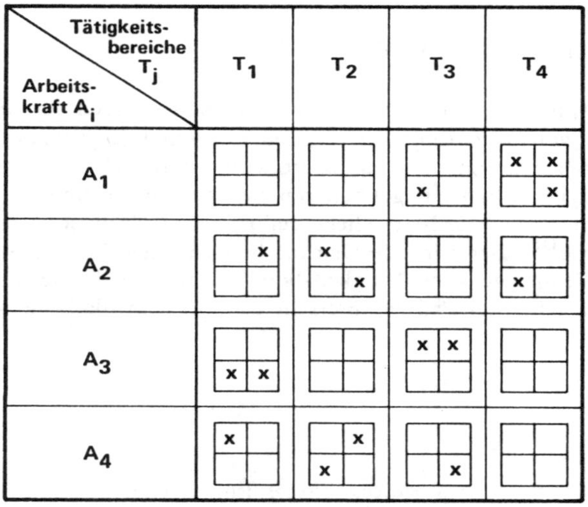

Abbildung 59: Einsatz-Matrix

Das entspricht der allgemeinen Aussage, daß das Planungsproblem ohne weitere Voraussetzungen eindeutig nicht mehr lösbar ist, wenn mehrere Zielsetzungen als gleichrangig angesehen werden oder wenn eine Einigung der verantwortlichen Führungskräfte über ein einheitliches Maximalziel nicht zu erreichen ist. Vielmehr bedarf es der Ergänzung durch Entscheidungsregeln. Erst deren Anwendung ermöglicht es dem Entscheidungsträger, eindeutig zu bestimmen, welche Alternative vorzuziehen ist.

Dieses Vorgehen entspricht einer Zielbildungsplanung, in der unter Beachtung der alternativen (unbegrenzten) Zielvorstellungen der Entscheidungsträger eine einzige Zielfunktion mit Extremalcharakter entwickelt und berücksichtigt wird[116]. Die Unternehmensleitung, die Abteilungsleitung und die Projektleiter müssen demnach in Diskussionen Verfahren über das weitere Vorgehen erarbeiten:

— Es kann über den endgültigen Einsatz abgestimmt werden. Unterstellt man den Willen zu einer rationalen Abstimmung, muß hier der Einzelne für sich Entscheidungsregeln entwickeln. Damit ist das Problem nur verlagert. Außerdem besteht die Gefahr, daß jeder für sich unterschiedliche Regeln anwendet.

— Der Weg, sich auf gemeinsame Entscheidungsregeln zu einigen (einstimmig oder durch Mehrheitsbeschluß), wird demnach bevorzugt. Insbesondere tritt hier wieder das Problem der „Amalgamierung der Einzelwerte" auf, die als Daten den individuellen Zielvorstellungen zugrundeliegen. Das führt zu Überlegungen, die bereits über die Verdichtung der Eignungswerte angestellt wurden[117]. Auf die Verfahren und ihre Voraussetzungen braucht somit hier nicht noch einmal eingegangen zu werden.

Es findet demnach eine Amalgamierung der einzelnen Eignungsscores zu verdichteten Eignungswerten E_{ij} vor Lösung des Personaleinsatzproblems statt. Die Gleichung (17) entspricht dann „formell" der Gleichung (10) aus dem „traditionellen" Ansatz:

(17) $\quad \sum_{i,j} E_{ij} \cdot r_{ij} \Rightarrow$ ZW—max! bzw. ZW—min!

Bisher wurde davon ausgegangen, die Zielvorstellungen wären für die Besetzung aller Tätigkeitsbereiche von Bedeutung. Die totale Geltung einer Zielsetzung, die auch im „traditionellen" Personaleinsatzmodell impliziert wird, ist jedoch im innerbetrieblichen Bereich nur ein Spezialfall. In der Regel besitzen die einzelnen (Unter-)Zielsetzungen bei der Personaleinsatzplanung nur für betriebliche Teilbereiche Gültigkeit, d. h. sie haben partielle Geltungsbereiche[118]. Der partielle Geltungsbereich einer Zielsetzung ist definiert als eine bestimmte Teilmenge aller Tätigkeitsbereiche, für die die betrachtete Zielsetzung relevant ist. Es ist daher der Fall zu unterscheiden, bei dem alle Ziele oder nur einige von

---

[116] Heinen, Edmund: Grundlagen betriebswirtschaftlicher Entscheidungen. Das Zielsystem der Unternehmung, 3. Auflage, Wiesbaden 1976, S. 54 f.

[117] Die Eignungsscores e_{ijb} werden für jeden Tätigkeitsbereich/Projekt T_j und jede Zielsetzung Z_b getrennt jeweils auf eine Standard-Skala (z. B. mit einem Mittelwert $\overline{M} = 100$ und einer Streuung $\sigma = 10$) transformiert. Die so im Beispiel ermittelten vier (b = 1, 2, 3, 4) neuen Standardwerte für jeden Tätigkeitsbereich (Projekt) werden addiert. Als neue (Ober-)Zielsetzung gilt dann „Maximiere die addierten Standardwerte E_{ij}", die wie folgt zu berechnen sind:

$$E_{ij} = \left(\frac{M(e_{j1}) - e_{ij1}}{\sigma(e_{j1})} \cdot \sigma + \overline{M} \right) + \left(\frac{M(e_{j2}) - e_{ij2}}{\sigma(e_{j2})} \cdot \sigma + \overline{M} \right) +$$
$$\left(\frac{e_{ij3} - M(e_{j3})}{\sigma(e_{j3})} \cdot \sigma + \overline{M} \right) + \left(\frac{e_{ij4} - M(e_{j4})}{\sigma(e_{j4})} \cdot \sigma + \overline{M} \right)$$

[118] Eisenführ, Franz: Zur Entscheidung zwischen funktionaler und divisionaler Organisation, in: Zeitschrift für Betriebswirtschaft, 40. Jg., 1970, S. 740 ff.; Wittstock, Jan: Elemente eines allgemeinen Zielsystems der Unternehmung, in: Zeitschrift für Betriebswirtschaft, 40. Jg., 1970, S. 850 f.

ihnen — wenn auch bei Auftreten gleichrangig — nur für eine Teilmenge der Tätigkeitsbereiche Gültigkeit besitzen. Im konkreten Fall erfolgt diese Zielordnung natürlich nicht willkürlich. Die für die Tätigkeitsbereiche verantwortlichen Vorgesetzten müssen begründet angeben, welche Zielsetzungen im Rahmen des Zielsystems für den speziellen Tätigkeitsbereich zu berücksichtigen sind. Bei der Lösung des Personaleinsatzproblems kann wiederum der dargestellte Verdichtungs-Algorithmus benutzt werden. Es werden allerdings jeweils nur die in den partiellen Geltungsbereichen relevanten Eignungsscores einbezogen.

β. *Zielhierarchie*

In der Literatur wird vorgeschlagen, „die nach der unternehmerischen Präferenzordnung dringlichste Zielvariable (zu maximieren), wobei für die übrigen Zielvariablen (Nebenzielvariablen) Höchst- oder Mindestwerte in Form von Nebenbedingungen des Entscheidungsproblems festgelegt werden können". Man spricht hierbei von „Zieldominanz bei partiell konkurrierenden Zielen". Bei Zieldominanz stellt die Unternehmensleitung demnach eine Präferenzordnung für ihre Ziele Z_b auf. Man spricht hierbei von einer „Dringlichkeits-Rangfolge" der Ziele bzw. von einer „Zielhierarchie"[119]. In Abwandlung des Beispiels ist demnach zu prüfen, welche Zielsetzung Z_b bei welchem Projekt T_j als dringlichste Zielsetzung angesehen wird.

Die Unternehmungsleitung bewertet für das Projekt T_4 (Abrechnungsprogramm „Verkauf") das Ziel Z_3 (Kriterium: betriebswirtschaftliche Kenntnisse) am höchsten und erklärt es somit zum Maximalziel $Z_{b=3}^{MZ}$. Es gilt dann als Zielhierarchie bei vier Zielen:

(18) $\quad Z_3^{MZ} > Z_1, Z_2, Z_4.$

Die Entscheidung für ein Maximalziel — symbolisiert durch den Zusatz MZ — kann entweder durch einen Entscheidungsträger, durch Diskussion zwischen den Entscheidungsträgern oder durch Anwendung spezieller Verfahren erfolgen. Hier gelten die genannten Überlegungen zur Ermittlung von Gewichten. Theoretisch kann man alternativ alle vier Zielstrategien verfolgen, je nachdem, welches Ziel Z_1 bis Z_4 die Unternehmensleitung als Maximalziel festsetzt.

Haben die Ziele einen „totalen Geltungsbereich", so interessiert grundsätzlich die weitere Struktur der Zielordnung nicht mehr, denn der Geltungsbereich des Maximalziels erfaßt alle Tätigkeitsbereiche. Der Personaleinsatz wird nach dem „traditionellen" Modellansatz durchgeführt. Nur in Konfliktsituationen wird das in der Zielhierarchie als nächstes stehende Ziel herangezogen.

(19) $\quad \sum_{i=1}^{m} \sum_{j=1}^{n} e_{ijb}^{MZ} \cdot r_{ijb}^{MZ} \Rightarrow ZW_b^{MZ} - \max! \text{ bzw. } \Rightarrow ZW_b^{MZ} - \min!$

Es kann allerdings vorkommen, daß die Unternehmungsleitung zwar ein Maximalziel formuliert, aber zum Teil für dieses Ziel und/oder andere Ziele gewisse Höchst- oder Mindest-

---

[119] Heinen, Edmund: Grundlagen betriebswirtschaftlicher Entscheidungen. Das Zielsystem der Unternehmung, 3. Aufl., Wiesbaden 1976, S. 104 f.

werte ($\overline{ZW}_b$) festsetzt, die strengere Restriktionen als die bereits implizierten bedeuten. Es wird hierbei von „Satifizierungs-Zielkonzeptionen" gesprochen[120]. Im Beispiel kann etwa gefordert werden, daß insgesamt nicht mehr als 40 Verzögerungstage (Zielsetzung Z_1) anfallen dürfen. Neben Gleichung (19) gelten dann als zusätzliche Ziel-Nebenbedingungen allgemein:

(20) $\quad \sum_{i=1}^{m} \sum_{j=1}^{n} e_{ijb} \cdot r_{ijb} \geq \overline{ZW}_b$

bzw.

(21) $\quad \sum_{i=1}^{m} \sum_{j=1}^{n} e_{ijb} \cdot r_{ijb} \leq \overline{ZW}_b \quad$ (für alle b = 1, 2, ..., p)

Definiert ist jetzt ein Verhandlungsspielraum für die Personaleinsatzplanung, der durch „minimum levels" begrenzt ist.

Für den Fall, daß zwar eine Zielhierarchie für einen Tätigkeitsbereich besteht, diese aber nicht für die Besetzung aller Tätigkeitsbereiche (partieller Geltungsbereich) gilt, sind diejenigen Bereiche getrennt zu betrachten, für die jeweils die gleiche Ober-Zielsetzung gilt. Für das Beispiel soll sich die in Abbildung 60 dargestellte Situation ergeben:

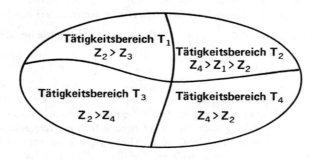

Abbildung 60: Gültigkeitsbereiche der Zielhierarchie

Im Tätigkeitsbereich 1 (Projekt 1: Organisationsstudie) und Tätigkeitsbereich 3 (Projekt 3: MIS) wird die Konzeption einer Daten-Bank (Zielsetzung Z_2) als vorrangig angesehen. Im Tätigkeitsbereich T_2 (Projekt 2: Lohn- und Gehaltsabrechnung) und Tätigkeitsbereich 4 (Projekt 4: Abrechnungsprogramme) werden Programmierkenntnisse (Zielsetzung Z_4) als vorrangig angesehen. Es existieren damit 4 partielle Geltungsbereiche, die zu 2 Gruppen zusammengefaßt werden (siehe Abbildung 61).

---

[120] Chmielewicz, Klaus: Die Formalstruktur der Entscheidung, in: Zeitschrift für Betriebswirtschaft, 40. Jg., 1970, S. 256 ff.

Gruppe	Tätigkeits-bereich	Zielhierarchie	Einsatz nach Zielsetzung	eventuelle Nebenbedingungen
1	1	$Z_2 > Z_3$	Z_2	$\overline{ZW}_3$
	3	$Z_2 > Z_4$	Z_2	$\overline{ZW}_4$
2	2	$Z_4 > Z_1 > Z_2$	Z_4	$\overline{ZW}_1, \overline{ZW}_2$
	4	$Z_4 > Z_2$	Z_4	$\overline{ZW}_2$

Abbildung 61: Zielsystem bei Zielhierarchie

Der Einsatz erfolgt in der Gruppe 1 nach Zielsetzung Z_2 und in der Gruppe 2 nach Zielsetzung Z_4. Damit entspricht das dem Problem „gleichrangige Ziele mit partiellem Geltungsbereich".

4. Stillegung und Neuinvestition bei der BADER AG

a. Problemstellung und Zielsetzung

Die Unternehmensleitung der BADER AG, Hannover, hat sich entschlossen, drei veraltete Verarbeitungsbetriebe der Zuckerrübenverarbeitung in Hannover, Backerum und Schöffenstadt stillzulegen und stattdessen ein neues Werk in Lehrte zu errichten. Der Standort des neuen Werkes befindet sich bis zu 100 km entfernt von den alten Betriebsstätten. Bei gleicher Ausbringungsmenge werden durch die erhöhte Automatisierung des Produktionsprozesses von der Anzahl her etwa nur 50 % der Arbeitnehmer einschließlich der Führungskräfte aus den stillzulegenden Werken im neuen Verarbeitungswerk benötigt. Damit ergeben sich folgende Personaleinsatzprobleme (Abbildung 62):

— Wer von den Arbeitnehmern der drei stillzulegenden Werke soll für einen Einsatz in welchen Tätigkeitsbereichen in das neue Werk in Lehrte, in andere BADER AG-Verarbeitungswerke oder in die Hauptverwaltung der BADER AG übernommen werden?
— Welchen Arbeitnehmern soll gekündigt und welche sollen pensioniert werden?
— Welche (monetären) Angebote sollen den Arbeitnehmern für den Fall des Verbleibens bei der BADER AG beziehungsweise für den Fall des Ausscheidens gemacht werden?
— Wieviele Arbeitnehmer vom externen Arbeitsmarkt sollen eingestellt werden?

Folgende Zielvorgaben werden von der Unternehmungsleitung gesetzt:

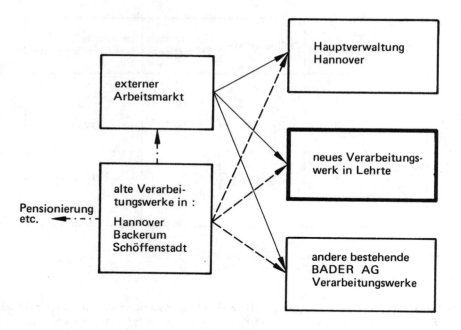

Abbildung 62: Personalfluß nach der Stillegung

— Die qualifizierten Arbeitskräfte sollen in das neue Werk versetzt werden, soweit Verwendungsmöglichkeiten bestehen (Versetzungs-Zielsetzung).
— Es soll ein kostengünstiger (-minimaler) Personaleinsatz vorgeschlagen werden, wobei allerdings die gesetzlichen und tarifvertraglichen Vorschriften für die Erstellung eines Sozialplanes sowie für Fälle der Umbesetzung und Versetzung zu berücksichtigen sind (Kosten-Zielsetzung)[121].

Hier wird besonders die zweite Zielsetzung unter Berücksichtigung von Niveauänderungen betrachtet.

b. Zum Aufbau eines Personal- und Arbeitsplatzinformationssystems

α. Arbeitsplatz- und Personaldatenbank

Bei der Erstellung der Anforderungsprofile für die Arbeitsplatzdatenbank ist wie unter B. III. 1. beschrieben zu verfahren. Die Informationsgewinnung für die Anforderungspro-

---

[121] Kaven, Michael: Das Recht des Sozialplans. Ein Leitfaden zur Aufstellung und Durchführung von Sozialplänen, Berlin u.a. 1977; Fuchs, Harald: Der Sozialplan nach dem Betriebsverfassungsgesetz 1972, Köln 1977.

file wird zum einen dadurch erleichtert, daß Informationen über Art und Umfang der technischen Einrichtung für die Produktion bereits bestehen, und zum anderen, daß es sich bei der BADER AG um die Produktion von Gütern handeln wird, die bisher auch gefertigt worden sind. Es wird auf die Forderung nach Erstellung „flexibler" Anforderungsprofile und der Angabe von Minimal- und Maximalwerten verwiesen.

In den Eignungsprofilen für die Personaldatenbank sind zielrelevante Informationen aufzunehmen:

— Für die „Kosten-Zielsetzung" muß entsprechend spezifiziert werden, welche Kostenarten in die Überlegungen einbezogen werden sollen:

Wird eine Arbeitskraft abgefunden, so sind Abfindungszahlungen relevant, die sich in der Höhe zum Beispiel am Alter und an der Betriebszugehörigkeit orientieren. Das führt zu einer Punktwerttabelle. Die Punkte sind zu bewerten. Die konkrete Bewertungshöhe pro „Sozialpunkt" hängt von den Überlegungen zum Auszahlungsniveau ab, auf die noch eingegangen wird. — Soll eine Arbeitskraft übernommen werden, dann sind Umzugskosten, Fahrgeldzuschüsse, Erschwernispauschalen, eventuell Anlernkosten etc. zu berücksichtigen. — Die jeweiligen Summen sind in das individuelle Eignungsprofil i.w.S. zu übernehmen. — Soll eine Arbeitskraft vom externen Arbeitsmarkt gewonnen werden, sind die entsprechenden Auszahlungen zu beachten. Diese Kosten sind bei dieser Zielsetzung unter den genannten Beschränkungen zu minimieren.

— Für die „Versetzungs-Zielsetzung" sind detaillierte Eignungsmerkmale mit Hilfe von Fragebögen, Beurteilungsverfahren und Tests zu erheben (s. B.III.2.).

Es empfiehlt sich allerdings, dabei (zuvor) den grundsätzlich verfügbaren Personalbestand auf den „relevanten" Personalbestand einzugrenzen, damit nur „relevante" Personaleinsatzalternativen in die Modellrechnung einbezogen werden. Sowohl für die „Kosten-Zielsetzung" als auch für die „Versetzungs-Zielsetzung" ist es wichtig zu wissen:

— Welche Arbeitskräfte sollen aufgrund ihrer Qualifikation unter Berücksichtigung der jeweiligen Maximal- und Minimalanforderungen grundsätzlich eingesetzt werden?

— Welche Arbeitskräfte sollen nicht eingesetzt werden, obwohl die notwendige Qualifikation vorliegt? Aus der Sicht der Unternehmungsleitung kann eine Reihe von Gesichtspunkten vorliegen, den grundsätzlich verfügbaren Kreis der Arbeitskräfte einzuschränken (z. B. bereits vorgesehen zur Versetzung nach . . ., Lebensalter, Führung im Betrieb).

— Welche Arbeitskräfte wollen oder welche wollen nicht eingesetzt werden, obwohl die Unternehmungsleitung grundsätzlich einen Einsatz befürwortet? Denn eine bestimmte Anzahl an Arbeitskräften wird sich aus privaten (z. B. Ortsgebundenheit, Familiengründe) oder aus beruflichen Gründen (z. B. geplanter Wechsel zu einer anderen Unternehmung) gegen eine Versetzung aussprechen. Diese Arbeitskräfte sind mangels Leistungsbereitschaft nicht in die Planung einzubeziehen.

Die individuelle Entscheidung für eine Versetzung oder ein Ausscheiden wird wesentlich von der Höhe der monetären Anreize durch die Unternehmensleitung abhängen (Abbildung 63). Denn die Bereitschaft auszuscheiden wird zunehmen, je höher das Auszahlungsniveau für diese Fälle der Abfindung im entsprechenden Sozialplan gesetzt wird. Die Bereitschaft, sich versetzen zu lassen, wird zunehmen, je höher das Auszahlungsniveau im entsprechenden Sozialplan für die Fälle der Versetzung ist. Das jeweilige Bündel an Maßnahmen wird als Auszahlungsniveau N_h (für h = 1, 2, . . ., l) bezeichnet. Die Leistungsbe-

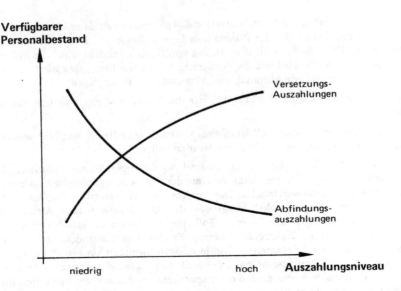

Abbildung 63: Einfluß des Auszahlungsniveaus auf den verfügbaren Personalbestand

reitschaft in Abhängigkeit vom Auszahlungsniveau ist im individuellen Eignungsprofil (i. w. S.) zu vermerken.

Die Informationsgewinnung ist hierbei zum Teil schwierig. Zwar können hypothetische Auszahlungsbeträge für einzelne Alternativen leicht berechnet werden. Wichtig ist es aber hier, Informationen über die jeweilige Leistungsbereitschaft zu erhalten. Problematisch ist es, die „Schwellen der Fühlbarkeit" (d. h., ab wann die einzelne Arbeitskraft noch zu den speziellen Einsätzen bereit ist) nur durch individuelle Befragungen festzustellen. Das würde auch zu einer individuellen Behandlung bei der Festlegung der Auszahlungsniveaus führen. Es ist eine Maßnahme, die personalpolitisch kaum realisierbar ist. Einerseits werden die Vertreter der Arbeitnehmer gegen diese „Ungleichbehandlung" vorgehen, andererseits würde das zu Unruhen innerhalb der Belegschaft und zu „Feilschereien" mit der Unternehmensleitung führen. Zusätzlich müssen daher durch persönliche Gespräche, in Mitarbeiterversammlungen eventuell durch anonyme Mitarbeiterbefragungen oder über den Betriebsrat die erforderlichen Informationen gewonnen werden. Dabei ist nicht gezielt die jeweilige Auszahlungshöhe anzusprechen. Vielmehr ist die „Einstellung" des einzelnen, innerhalb von Gruppen oder der ganzen Belegschaft darüber festzustellen, zu welchen Konditionen welche Arbeitskräfte die Unternehmung verlassen bzw. zur Versetzung bereit sein würden.

Stellt man in einer Zuordnungsmatrix den Personalbestand BS dem Personalbedarf BD individuell oder unter Bildung von Gruppen gegenüber, so enthält ein Matrix-Feld grundsätzlich zwei Angaben:

c_{ijq} gibt diejenigen Auszahlungen c an, die anfallen würden, wenn ein Arbeitnehmer aus einer Bestandsstelle j zu einer Bedarfsstelle i als Arbeiter der Qualifikation q versetzt werden würde bzw. die Unternehmung verläßt.

e_{ijq} gibt denjenigen verdichteten Eignungswert e an, den eine Arbeitskraft j (Bestandsstelle) mit der Qualifikation q hat, wenn sie zu einer Bedarfsstelle i versetzt wird.

Bleibt ein Matrix-Feld leer, so ist eine Versetzung bzw. Abfindung nicht relevant.

β. Methoden- und Modellbank

Die folgenden Ausführungen konzentrieren sich hier auf die Einbeziehung des Auszahlungsniveaus (Kosten-Zielsetzung). Es wurde bereits diskutiert, daß unterschiedliche Auszahlungsniveaus einen Einfluß auf die Höhe der verfügbaren Personalbestände haben können. Folgende Annahmen sind für das in Abbildung 64 enthaltene Beispiel gemacht worden:

— Die Niveau-Koeffizienten (α_h und β_h) sind hier nicht jeweils nur auf einen bestimmten Tätigkeitsbereich und eine bestimmte Arbeitskraft abgestimmt, sondern gelten mit gleichen Werten bei einem bestimmten Niveau N_h für jeweils den gesamten „Teil"-Bereich.

  Der Niveau-Koeffizient $\alpha_h^{(2)}$ hat damit für den gesamten Bereich von Teil 2 Gültigkeit etc. Das resultiert aus den angeführten Bedenken gegen individuelle Abstimmung des Auszahlungsniveaus im vorliegenden Fall.

— Eine Änderung des Auszahlungsniveaus soll den Bedarf BD nicht beeinflussen. Im Teil 1 braucht daher kein Niveau-Koeffizient berücksichtigt zu werden. Das ist für den hier zu behandelnden Fall sinnvoll, da es sich um Auszahlungen handelt und der Bedarf laut Stellenplan schon festliegt. Die Höhe der Auszahlungen wird Art und Anzahl der zu besetzenden Stellen nicht beeinflussen.

— Die c_{ijq}-Auszahlungskoeffizienten beziehen sich jeweils auf die Summe aller relevanten Auszahlungen (Umzugskosten, Anlernkosten, Fahrtkostenzuschüsse, Erschwerniszulage etc. bzw. Abfindungszahlungen).

— Die Bestandssummen in Teil 4 der Abbildung 64 sind jeweils mit 1 ausgewiesen. Das bedeutet, daß hier — wie gefordert — von einer individuellen Betrachtung ausgegangen wird. Jede Arbeitskraft wird als eine Bestandsstelle angesehen und erhält entsprechend eine bestimmte Bestands-Index-Variable j. Die Bewerber vom externen Arbeitsmarkt sind in Gruppen zusammengefaßt worden. Entsprechend sind hier statt jeweils nur 1 die Bestandswerte BS_j im Teil 6 auszuweisen.

— Im Teil 3 wird nicht mehr wie im Teil 1, 2, 4 und 5 nach verschiedenen Qualifikationen unterschieden, denn es ist für die Personaleinsatzplanung bei der BADER AG unerheblich, welchen Tätigkeitsbereich eine ausscheidende Arbeitskraft am externen Arbeitsmarkt übernimmt. Statt der Index-Variablen q steht hier demnach $\bar{q}$.

— Eine Erhöhung des Niveaus von N_1 auf N_2 im Teil 2 durch $\alpha_2^{(2)}$ statt $\alpha_1^{(2)}$ (d. h. die monetären Anreize, eine Arbeitskraft für eine Versetzung zu gewinnen, werden um einen bestimmten Prozentsatz erhöht) führt in der Tendenz zu einer erhöhten Anzahl an Koeffizienten im Teil 2 der Gesamtmatrix. Die Arbeitnehmer sind eher bereit, diversen Versetzungsalternativen zuzustimmen. Die Anzahl erhöht sich deshalb, weil sonst — falls eine Alternative nicht relevant ist — das Matrixfeld leer ist. Diese Erhöhung der Alternativen kann dann — trotz höherem Auszahlungsniveau — zu einem besseren Zielwert führen. Der Niveau-Koeffizient $\alpha_2^{(2)}$ könnte auch noch weiter differenziert werden, indem nach Werken, Qualifikationen etc. unterschieden wird.

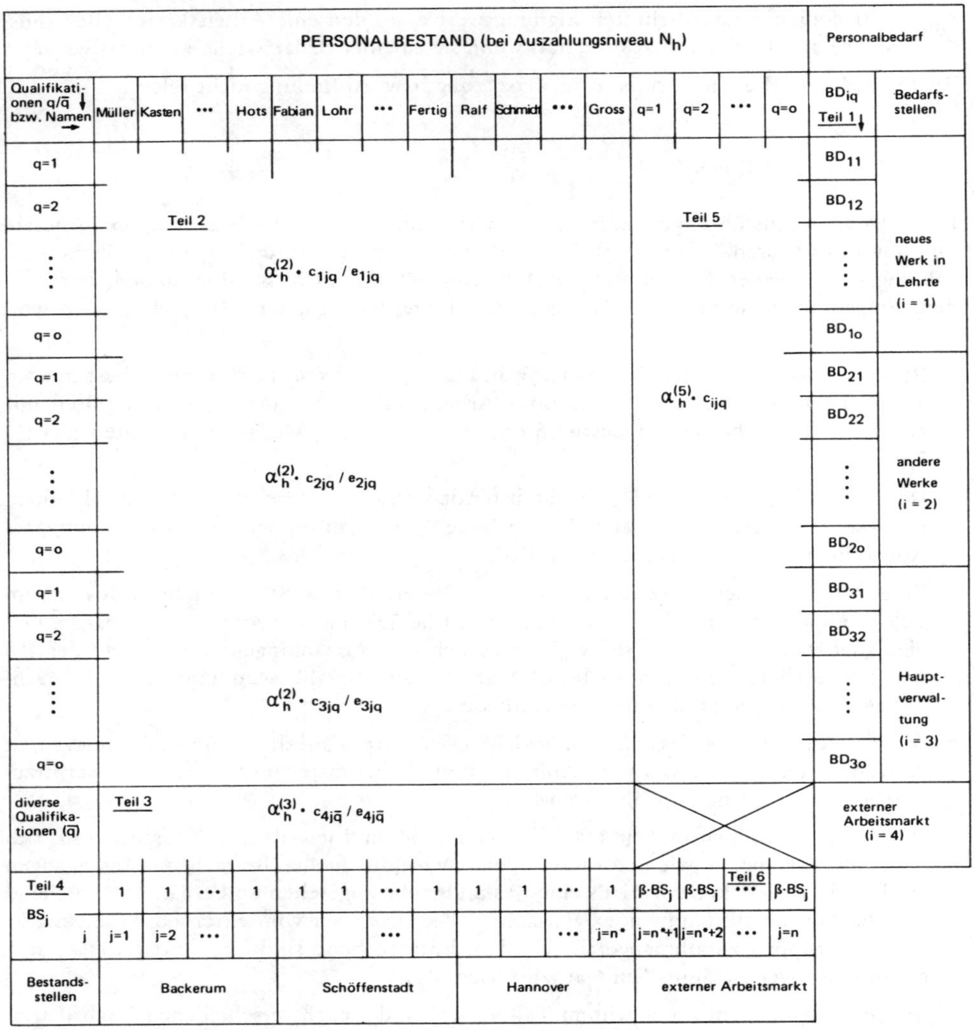

Qualifikationen q/q̄ bzw. Namen	PERSONALBESTAND (bei Auszahlungsniveau N_h)														Personalbedarf	
	Müller	Kasten	...	Hots	Fabian	Lohr	...	Fertig	Ralf	Schmidt	...	Gross	q=1	q=2	...	q=o	BD_{iq} Teil 1 ↓	Bedarfsstellen
q=1																BD_{11}	
q=2	Teil 2								Teil 5							BD_{12}	neues Werk in Lehrte (i = 1)
⋮	$\alpha_h^{(2)} \cdot c_{1jq} / e_{1jq}$															⋮	
q=o																BD_{1o}	
q=1																BD_{21}	
q=2									$\alpha_h^{(5)} \cdot c_{ijq}$							BD_{22}	andere Werke (i = 2)
⋮	$\alpha_h^{(2)} \cdot c_{2jq} / e_{2jq}$															⋮	
q=o																BD_{2o}	
q=1																BD_{31}	
q=2																BD_{32}	Hauptverwaltung (i = 3)
⋮	$\alpha_h^{(2)} \cdot c_{3jq} / e_{3jq}$															⋮	
q=o																BD_{3o}	
diverse Qualifikationen (q̄)	Teil 3 $\alpha_h^{(3)} \cdot c_{4j\bar{q}} / e_{4j\bar{q}}$																externer Arbeitsmarkt (i = 4)
Teil 4 BS_j	1	1	...	1	1	1	...	1	1	1	...	1	$\beta \cdot BS_j$	$\beta \cdot BS_j$	Teil 6 ... $\beta \cdot BS_j$		
j	j=1	j=2	...				...				...	j=n*	j=n*+1	j=n*+2	...	j=n	
Bestandsstellen	Backerum			Schöffenstadt				Hannover				externer Arbeitsmarkt					

Abbildung 64: Einsatz-Matrix mit systemrelevanten Informationen (bei Auszahlungsniveau N_h)

— Ebenso werden sich in der Tendenz im Teil 3 bei einer Erhöhung der Auszahlungen

$$\text{von } \alpha_1^{(3)} \cdot c_{4j\bar{q}} \quad \text{auf } \alpha_2^{(3)} \cdot c_{4j\bar{q}}$$

die Anzahl der Koeffizienten erhöhen, denn höhere Abfindungsauszahlungen führen zu höherer Bereitschaft auszuscheiden. Daraus kann ebenfalls — wie oben erwähnt — ein besserer Zielwert resultieren.

- Da durch die individuelle Betrachtung die Bestandssummen im Teil 4 jeweils den Wert 1 (eine Arbeitskraft) haben, ändert sich dieser Teil durch eine Variation der α_h-Werte nicht. Es kann jeweils eine und nur eine Arbeitskraft verplant werden.
- Ebenfalls kann auch das monetäre Angebot an die Arbeitnehmer, die eventuell für die BADER AG gewonnen werden können, variiert und im Teil 5 die Niveau-Koeffizienten zum Beispiel von $\alpha_1^{(5)}$ auf $\alpha_2^{(5)}$ erhöht werden. Diese Auszahlungs-Politik hat Auswirkungen auf die Zahl an Arbeitskräften, die vom externen Arbeitsmarkt gewonnen werden. Die Bestandsgrößen in Teil 6 werden sich daher

$$\text{von } \beta_1\,(\alpha_1^{(5)}) \cdot BS_j \quad \text{auf } \beta_2\,(\alpha_2^{(5)}) \cdot BS_j$$

verändern, wobei durch die Funktion

(22) $\quad \beta_h = f(\alpha_h)$

angegeben wird, wie eine Variation des Auszahlungsniveaus das Angebot an Arbeitnehmern vom externen Arbeitsmarkt beeinflußt. Typischerweise wird der β-Wert steigen, wenn der α-Wert erhöht wird.

Die vorausgegangene Diskussion hat gezeigt, daß das Problem bei Variation des (der) Auszahlungsniveaus außerordentlich vielschichtig ist. Daraus ergibt sich folgender Modellansatz für die Methoden- und Modellbank, wobei eine bestimmte Kombination der α_h-Werte jeweils ein bestimmtes Auszahlungsniveau N_h repräsentiert:

Zielfunktion

(23) $\quad \underbrace{\sum_{i=1}^{3}\sum_{j=1}^{n^*}\sum_{q=1}^{o} \alpha_h^{(2)} \cdot c_{ijq} \cdot x_{ijqh}}_{\substack{\text{s. Teil 2 der Gesamt-Matrix} \\ \text{Versetzung}}} + \underbrace{\sum_{j=1}^{n^*} \alpha_h^{(3)} \cdot c_{4j\bar{q}} \cdot x_{4j\bar{q}h}}_{\substack{\text{s. Teil 3 der Gesamt-Matrix} \\ \text{Abfindung}}} +$

$\underbrace{\sum_{i=1}^{3}\sum_{q=1}^{o}\sum_{j=n^*+1}^{n} \alpha_h^{(5)} \cdot c_{ijq} \cdot x_{ijqh}}_{\substack{\text{s. Teil 5 der Gesamt-Matrix} \\ \text{Einstellung}}} \Rightarrow ZW_h - \text{Min!}$

$$(\text{für alle } h = 1, 2, \ldots, l)$$

Nebenbedingungen

(24) $\quad \sum_{i=1}^{m}\sum_{q=1}^{o} x_{ijqh} = 1 \quad \begin{array}{l}(\text{für } j = 1, 2, 3, \ldots, n^* \\ \text{und } h = 1, \ldots, l)\end{array}$

betr. individuelle Betrachtung

(25) $\quad \sum_{i=1}^{m}\sum_{q=1}^{o} x_{ijqh} \leq \beta_h\,(\alpha_h^{(5)}) \cdot BS_j$

betr. Gruppen- $\quad$ (für $j = n^* + 1, \ldots, n$
Betrachtung $\quad\quad$ und $h = 1, \ldots, l)$

(26) $\quad \sum_{j=1}^{n} x_{ijqh} \geqslant BD_{iq} \quad$ (für $i = 1, \ldots, m$
$\qquad h = 1, \ldots, l$
$\qquad q = 1, \ldots, o$)

Nichtnegativitätsbedingungen

(27) $\quad x_{ijqh} \geqslant o \qquad$ für alle i, j, q, h

Durch parametrische Programmierung oder Sensitivitätsanalysen kann allerdings nicht ermittelt werden, welches realisierbare Auszahlungsniveau zur optimalen Personaleinsatzplanung bei Kostenminimierung führt. Es müßten dann gröbere Annahmen hinsichtlich der Niveau-Koeffizienten getroffen werden. Eine getrennte Betrachtung in den einzelnen Teilen ist dann nicht mehr möglich. Es wurde aber deutlich gemacht, welchen Einfluß die Veränderung der Auszahlungen auf die Anzahl der Alternativen ausübt. Trotz gestiegenem Auszahlungsniveau kann somit ein besserer Zielwert erreicht werden. Insofern sind die Zielwerte bei jeweils verschiedenem Auszahlungsniveau gegenüberzustellen und die kostenoptimale Einsatzstrategie zu ermitteln. Die zusätzliche Beachtung der Versetzungs-Zielsetzung führt zu den unter B. III. 3. c. angestellten Überlegungen.

Schlußbemerkung

Wenn die betriebliche Personalarbeit auf Dauer den steigenden Anforderungen gegenüber erfolgreich sein will, so muß sie sich in der Wahl, Dosierung und Anwendung des personalpolitischen Instrumentariums gleichermaßen an den immer weiter steigenden wirtschaftlichen Anforderungen und an den Einstellungen, Bedürfnissen sowie Erwartungen der Mitarbeiter orientieren. So wird der Erfolg dieser konfliktorientierten Personalarbeit in der Zukunft daran zu messen sein, inwieweit es den Trägern der Personalarbeit gelingt, einen akzeptierten Kompromiß zwischen den Komponenten Wirtschaftlichkeit und Humanisierung herzustellen. Um dieses Ziel erreichen zu können, muß eine verstärkte Entwicklung anspruchsvoller personalpolitischer Instrumente betrieben werden. Hierzu gehört auch der Aufbau und Betrieb EDV-gestützter Personal- und Arbeitsplatzinformationssysteme.

Ziel dieser Veröffentlichung war es, Grenzen und Möglichkeiten systemgestützter Personalarbeit aufzuzeigen. Wer sich mit dem Problembereich beschäftigt, weiß, daß die vorliegende Arbeit nur ein Diskussionsbeitrag sein konnte. Dies liegt zum einen an der Vielfalt der interdisziplinären Fragestellungen, die in diesem Zusammenhang auftauchen. Zum anderen ist im konkreten Anwendungsfall ein „maßgeschneidertes" Personal- und Arbeitsplatzinformationssystem zu entwickeln; standardisierte Systeme decken immer nur Teilbereiche ab. Schließlich ist das Gebiet der systemgestützten Personalarbeit noch sehr jung. Eine Vielzahl von Forschungsprojekten und praktischen Erfahrungen wird noch notwendig sein, um weitere abgesicherte Erkenntnisse zu erhalten.

Literaturverzeichnis

Abels, P.: Siehe: Eickhoff, K. H.
Abouzeid, Kamal M. und Weaver, Charles N.: Social Responsibility in the Corporate Goal Hierarchy, in: Business Horizons, Vol. 21, 1978, S. 29—35.
Ackoff, Russel L.: Siehe: Churchman, C. West.
Ahrens, Detlef: Personalstruktur des Heeres. Das System der Verwendungs- und Ausbildungssteuerung, in: Truppenpraxis, 19. Jg., 1975, S. 255—260.
Ahuja, Hira und Sheppard, Robert: Computerized Nurse Scheduling, in: Financial Engineering, Vol. 7, 1975, No. 10, S. 24—29.
Albach, Horst: Welche Aussagen lassen Führungsgrundsätze von Unternehmen über die Auswirkungen gesellschaftlicher Veränderungen auf die Willensbildung im Unternehmen zu? In: Albach, Horst und Sadowski, Dieter (Hrsg.): Die Bedeutung gesellschaftlicher Veränderungen für die Willensbildung im Unternehmen, Berlin 1976, S. 739—764.
Albach, Horst; Busse von Colbe, Walther und Vaubel, Ludwig (Hrsg.): Die Herausforderung des Managements im internationalen Vergleich, USW-Schriften für Führungskräfte, Band 4, Wiesbaden 1970.
Albach, Horst und Sadowski, Dieter (Hrsg.): Die Bedeutung gesellschaftlicher Veränderungen für die Willensbildung im Unternehmen, Berlin 1976.
Albach, Horst und Simon, Hermann (Hrsg.): Investitionstheorie und Investitionspolitik privater und öffentlicher Unternehmen, Wiesbaden 1976.
Alemann, Ulrich von (Hrsg. für die Studiengruppe Partizipationsforschung, Bonn): Partizipation — Demokratisierung — Mitbestimmung, 2. Auflage, Wiesbaden 1978.
Alemann, Ulrich von: Partizipation, Demokratisierung, Mitbestimmung — Zur Problematik eines Gegenstandes. In: Alemann, Ulrich von (Hrsg. für die Studiengruppe Partizipationsforschung, Bonn): Partizipation — Demokratisierung — Mitbestimmung, 2. Auflage, Wiesbaden 1978, S. 13—40.
Anthony, William P.: Get to Know Your Employees — The Human Resource Information System, in: Personnel Journal, Vol. 56, 1977, S. 179—183, 202—203.
Arbeitsgemeinschaft Planung — AGPLAN — E.V.: Siehe Fuchs, Josef.
Arbeitskammer des Saarlandes (Hrsg.): Personalplanung für ältere und mindereinsatzfähige Arbeitnehmer. Anregungen für Betriebsräte und Personalleiter, Saarbrücken 1972.
Arbeitskreis Hax der Schmalenbach-Gesellschaft: Unternehmerische Entscheidungen im Personalbereich, in: Zeitschrift für betriebswirtschaftliche Forschung, 28. Jg., 1976, S. 1—29.
Arbeitskreis „Organisation international tätiger Unternehmen" der Schmalenbach-Gesellschaft; Berichterstatter: Pausenberger, Ehrenfried und Noelle, Gerd F.: Entsendung von Führungskräften in ausländische Niederlassungen, in: Zeitschrift für betriebswirtschaftliche Forschung, 29. Jg., 1977, S. 346—366.
Arbeitsring der Arbeitgeberverbände der Deutschen Chemischen Industrie e.V. (Hrsg.): Arbeitsbewertung von Angestelltentätigkeiten. Ein Leitfaden für die Praxis, Heidelberg 1976.
Arnoff, E. Leonard: Siehe Churchman, C. West.
Aschoff, Christoff: Betriebliches Humanvermögen. Grundlagen einer Humanvermögensrechnung, Wiesbaden 1978.
Aschoff, Christoff und Kellermann, Hans: Personalinformationen als Voraussetzung zielorientierter Führung. In: Heinen, Edmund (Hrsg.): Betriebswirtschaftliche Führungslehre. Ein entscheidungsorientierter Ansatz, Wiesbaden 1978, S. 215—219.
Auernhammer, Herbert: Bundesdatenschutzgesetz, Kommentar, Köln 1977.
Auffahrt, Fritz: Siehe: Fitting, Karl.
Ausschuß für wirtschaftliche Verwaltung in Wirtschaft und öffentlicher Hand e.V. (AWV): Personalfragebogen. In: Schmidt, Herbert; Hagenbruck, Hasso und Sämann, Werner (Hrsg.): Handbuch der Personalplanung, Frankfurt/M. und New York 1975, S. 422—431.

Backhaus, Jürgen; Eger, Thomas und Nutzinger, Hans G. (Hrsg.): Partizipation in Betrieb und Gesellschaft. Fünfzehn theoretische und empirische Studien, Frankfurt/M. und New York 1978.

Bächler, H. G.: Einführung eines Personalinformationssystems bei der IBM — Schweiz. Überlegungen und Erfahrungen, in: DSWR Datenverarbeitung in Steuer, Wirtschaft und Recht, 4. Jg., 1974, Teil I: S. 194—200, Teil II: S. 234—241.

Baker, Kenneth R.: Workforce Allocation in Cyclical Scheduling Problems: A Survey, in: Operations Research Quarterly, Vol. 27, 1976, S. 155—167.

Bamberger, Ingolf: Grundprobleme und Forschungsansätze der langfristigen Zielplanung, in: Zeitschrift für Organisation, 46. Jg., 1977, S. 91—99.

Bartelt, Harald: Siehe: Deutsche Gesellschaft für Personalführung e. V., DGFP.

Bassett, Glenn A.: EDP Personell Systems: Do's, Don'ts, and How — To's, in: Personnel Magazine, Vol. 48, 1971, No. 4, S. 19—28.

Bassett, Glenn A. und Weatherbee, Harvard Y.: Personnel Systems and Data Management, New York 1971.

Bayer, Rudolf: Konsequenzen des Bundesdatenschutzgesetzes für die Datenverarbeitung, in: Der Betrieb, 31. Jg., 1978, S. 145—147.

Bayer, Rudolf und Dierstein, Rüdiger: Rahmenkonzept für die Systematik der Datensicherung, GDD-Dokumentation Nr. 19, Köln 1979.

Bayhylle, J. E. und Hersleb, A. (Hrsg.): The Development of Electronic Data Processing in Manpower Areas, OECD, Paris 1973.

Bechmann, Armin: Nutzwertanalyse, Bewertungstheorie und Planung, Bern und Stuttgart 1978.

Beeckmann, H. H.; Blum, W. und Trost, W.: Automatisiertes Einwohnerwesen und Mikrofilm — die Duisburger Lösung, in: ÖVD Öffentliche Verwaltung und Datenverarbeitung, 6. Jg., 1976, S. 175—181.

Behr, Marhild von: Siehe: Lutz, Burkart.

Bell, Cecil H.: Siehe: French, Wendell, L.

Bell, David J: Planning Corporate Manpower, London 1974.

Benne, Kenneth D.: Siehe: Bennis, Warren G.

Bennett, Margo L.: Siehe: Desatnick, Robert L.

Bennis, Warren G.; Benne, Kenneth D. und Chin, Robert (Hrsg.): The Planning of Change, 2. Auflage, London u. a. 1973.

Benölken, Heinz: Langfristige Personalplanung im Kreditinstitut, Berlin 1976.

Benrath, Hans Gottfried und Schulte, Franz Josef: Leistungsbehinderung und Personalbemessung, in: Zeitschrift für das Post- und Fernmeldewesen, 25. Jg., 1973, Heft 4, S. 105—108.

Berger, Gerda: Zur Problematik der Eingliederung überqualifizierter Mitarbeiter, in: Personal, 28. Jg., 1976, S. 246—247.

Bergler, Reinhold: Unternehmensführung und soziale Entfremdung. Auswirkungen wachsender Distanz zwischen Führenden und Geführten in Unternehmen. In: Tobien, Hubertus von; Bergler, Reinhold und Schlaffke, Winfried: Der achte Sinn. Kommunikation in der Industriegesellschaft, Köln 1978, S. 39—101.

Bergler, Reinhold: Welche Bedeutung hat die wachsende Distanz zwischen Führenden und Geführten für die Willensbildung im Unternehmen? In: Albach, Horst und Sadowski, Dieter (Hrsg.): Die Bedeutung gesellschaftlicher Veränderungen für die Willensbildung im Unternehmen, Berlin 1976, S. 117—135.

Bergler, Reinhold: Siehe: Tobien, Hubertus von.

Bergmann, Lutz und Möhrle, Roland: Datenschutzrecht (Kommentar), Stuttgart u. a. 1977 ff.

Bergrath, Detlef: Personaleinsatz im Bankbetrieb. Grundlagen und Probleme des qualitativen Personaleinsatzes in Bankbetrieben, Köln 1978.

Berthel, Jürgen: Determination menschlicher Leistungseffizienz im Betrieb — Ergebnisse neuerer Forschungen, in: Zeitschrift für betriebswirtschaftliche Forschung, 25. Jg., 1973, S. 383—397.

Berthel, Jürgen: Personal — Management. Grundzüge für Konzeptionen betrieblicher Personalarbeit, Stuttgart 1979.

Berthel, Jürgen: Zielorientierte Unternehmenssteuerung. Die Formulierung operationaler Zielsysteme, Stuttgart 1977.

Betriebsverfassungsgesetz (BetrVG) vom 15. Januar 1972 (BGBl. I S. 13).
Bettermann, Albert: Job Rotation. In: Personal-Enzyklopädie, Band 2, München 1978, S. 332–336.
Bierfelder, Wilhelm (Hrsg.): Handwörterbuch des öffentlichen Dienstes. Band: Das Personalwesen, Berlin 1976.
Binder, Otto Kurt: Personalverwaltung mit elektronischer Datenverarbeitung, München 1970.
Birkwald, Reimar und Pornschlegel, Hans: Handlungsanleitung zur menschengerechten Arbeitsgestaltung nach den §§ 90 und 91 Betriebsverfassungsgesetz, Köln 1976.
Bisani, Fritz und Friedrichs, Hans (Projektleitung): Empirische Untersuchung zur Stellung des betrieblichen Personalwesens in der Bundesrepublik Deutschland. Teil III: Die Anwendung personalwirtschaftlich relevanter wissenschaftlicher Erkenntnisse in der betrieblichen Praxis, Teilprojekt: EDV-Einsatz und Personalinformationssysteme (Projektbearbeiter: Holthaus, Norbert und Hüsgen, Klaus-Peter), Universität Essen/GHS 1977.
Bitz, Michael und Wenzel, Frank: Zur Preisbildung bei Informationen, in: Zeitschrift für betriebswirtschaftliche Forschung, 26. Jg., 1974, S. 451–472.
Bjørn-Andersen, Niels u. a.: Systems Design, Work Structure and Job Satisfaction, London 1979.
Blahusch, Friedrich u. a.: Personal-Verwaltungs-System (PVS). Ein EDV-gestütztes System zur Verwaltung des Personals und der Stellen der Hochschulen (hrsg. von Hochschul-Informationssystem GmbH), Pullach b. München 1973.
Bleil, Johannes und Korb, Horst: Das computerunterstützte Personaldateninformationssystem der Volkswagenwerk AG, in: IBM-Nachrichten, 27. Jg., 1977, S. 23–27.
Blesgen, Gregor: Siehe: Weihe, Joachim.
Bloch, Willi: Arbeitsbewertung. In: Gaugler, Eduard (Hrsg.): Handwörterbuch des Personalwesens, Stuttgart 1975, Sp. 142–160.
Blue, Jeffrey L. und Haynes, Ulric: Preparation for the Overseas Assignment, in: Business Horizons, Vol. 20, 1977, No. 3, S. 61–67.
Blum, W.: Siehe: Beeckmann, H. H.
Böhnisch, Wolf: Personale Innovationswiderstände. In: Gaugler, Eduard (Hrsg.): Handwörterbuch des Personalwesens, Stuttgart 1975, Sp. 1046–1061.
Böhnisch, Wolf Rüdiger: Personale Widerstände bei der Durchsetzung von Innovationen, Stuttgart 1979.
Böhrs, Hermann: Arbeitsbewertung. In: Grochla, Erwin und Wittmann, Waldemar (Hrsg.): Handwörterbuch der Betriebswirtschaftslehre, 4. Auflage, Stuttgart 1974, Sp. 184–193.
Böhrs, Hermann: Bereichsorganisation nach dem Personalbedarf. Mit Beispielen analytischer Personalbedarfsermittlung in Industriebetrieben, Wiesbaden 1977.
Boerger, Martin: Leitlinien zur Beobachtungs- und Bewertungsphase, in: Personal, 31. Jg., 1979, S. 218–223.
Borman, Lorraine: Siehe: Mittman, Benjamin.
Brandstätter, Hermann: Die Ermittlung personaler Eigenschaften kognitiver Art. In: Reber, Gerhard (Hrsg.): Personalinformationssysteme, Stuttgart 1979, S. 74–95.
Braun, Gunter: Rechtsfragen bei Personalauswahlverfahren, in: Personalwirtschaft, 5. Jg., 1978, S. 150–154.
Brill, Werner: Betriebsrat und Datenschutz, in: Blätter für Steuerrecht, Sozialversicherung und Arbeitsrecht, 33. Jg., 1978, S. 163–167.
Bruggemann, Agnes; Groskurth, Peter und Ulrich, Eberhard: Arbeitszufriedenheit, Bern u. a. 1975.
Bundesanstalt für Arbeit (Hrsg.): Der ältere Arbeitnehmer. Risiko oder Chance?, 2. Auflage, Nürnberg 1976.
Bundesarbeitsgemeinschaft der Mittel- und Großbetriebe des Einzelhandels e.V., Köln (Hrsg.): Personaleinsatz im Handel. Einführung und Anregungen für die Unternehmensleitung, Köln 1972.
Der Bundesminister für Arbeit und Sozialordnung (Hrsg.): Betriebliche Personalplanung. Sozialpolitische Informationen, Jg. V/20, v. 19. Juli 1971.
Der Bundesminister für Bildung und Wissenschaft (Hrsg.): Betriebsoptimierungssysteme für Hochschulen. Eine Übersicht über die für Hochschulen entwickelten Steuerungssysteme, ihre Anwendungsmöglichkeiten und deren Voraussetzungen, Bonn 1977.

Der Bundesminister für Bildung und Wissenschaft (Hrsg.): Methoden der Prioritätsbestimmung I, II, III (Schriftenreihe Forschungsplanung, 3, 4, 5), Bonn 1971.

Burack, Elmer H. und Gutteridge, Thomas G.: Institutional Manpower Planning. Rhetoric Versus Reality, in: California Management Review, Vol. 20, 1977, S. 13—22.

Burack, Elmer H. und Smith, Robert D.: Personnel Management. A Human Resource Systems Approach, St. Paul u. a. 1977.

Busse von Colbe, Walther: Planung, Koordination und Kontrolle als Hauptaufgaben der Unternehmensführung. In: Albach, Horst; Busse von Colbe, Walther und Vaubel, Ludwig (Hrsg.): Die Herausforderung des Managements im internationalen Vergleich, USW-Schriften für Führungskräfte, Band 4, Wiesbaden 1970, S. 49—61.

Busse von Colbe, Walther: Siehe: Albach, Horst.

Cawsey, Thomas F. und Wedley, William C.: Labor Turnover Costs: Measurement and Control, in: Personnel Journal, Vol. 58, 1979, S. 90—95, 121.

Ceriello, Vincent R.: A Guide For Building a Human Resource Data System, in Personnel Journal, Vol. 57, 1978, S. 496—503.

Cheek, Logan M.: Cost effectiveness comes to the personnel function, in: Harvard Business Review, 51. Jg., 1973, May—June, S. 96—105.

Cheek, Logan M.: Personnel Computer Systems. Solutions in search of a problem, in: Business Horizons, Vol. 14, 1971, No. 4, S. 69—76.

Childs, Martin und Wolfe, Harvey: A Decision and Value Approach to Research Personnel Allocation, in: Management Science, Vol. 18, 1972, S. B-269 bis B-278.

Chin, Robert: Siehe: Bennis, Warren G.

Chmielewicz, Klaus: Arbeitnehmerinteressen und Kapitalismuskritik in der Betriebswirtschaftslehre, Reinbek b. Hamburg 1975.

Chmielewicz, Klaus: Die Formalstruktur der Entscheidung, in: Zeitschrift für Betriebswirtschaft, 40. Jg., 1970, S. 239—268.

Churchman, C. West; Ackoff, Russel L. und Arnoff, E. Leonhard: Operations Research. Eine Einführung in die Unternehmensforschung, 5. Auflage, Wien und München 1971.

Cleff, Samuel H. und Hecht, Robert M.: Job/Man Matching in the '70s, in: Datamation, Vol. 17, 1971, S. 22—27.

Czisnik, Ulrich: Siehe: Krosigk, Eschwin von.

DAG — Deutsche Angestellten-Gewerkschaft, Bundesvorstand (Hrsg.): Grundlagen und Methoden der analytischen Arbeitsbewertung, Hamburg 1970.

Dammann, Ulrich: Siehe: Simitis, Spiros.

Dathe, H. M.: Zur Lösung des Zuordnungsproblems bei zwei Zielgrößen, in: Zeitschrift für Operations Research, Band 22, 1978, B 105—118.

Desatnick, Robert L. und Bennett, Margo L.: Human Resource Management in the Multinational Company, London 1977.

Deutsche Gesellschaft für Personalführung e. V., DGFP (Hrsg.): Die Anwendung der EDV im Personalwesen. Band 1: Lohn- und Gehaltsabrechnung. Köln 1973 (bearbeitet von Hentschel, Bernd und Kaus, Ernst). Band 2: Personalplanung und Personalentwicklung mit Hilfe der EDV, Köln 1976.

Deutsche Gesellschaft für Personalführung e.V., DGFP (Hrsg.): Einsatz älterer Arbeitnehmer. Erfahrungen und Lösungsvorschläge der Betriebe, Neuwied und Berlin 1972.

Deutsche Gesellschaft für Personalführung e.V., DGFP (Hrsg.): Probleme der Entwicklung und Anwendung elektronischer Datenverarbeitungssysteme im Personalwesen — Ergebnisse einer empirischen Untersuchung in ausgewählten Unternehmen — (bearbeitet von Bartelt, Harald), Düsseldorf 1971.

Deutscher Gewerkschaftsbund (Hrsg.): Betriebsvereinbarung über eine Rahmenregelung für den Datenschutz bei Einführung und Betrieb von Informationssystemen (Muster), Düsseldorf (o. J. — 1977/78).

Dichtl, Erwin und Schobert, Rudolf: Mehrdimensionale Skalierung. Methodische Grundlagen und betriebswirtschaftliche Anwendungen, München 1979.

Dienstbach, Horst: Dynamik der Unternehmensorganisation. — Anpassung auf der Grundlage des „Planned Organizational Change", Wiesbaden 1972.

Dienstdorf, Bernhard: Kapazitätsanpassung durch flexiblen Personaleinsatz bei Werkstättenfertigung. Diss. TH Aachen 1972.

Dierstein, Rüdiger: Siehe: Bayer, Rudolf.

Dietz, Rolf und Richardi, Reinhard: Betriebsverfassungsgesetz mit Wahlordnungen, 5. Auflage, München 1973.

Dimitroff, Nick J.: Siehe: Dwyer, James.

DIN Deutsches Institut für Normung e.V. (Hrsg.): Arbeitsanalyse/Rahmenanalyse (Entwurf Mai 1978, vom Normenausschuß Ergonomie (FN Erg)), Berlin und Köln 1978.

Dinius, G.: Beitrag zur Bestimmung der DV-Funktionen und ihrer Zuordnung zu Funktionsträgern und darauf aufbauende Konzeption zur Erschließung von Blindenarbeitsplätzen in der EDV, Diss. TH Aachen 1971.

Dinner, Gianpietro: Die Organisation des Wissens in der Unternehmung, in: Industrielle Organisation, 44. Jg., 1975, S. 286–290.

Dirks, Heinz: Mitarbeiterbeurteilung. In: Gaugler, Eduard (Hrsg.): Handwörterbuch des Personalwesens, Stuttgart 1975, Sp. 1347–1355.

Domsch, Michel: Interdisziplinäre Kosten-Nutzen-Analysen bei Investitionsentscheidungen. Eine empirische Untersuchung von Kosten-Nutzen-Analysen bei EDV-gestützten Systemen. In: Albach, Horst und Simon, Hermann (Hrsg.): Investitionstheorie und Investitionspolitik privater und öffentlicher Unternehmen, Wiesbaden 1976, S. 65–96.

Domsch, Michel: Kosten-Analyse für Aufbau und Betrieb von Personal-Informationssystemen, in: Zeitschrift für betriebswirtschaftliche Forschung, 27. Jg., 1975, S. 428–448.

Domsch, Michel: Personal-Informationssysteme. Instrumente der Personalführung und Personalverwaltung. SCS-Schriftenreihe Bd. 6, 4. Auflage, Hamburg 1979.

Domsch, Michel: Simultane Personal- und Investitionsplanung im Produktionsbereich, Bielefeld 1970.

Domsch, Michel: Systemgestützte quantitative Personalplanung in der Praxis. Ergebnisse einer kritischen Bestandsaufnahme. In: Müller-Merbach, Heiner (Hrsg.): Quantitative Ansätze in der Betriebswirtschaftslehre, München 1978, S. 345–359.

Domsch, Michel und Gabelin, Thomas: Der Aufbau eines Systems zur Personaleinsatzplanung, in: Zeitschrift für Betriebswirtschaft, 41. Jg., 1971, S. 59–76.

Dostal, Werner: Freisetzung von Arbeitskräften im Angestelltenbereich aufgrund technischer Änderungen, in: Mitteilungen aus der Arbeitsmarkt- und Berufsforschung, 11. Jg., 1978, S. 19–33.

Drinkuth, Andreas: Siehe: Industriegewerkschaft Metall.

Drobisch, Gerhard und Horstmann, Karl: Das Personal-Informations-System bei der Hamburgischen Elektrizitäts-Werke AG, in: TED Journal für Ausbildungs- und Personalleiter, 1977, Heft 2, S. 43–56.

Drukarczyk, Jochen: Zum Problem der Bestimmung des Wertes von Informationen, in: Zeitschrift für Betriebswirtschaft, 44. Jg., 1974, S. 1–18.

Drumm, Hans Jürgen; Scholz, Christian und Polzer, Helmut: Zur Akzeptanz formaler Personalplanungsmethoden. Regensburger Diskussionsbeiträge zur Wirtschaftswissenschaft, Regensburg 1979.

Dudding, R. C.: Siehe: Ewashko, T. A.

Dukes, Carlton W.: Computerizing Personnel Resource Data, New York 1971.

Dwyer, James und Dimitroff, Nick J.: The Bottoms Up/Tops Down Approach to Performance Appraisal, in: Personnel Journal, Vol. 55, 1976, S. 349–353.

Dyer, James S. und Mulvey, John M.: An Integrated Optimizating/Information System for Academic Departmental Planning, in: Management Science, Vol. 22, 1976, S. 1332–1341.

Eckardstein, Dudo von und Schnellinger, Franz: Betriebliche Personalpolitik, 3. überarbeitete und ergänzte Auflage, München 1978.

Eckartsberg, Christian H. von: Auslandseinsatz von Stammhauspersonal, Frankfurt/M. 1978.

Eger, Thomas: Siehe: Backhaus, Jürgen.

Eggenberger, Albrecht: Ein umfassendes System zur Steuerung des Personaleinsatzes, in: Industrielle Organisation, 45. Jg., 1976, S. 149–152.

Eickhoff, K. H.; Abels, P. und Mühlstephan, B.: System einer qualitativen Personalplanung in Sparkassen, in: Betriebswirtschaftliche Blätter für die Praxis der Sparkassen und Girozentralen, 22. Jg., 1973, S. 116—122.

Einhorn, Hillel J.: Siehe: Hogarth, Robin M.

Eisenführ, Franz: Zur Entscheidung zwischen funktionaler und divisionaler Organisation, in: Zeitschrift für Betriebswirtschaft, 40. Jg., 1970, S. 725—746.

Engelbrecht, Walther: Psychologische Berufseignungsdiagnostik mit Hilfe des Computers. In: Reber, Gerhard (Hrsg.): Personalinformationssysteme, Stuttgart 1979, S. 144—162.

Espenhorst, Jürgen: Erfassung von Personaldaten bei Unternehmen der Eisen- und Stahlindustrie aufgrund gesetzlicher Vorschriften. In: Schmidt, Herbert u. a.: Personal- und Arbeitsplatz-Informationssysteme. Grundlagen-Konzepte-Perspektiven, AWV Schrift Nr. 126, Frankfurt/M. 1974, S. 53—62.

Esser, Werner-Michael und Kirsch, Werner: Die Einführung von Planungs- und Informationssystemen — Ein empirischer Vergleich —, Bd. 28 der Planungs- und Organisationswissenschaftlichen Schriften, München 1978.

Ewashko, T. A.; Dudding, R. C. und Price, W. L.: The Integration of Computer — Based Assignment Models into the Personnel Management System of the Canadian Force, Ottawa 1971.

Fehr, Hendrik: Quantiative Methoden in der Personalplanung, Diss. Hamburg 1973.

Fitting, Karl; Auffahrt, Fritz und Kaiser, Heinz: Betriebsverfassungsgesetz, Handkommentar, 12. Auflage, München 1977.

Flippo, Edwin B.: Principles of Personnel Management, 4. Aufl., New York u. a. 1976.

Fluri, Edgar: Siehe: Ulrich, Peter.

Förderreuther, Rainer: Beschäftigungspolitik im Bankbetrieb, Berlin 1977.

Forbes, A. F.; Morgan, R. W. und Rowntree, J. A.: Manpower Planning Models in use in the Civil Service Department, in: Personnel Review, Vol. 4, 1975, No. 3, S. 23—35.

Forschungsinstitut für Rationalisierung (FIR) an der TH Aachen (Hrsg.): Ein Analyse-Instrumentarium zur Erfassung und zum Vergleich von Arbeitsplatz-Anforderungs- und Personal-Fähigkeitsdaten, Aachen 1975.

Forschungsinstitut für Rationalisierung an der Rheinisch-Westfälischen Technischen Hochschule Aachen (Hrsg.): Forschungsprogramm: Qualitative Personalplanung im Hinblick auf Ergonomie und Anpassung (Projektleiter: Hackstein, R.), Aachen 1974.

Franke, Günter: Stellen- und Personalbedarfsplanung, Opladen 1977.

Franke, Joachim: Psychologie als Hilfsmittel einer personenorientierten Unternehmungsführung, Herne und Berlin 1976.

Franklin, Allen D. und Koenigsberg, Ernest: Computed School Assignments in a Large District, in: Operations Research, Vol. 21, 1973, S. 413—426.

French, Wendell L. und Bell, Cecil H.: Organisationsentwicklung, Bern und Stuttgart 1977.

Fricke, Werner: Arbeitsorganisation und Qualifikation. Ein industriesoziologischer Beitrag zur Humanisierung der Arbeit, Bonn-Bad Godesberg 1975.

Friedrichs, Hans: Der Wandel des Anforderungsprofils im Personalbereich, in: Personalführung, 12. Jg., 1979, S. 145—147.

Friedrichs, Hans: Moderne Personalführung, 5. Auflage, München 1978.

Friedrichs, Hans: Siehe: Bisani, Fritz.

Frieling, Ekkehart und Hoyos, Carl Graf: Fragebogen zur Arbeitsanalyse (FAA), Bern u. a. 1978.

Fuchs, Dieter: Aktuelle Fragen zum Einstellungsfragebogen, in: Blätter für Steuerrecht, Sozialversicherung und Arbeitsrecht, 33. Jg., 1978, S. 161—163.

Fuchs, Harald: Der Sozialplan nach dem Betriebsverfassungsgesetz 1972, Köln 1977.

Fuchs, Josef; Schwantag, Karl — Arbeitsgemeinschaft Planung — AGPLAN — E.V. (Hrsg.): AGPLAN-Handbuch zur Unternehmensplanung, Berlin 1970.

Fuchs, Kilian: Laufbahnplanung für Führungskräfte, München 1977.

Fuchs, Konrad D.: Das computergestützte Personalbudget — Planungs- und Kontrollsystem der Ersten österreichischen Spar-Casse, in: Betriebswirtschaftliche Blätter für die Praxis der Sparkassen und Landesbanken/Girozentralen, 24. Jg., 1975, Heft 2, S. 33—39.

Gabele, Eduard: Das Management von Neuerungen. Eine empirische Studie zum Verhalten, zur Struktur, zur Bedeutung und zur Veränderung von Managementgruppen bei tiefgreifenden Neuerungsprozessen in Unternehmen, in: Zeitschrift für betriebswirtschaftliche Forschung, 30. Jg., 1978, S. 194–217.

Gabelin, Thomas: Siehe: Domsch, Michel.

Gaitanides, Michael: Industrielle Arbeitsorganisation und technische Entwicklung. Produktionstechnische Möglichkeiten qualitativer Verbesserungen der Arbeitsbedingungen, Berlin und New York 1976.

Garbe, Helmut: Der Verdichtungsgrad von Informationen. In: Grochla, Erwin und Szyperski, Norbert (Hrsg.): Management – Informationssysteme. Eine Herausforderung an Forschung und Entwicklung, Wiesbaden 1971, S. 199–219.

Gaugler, Eduard (Hrsg.): Handwörterbuch des Personalwesens, Stuttgart 1975.

Gaugler, Eduard (unter Mitarbeit von Huber, Karl-Heinz und Rummel, Christoph): Betriebliche Personalplanung. Eine Literaturanalyse, Göttingen 1974.

Gaugler, Eduard u. a.: Leistungsbeurteilung in der Wirtschaft. Verfahren und Anwendung in der Praxis, Baden-Baden 1978.

Gawlik, Rainer: Siehe: Gebert, Dieter.

Gerl, Kurt: Analyse, Erfassung und Handhabung von Anpassungswiderständen bei organisatorischem Wandel. – Dargestellt am Beispiel der Einführung elektronischer Datenverarbeitungsanlagen, München 1975.

Gesellschaft für Datenschutz und Datensicherung e.V. (Hrsg.): Dokumentation vorrangiger Rechtsvorschriften im Personalwesen, GDD-Dokument No. 11, Bonn o. J.

Gesetz zum Schutz vor Mißbrauch personenbezogener Daten bei der Datenverarbeitung (Bundesdatenschutzgesetz – BDSG) vom 27. Januar 1977 (BGBl. I S. 201).

Ghosh, Pradip K. und Van de Vall, Mark: Worker's Participation in Management – Applied to India, in: Management International Review, Vol. 18, 1978, No. 3, S. 55–68.

Gliss, Hans: Personalwesen. DV-Informations-Systeme, in: Der Arbeitgeber, 27. Jg., 1975, S. 277–278.

Gliss, Hans: Siehe: Hentschel, Bernd.

Gliss, Hans und Hentschel, Bernd: Personalbogen. In: Personal-Enzyklopädie, Band 3, München 1978, S. 74–81.

Görlitz, Rainer: Siehe: Jaggi, B. L.

Görres, Hans-Joachim: Siehe: Mergner, Ulrich.

Goeth, Franz: IPSIS. Ein computerunterstütztes Personalinformationssystem unter besonderer Berücksichtigung behördenspezifischer Aspekte, in: data report, 12. Jg., 1977, Heft 4, S. 27–31.

Gola, Peter: Datenschutz und Betriebsrat, in: Datenschutz und Datensicherung, 2. Jg., 1978, S. 25–30.

Gola, Peter: Der Betriebsrat und das Bundesdatenschutzgesetz, in: Personalwirtschaft, 5. Jg., 1978, S. 309–313.

Gola, Peter: Mitwirkung des betrieblichen Datenschutzbeauftragten bei der Personalauswahl, in: Personalwirtschaft, 6. Jg., 1979, S. 73–75.

Gola, Peter: Zur Mitbestimmung des Betriebsrates beim Einsatz von Personalinformationssystemen, in: DSWR Datenverarbeitung in Steuerwirtschaft und Recht, 4. Jg., 1974, S. 282–286.

Gola, Peter: Siehe: Hümmerich, Klaus.

Gola, Peter; Hümmerich, Klaus und Kerstan, Uwe: Datenschutzrecht. Erläuterte Rechtsvorschriften und Materialien zum Datenschutz, Teil 2: Einzelvorschriften des Bundes zum Datenschutz, Berlin 1978.

Goossens, Franz: Personalleiter-Handbuch. Kompendium des betrieblichen Personal- und Sozialwesens, 6. Aufl., München 1974.

Graves, Desmond (Hrsg.): Management Research: A Cross-Cultural Perspective, San Francisco 1973.

Gressbach, Rolf: Die Personalplanung in einem Management-Informations-System (MIS), in: Industrielle Organisation, 39. Jg., 1970, S. 375–378.

Griese, Joachim: Siehe: Mertens, Peter.

Grochla, Erwin und Szyperski, Norbert (Hrsg.): Management-Informationssysteme. Eine Herausforderung an Forschung und Entwicklung, Wiesbaden 1971.

Grochla, Erwin und Wittmann, Waldemar (Hrsg.): Handwörterbuch der Betriebswirtschaftslehre, 4. Auflage, Stuttgart 1974.

Groskurth, Peter: Siehe: Bruggemann, Agnes.

Großmann, Reiner; Niesing, Hartmut und Uphoff, Hellmut: Voruntersuchungen als Ausgangspunkt von Automationsprojekten der öffentlichen Verwaltung, in: ÖVD Öffentliche Verwaltung und Datenverarbeitung, 3. Jg., 1973, S. 243—251.

Grunow, Dieter: Personalbeurteilung. Empirische Untersuchung von Personalbeurteilungssystemen in Wirtschaft und Verwaltung, Stuttgart 1976.

Gümbel, Rudolf u. a.: Unternehmensforschung im Handel. Untersuchungen über die Anwendungsmöglichkeiten mathematischer Verfahren der Unternehmensforschung in Warenhandelsbetrieben, Rüschlikon-Zürich 1969.

Gutenberg, Erich: Grundlagen der Betriebswirtschaftslehre, 1. Band: Die Produktion, 21. Aufl., Berlin u. a. 1975.

Gutteridge, Thomas G.: Siehe: Burack, Elmer H.

Habbel, Wolfgang und Posth, Martin: Personalabbau. In: Gaugler, Eduard (Hrsg.): Handwörterbuch des Personalwesens, Stuttgart 1975, Sp. 1455—1469.

Hackstein, Rolf und Koch, Günter A.: Personalinformationssysteme. In: Gaugler, Eduard (Hrsg.): Handwörterbuch des Personalwesens, Stuttgart 1975, Sp. 1571—1582.

Hackstein, R. und Meyer, F. W.: Die Abspeicherung und Auswertung von Arbeitsplatz- und Personaldaten mit Hilfe einer EDV-Anlage, in: Arbeit und Leistung, 27. Jg., 1973, S. 113—123.

Hackstein, Rolf; Nüßgens, Karl-Heinz und Uphus, Peter H.: Personaleinsatz im System Personalwesen, in: Fortschrittliche Betriebsführung, 21. Jg., 1972, S. 141—161.

Hackstein, Rolf; Nüßgens, Karl-Heinz und Uphus, Peter H.: Personalentwicklung im System Personalwesen, in: Fortschrittliche Betriebsführung, 21. Jg., 1972, S. 85—106.

Hadley, G.: Linear Programming, 3. Auflage, Reading, Mass. u. a. 1969.

Hagenbruck, Hasso: Siehe: Schmidt, Herbert.

Haire, Mason: Use of Tests in Employee Selection. In: Pigors, Paul; Myers, Charles A. und Malm, F. T. (Hrgs.): Management of Human Resources, New York u. a. 1973, S. 401—414.

Hatch, R. S.: Development of Optimal Allocation Algorithmus for Personnel Assignment. In: Smith, A. R. (Hrsg.): Models of Manpower Systems, London 1970, S. 383—400.

Haynes, Ulric: Siehe: Blue, Jeffrey L.

Hecht, Robert M.: Siehe: Cleff, Samuel H.

Heeger, Helga; Leib, Hans-Jürgen und Thumann, Dierk: Bericht über die Untersuchung des Informationsbedarfs für ein Informationssystem Personalwesen (hrsg. vom Senatsamt für den Verwaltungsdienst Hamburg), Hamburg 1973.

Heinen, Edmund (Hrsg.): Betriebswirtschaftliche Führungslehre. Ein entscheidungsorientierter Ansatz, Wiesbaden 1978.

Heinen, Edmund: Grundlagen betriebswirtschaftlicher Entscheidungen. Das Zielsystem der Unternehmung, 3. Aufl., Wiesbaden 1976.

Heinen, Edmund (Hrsg.): Industriebetriebslehre, 6. verbesserte Auflage, Wiesbaden 1978.

Heinen, Edmund: Personalentscheidungen. In: Gaugler, Eduard (Hrsg.): Handwörterbuch des Personalwesens, Stuttgart 1975, Sp. 1529—1545.

Heinen, Edmund: Zielanalyse als Grundlage rationaler Unternehmenspolitik. In: Jacob, Herbert (Hrsg.): Zielprogramm und Entscheidungsprozeß in der Unternehmung, Schriften zur Unternehmensführung Band 11, Wiesbaden 1970, S. 7—26.

Heinrich, Lutz J. und Pils, Manfred: Betriebsinformatik im Personalbereich. Die Planung computergestützter Personalinformationssysteme, Würzburg und Wien 1979.

Heinrich, Lutz J. und Pils, Manfred: Das Aufgabensystem von Personalinformationssystemen. In: Reber, Gerhard (Hrsg.): Personalinformationssysteme, Stuttgart 1979, S. 2—28.

Heinrich, Lutz J. und Pils, Manfred: Personalinformationssysteme. Anspruch, Realität, Konzepte, Arbeitsbericht Nr. 4 des Instituts für Fertigungswirtschaft und Betriebsinformatik der Universität Linz, 5. Aufl., Linz 1977.

Heinrich, Lutz J. und Pils, Manfred: Personalinformationssysteme — Stand der Forschung und Anwendung, in: Die Betriebswirtschaft, 37. Jg., 1977, S. 259—265.

Hellfors, Sven und Seiz, Manfred: Praxis betrieblicher Datensicherung. Datenschutz und Datensicherung durch personelle, organisatorische und technische Maßnahmen, Berlin 1977.

Hempel, Joachim und Kehler, Arndt: Probleme der Kosten-Nutzen-Analyse für Informationssysteme in Öffentlichen Verwaltungen, Pullach b. München 1974.

Hentschel, Bernd: Anforderungen an eine Personaldatenbank, AWV-Papiere Nr. 11, Frankfurt/M. 1976.

Hentschel, Bernd: Einrichtung von Personalinformationssystemen, in: Personal, 27. Jg., 1975, S. 191–193.

Hentschel, Bernd: Neue DEVO/DÜVO tritt zum 1. 1. 1980 in Kraft, in: Personalführung, 12. Jg., 1979, S. 167 f.

Hentschel, Bernd: Neue Einflußgrößen für betriebliche Personaldatensysteme aufgrund gesetzgeberischer Aktivitäten, AWV-Papiere Nr. 16, Frankfurt/M. 1976.

Hentschel, Bernd: Personaldaten. Behandlung durch den Arbeitgeber, in: Der Arbeitgeber, 29. Jg., 1977, S. 548–550.

Hentschel, Bernd: Werden Personaldaten nur vom BDSG geschützt?, in: Personal, 29. Jg., 1977, S. 164–167 und 203–206.

Hentschel, Bernd: Siehe: Gliss, Hans.

Hentschel, Bernd und Gliss, Hans: Die Personalakte als Datei i. S. des Bundesdatenschutzgesetzes. Abgrenzung zwischen Personalakten- und Dateibegriff, in: Der Betrieb, 30. Jg., 1977, S. 2329–2331.

Hentschel, Bernd und Kaus, Ernst: Die Anwendung der EDV im Personalwesen. Band 1: Lohn- und Gehaltsabrechnung (hrsg. von: Deutsche Gesellschaft für Personalführung e.V.), Köln 1973.

Hentschel, Bernd; Klement, Helmut und Gliss, Hans: Leitfaden: Ablauf in der Lohn- und Gehaltsabrechnung, Köln 1976.

Hentze, Joachim: Funktionale Personalplanung, Frankfurt/M. 1969.

Hentze, Joachim (unter Mitarbeit von Metzner, Joachim): Personalwirtschaftslehre, Band 1 und 2, Bern und Stuttgart 1977.

Hergenhahn, Gerhard: Datenschutz. In: Reber, Gerhard (Hrsg.): Personalinformationssysteme, Stuttgart 1979, S. 291–311.

Hermsen, Jürgen: Siehe: Daegling, K. D.

Herrmann, Günter: Siehe: Lindemann, Peter.

Hersleb, A.: Siehe: Bayhylle, J. E.

Hertel, Joachim: Zum Sachstand des Bundesmeldegesetzes – Vergabe des Personenkennzeichens im Jahre 1978? –, in: ÖVD Öffentliche Verwaltung und Datenverarbeitung, 5. Jg., 1975, S. 192–197.

Herwig, Bernhard: Siehe: Mayer, Arthur.

Herzig, Hans-Ulrich: Siehe: Gebert, Dieter.

Hill, Ruth: SIDPERS: One world in personnel management, in: Army, Vol. 24, 1974, No. 6, S. 23–25.

Hilton, Bob D.: A Human Resource System That Lives Up to Its Name, in: Personnel Journal, Vol. 58, 1979, S. 460–465.

Högsdal, Bernt: Kriterien zur Effizienz von Management – Informations- und Kontroll-Systemen (MIKS), Forschungsbericht Nr. 10 des Universitätsseminars der Wirtschaft, Köln 1974.

Hoelemann, Wolfram: Laufbahnplanung für Führungskräfte, in: Zeitschrift für betriebswirtschaftliche Forschung – Kontaktstudium, 28. Jg., 1976, S. 105–113.

Hoffmann, Hans Peter: Die neue Beschäftigtenstatistik der Bundesanstalt für Arbeit und ihre Voraussetzungen auf seiten der betrieblichen Personalerfassung und -planung. In: Schmidt, Herbert; Hagenbruck, Hasso und Sämann, Werner (Hrsg.): Handbuch der Personalplanung, Frankfurt/M. und New York 1975, S. 210–220.

Hogarth, Robin M. und Einhorn, Hillel J.: Optimal Strategies for Personnel Selection – When Candidates Can Reject Offers, in: The Journal of Business, Vol. 49, 1976, S. 478–495.

Holley, William H. u. a.: Analyzing Performance Appraisal Systems: An Empirical Study, in: Personnel Journal, Vol. 55, 1976, S. 457–459, 463.

Hopmann, Hannes: Datenverarbeitung im Personalwesen. In: Gaugler, Eduard (Hrsg.): Handwörterbuch des Personalwesens, Stuttgart 1975, Sp. 755–764.

Horn, Norbert (Hrsg.): Pro und Contra Arbeitspartizipation. Beiträge zu einer arbeitsorientierten Unternehmensverfassung, Königstein/Ts. 1978.
Horstmann, Karl: Siehe: Drobisch, Gerhard.
Hoyle, M. H. und Stubbs, R. J.: Management Stocktaking: An Approach to Manpower Planning in Banking, in: Long Range Planning, Vol. 2, 1970, March, S. 18–23.
Hoyos, Carl Graf: Arbeitspsychologie, Stuttgart u. a. 1974.
Hoyos, Carl Graf: Siehe: Frieling, Ekkehart.
Hromadka, Wolfgang: Mitbestimmung bei Versetzungen. Zum Begriff der Versetzung nach Betriebsverfassungsgesetz, in: Der Betrieb, 25. Jg., 1972, S. 1532–1535.
Huber, Karl-Heinz: Siehe: Gaugler, Eduard.
Hülsmann, Joachim: Personalinformationssysteme – Hilfsmittel der Personalführung, -planung und -verwaltung, in: Fortschrittliche Betriebsführung und Industrial Engineering, 24. Jg., 1975, S. 99–104.
Hümmerich, Klaus: Betriebsverfassungsrechtliche Anforderungen an Personalinformationssysteme, in: Der Betrieb, 31. Jg., 1978, S. 1932–1935.
Hümmerich, Klaus: Die Einverständniserklärung des Bewerbers nach § 3 BDSG, in: Datenschutz und Datensicherung, 2. Jg., 1978, S. 135–139.
Hümmerich, Klaus: Siehe: Gola, Peter.
Hümmerich, Klaus und Gola, Peter: Auswirkungen des Bundes-Datenschutzgesetzes auf das Personalwesen, in: Der Betriebs-Berater, 32. Jg., 1977, S. 146–150.
Hümmerich, Klaus und Gola, Peter: Personaldatenrecht im Arbeitsverhältnis, Heidelberg 1975.
Iarocci, Mathew W.: Dual Personnel Systems for Local Governments in New York, in: Public Personnel Management, Vol. 5, 1976, S. 264–270.
IG Chemie – Papier – Keramik (Hrsg.): Muster-Betriebsvereinbarung über den Datenschutz bei Einführung und Betrieb von Informationssystemen, in: Der Betriebsrat. Schriftenreihe für die Betriebsräte der IG Chemie-Papier-Keramik, 26. Jg., 1977, S. 194–205.
Industriegewerkschaft Metall (Hrsg.): Musterbetriebsvereinbarung über eine Rahmenregelung für den Datenschutz bei Einführung und Betrieb von Informationssystemen, Frankfurt/M. 1977.
Industriegewerkschaft Metall, Abt. Automation und Technologie (Hrsg.): Computergestützte Personalinformationssysteme. Datenmißbrauch vorprogrammiert? (Informationsschrift; zusammengestellt von Drinkuth, A.; verantwortlich: Janzen, Karl-Heinz), Frankfurt/M. 1977.
Institut für Arbeitsmarkt- und Berufsforschung der Bundesanstalt für Arbeit (Hrsg.): Literaturdokumentation zur Arbeitsmarkt- und Berufsforschung. Sonderheft 5: Personalplanung – Personalwirtschaft, Nürnberg 1978.
Institut für Sozialwissenschaftliche Forschung e.V. (Hrsg.): Zur Verbreitung und Institutionalisierung betrieblicher Personalplanung in der BRD. Bericht für die an der Betriebserhebung 1975 beteiligten Unternehmen, München 1976.
Isermann, H.: Strukturierung von Entscheidungsprozessen bei mehrfacher Zielsetzung, in: Operations Research-Spektrum, Band 1, 1979, S. 3–26.
Isler, Kurt: Der systematische Arbeitsplatzwechsel zur Ausbildung des Führungsnachwuchses der Unternehmung, Winterthur 1974.
Israel, Joachim: Der Begriff Entfremdung. Makrosoziologische Untersuchung von Marx bis zur Soziologie der Gegenwart, Reinbek b. Hamburg 1972.
Jacob, Herbert (Hrsg.): Zielprogramm und Entscheidungsprozeß in der Unternehmung, Schriften zur Unternehmensführung Band 11, Wiesbaden 1970.
Jäger, Adolf Otto: Personalauslese. In: Mayer, Arthur und Herwig, Bernhard (Hrsg.): Handbuch der Psychologie. 9. Band: Betriebspsychologie, 2. Auflage, Göttingen 1970, S. 613–667.
Jäger, Philipp K.: Belastungs- und Beanspruchungsanalyse, in: Fortschrittliche Betriebsführung und Industrial Engineering, 27. Jg., 1978, S. 110–116.
Jaggi, B. L. und Görlitz, Rainer (Hrsg.): Handbuch der betrieblichen Informations-Systeme, München 1975.
Jakobs-Fuchs, Ilse: Planung der Personalfreisetzung, München 1978.
Janzen, Karl-Heinz: Siehe: Industriegewerkschaft Metall.

Jarr, Klaus: Simultane Produktions- und Personalplanung, in: Zeitschrift für Betriebswirtschaft, 44. Jg., 1974, S. 685—702.
Jarr, Klaus: Stochastische Personalplanungen. Ansätze zur Planung des betrieblichen Reservepersonals, Wiesbaden 1978.
Jones, R. C.; Morrison, S. R. und Whiteman, R. P.: Helping to Plan a Bank's Manpower Resources, in: Operational Research Quarterly, Vol. 24, 1973, S. 365—374.
Junginger, W.: Ein Verfahren zur Erstellung von Dienstplänen für Vermittlungszentralen, in: Zeitschrift für Operations Research, Band 21, 1977, S. B 109—B 120.
Kabrede, H. J.: Ein Modell zur Planung und Kontrolle des Einsatzes von Verkaufspersonal, in: Zeitschrift für Operations Research, Band 17, 1973, S. B 195—B 207.
Kaiser, Heinz: Siehe: Fitting, Karl.
Kaminsky, Gerhard: Praktikum der Arbeitswissenschaft. Analytische Untersuchungsverfahren beim Studium der menschlichen Arbeit, 2. Auflage, München 1980.
Kappel, Heinz: Arbeits- und Leistungsbewertung als Instrumente der Personalführung, in: Zeitschrift für Arbeitswissenschaft, 30. Jg. (2 NF), 1976, S. 17—21.
Karl, H. und Lodde, R.: Informationssystem INPOL — das Datenverbundsystem der Polizei in der Bundesrepublik Deutschland, in: ÖVD Öffentliche Verwaltung und Datenverarbeitung, 5. Jg., 1975, Teil 1: S. 20—27, Teil 2: S. 75—81.
Kastner, Michael: Kriterien zur Beurteilung der Qualität psychologischer Testverfahren. Arbeitsbericht des Instituts für Psychologie der RWTH Aachen 1977.
Kaus, Ernst: Siehe: Hentschel, Bernd.
Kaven, Michael: Das Recht des Sozialplans. Ein Leitfaden zur Aufstellung und Durchführung von Sozialplänen, Berlin u. a. 1977.
Kehler, Arndt: Siehe: Hempel, Joachim.
Keller, Markus: Kontrolle auf Führungsebene, in: Industrielle Organisation, 44. Jg., 1975, S. 69—76.
Kellermann, Hans: Siehe: Aschoff, Christoff.
Kendall, M. G. (Hrsg.): Cost-Benefit Analysis, London 1971.
Kerstan, Uwe: Siehe: Gola, Peter.
Kilian, Wolfgang: Arbeitsrechtliche Probleme automatisierter Personalinformationssysteme, in: Juristenzeitung, 32. Jg., 1977, S. 481—486.
Kilian, Wolfgang: Auswirkungen des BDSG auf das Betriebsverfassungsrecht, in: Recht der Arbeit, 31. Jg., 1978, S. 201—209.
Kilian, Wolfgang: Integrierte Personalinformationssysteme und Mitbestimmung, in: DSWR Datenverarbeitung in Steuer, Wirtschaft und Recht, 5. Jg., 1975, S. 322—330.
Kilian, Wolfgang: Melde- und Auskunftspflichten des Arbeitgebers im Personalbereich, in: Betriebs-Berater, 32. Jg., 1977, S. 1153—1159.
King, Charles D.: Siehe: Van de Vall, Mark.
Kirsch, Werner: Siehe: Esser, Werner-Michael.
Kirsch, Werner und Meffert, Heribert: Organisationstheorien und Betriebswirtschaftslehre, Wiesbaden 1970.
Klee, Ernst: Behindertenreport, 4. Auflage, Frankfurt/M. 1974.
Klein, Donald: Some Notes on the Dynamics of Resistance to Change: The Defender Role. In: Bennis, Warren G.; Benne, Kenneth D. und Chin, Robert (Hrsg.): The Planning of Change, 2. Aufl., London u. a. 1973, S. 498—507.
Klein, Morton und Takamori, Hiroshi: Parallel Line Assignment Problems, in: Management Science, Vol. 19, 1972, S. 1—10.
Klement, Helmut: Siehe: Hentschel, Bernd.
Klingner, Donald E.: When the Traditional Job Description Is Not Enough, in: Personnel Journal, Vol. 58, 1979, S. 243—248.
Klöfer, Franz: Personalbogen als Instrument der Informationsbeschaffung, in: Personal, 27. Jg., 1975, S. 45—49.
Knebel, Heinz: Aufbau und Anwendung einer Arbeitsbewertungsmethode in der betrieblichen Praxis, in: Das Personalbüro in Recht und Praxis (Loseblattsammlung), Freiburg i. Br. 1972, Gruppe 7, S. 183—206.

Knebel, Heinz: Siehe: Zander, Ernst.
Knebel, Heinz und Schneider, Helmut: Taschenbuch zur Stellenbeschreibung (mit Speziallexikon), 2. Aufl., Heidelberg 1978.
Knopf, Rainer: Dimensionen des Erfolgs von Reorganisationsprozessen, Diss. Mannheim 1975.
Koch, Günter A.: Arbeitsplatz- und Personaldaten als notwendige Informationen für die qualitative Personalplanung. In: Schmidt, Herbert; Hagenbruck, Hasso und Sämann, Werner (Hrsg.): Handbuch der Personalplanung, Frankfurt/M. und New York 1975, S. 122–144.
Koch, Günter A.: Siehe: Hackstein, Rolf.
Koch, Günter A.; Luxem, Elmar und Meyer, Friedrich W.: Die Arbeitsplatz-Analyse als Grundlage für eine zweckmäßige Personalplanung unter Berücksichtigung arbeitswissenschaftlicher Erkenntnisse, in: Arbeit und Leistung, 26. Jg., 1972, Teil I: S. 185–188, Teil II: S. 211–215, Teil III: S. 242–245.
Koch, Rainer: Personalsteuerung in der Ministerialbürokratie. Eine theoretisch-empirische Studie zur Möglichkeit organisatorischer Neuerungen, Baden-Baden 1975.
Koenigsberg, Ernest: Siehe, Franklin, Allen D.
Kohl, Heribert: Personalplanung und Gewerkschaften. Bericht über eine empirische Untersuchung bei Betriebsräten und Gewerkschaften, in: WSI Mitteilungen, 31. Jg., 1978, S. 222–231.
Kolb, Meinulf und Ling, Bernhard: Informationsbeschaffung für die betriebliche Pesonalplanung, Mannheim 1978.
Kolb, Meinulf und Werner, Eva: Personaleinsatz, Wiesbaden o. J. (1978).
Kommunale Gemeinschaftsstelle für Verwaltungsvereinfachung (KGSt): Automation im Personalwesen, 2. Aufl., Köln 1973.
Kontner, P. und Maier, K.-D.: Personalinformationssystem. In: Bierfelder, Wilhelm (Hrsg.): Handwörterbuch des öffentlichen Dienstes. Band: Das Personalwesen, Berlin 1976, Sp. 1215–1229.
Koontz, Harold D. und O'Donnell, Cyril J.: Principles of Management. An Analysis of Managerial Functions, 5. Aufl., New York u. a. 1972.
Korb, Horst: Siehe: Bleil, Johannes.
Kossbiel, Hugo: Personalplanung (inklusive Personalplanungsmodelle). In: Bierfelder, Wilhelm (Hrsg.): Handwörterbuch des öffentlichen Dienstes. Band: Das Personalwesen, Berlin 1976, Sp. 1235–1252.
Krosigk, Eschwin von und Czisnik, Ulrich: Die militärische Personalführung in der Bundeswehr. Grundsätze – Organisation – Auswahl und Ausbildung, Heidelberg und Hamburg 1977.
Krüger, Dieter: Zum Aufbau der Lehrerdatei in Baden-Württemberg, in: ÖVD Öffentliche Verwaltung und Datenverarbeitung, 3. Jg., 1973, S. 204–212.
Krüger, Heidi: Siehe: Slesina, Wolfang.
Kummer, Walter: Siehe: Wolf, Klaus.
Kupsch, Peter Uwe und Marr, Rainer: Personalwirtschaft. In: Heinen, Edmund (Hrsg.): Industriebetriebslehre, 6. verbesserte Auflage, Wiesbaden 1978, S. 525–659.
Lattmann, Charles: Die Leistungsbeurteilung als Führungsmittel. Zwecke und Aufgaben von Qualifikationssystemen, Bern und Stuttgart 1975.
Lazarus, Harold: Siehe: Tomeski, Edward.
Lee, Robert D. und Lucianovic, William M.: Personnel Management Infomation Systems for State and Local Governments, in: Public Personnel Management, Vol. 4, 1975, March-April, S. 84–89.
Lehmann, Peter Klaus Wolfgang: PDS: Das Personal-Informations-System in der Standard Elektrik Lorenz AG (SEL), Stuttgart. In: Reber, Gerhard (Hrsg.): Personalinformationssysteme, Stuttgart 1979, S. 422–443.
Leib, Hans-Jürgen: Möglichkeiten computerunterstützter Personalinformationssysteme, in: Zeitschrift Beamtenrecht, 21. Jg., 1973, S. 262–265.
Leib, Hans-Jürgen: Siehe: Heeger, Helga.
Ley, Oswald: Personalplanung für den Bereich Produktentwicklung, in: Fortschrittliche Betriebsführung und Industrial Engineering, 25. Jg., 1976, S. 248–258.
Lindemann, Peter; Nagel, Kurt und Herrmann, Günter: Auswirkungen des Bundes-Datenschutzgesetzes auf die Wirtschaft, Neuwied 1977.
Ling, Bernhard: Siehe: Kolb, Meinulf.

Lodde, R.: Siehe: Karl, H.
Lometsch, Arndt: Siehe: Strametz, Dieter.
Lucianovic, William M.: Siehe: Lee, Robert D.
Lutz, Burkart unter Mitwirkung von Schultz-Wild, Rainer und Behr, Marhild von: Personalplanung in der gewerblichen Wirtschaft der Bundesrepublik. Ergebnisse der Betriebserhebung 1975 − Bd. I, Frankfurt/M. und New York 1977.
Lutz, Burkart und Weltz, Friedrich: Personalstatistik und Personalplanung. Expertise für das Bundesministerium für Arbeit und Sozialordnung im Rahmen des Forschungsprojektes „Betriebliche Personalplanung", München 1972.
Luxem, Elmar: Siehe: Koch, Günter.
Maier, K.-D.: Siehe: Kontner, P.
Mallmann, Otto: Siehe: Simitis, Spiros.
Malm, F. T.: Siehe: Pigors, Paul.
Manekeller, Wolfgang und Möhl, Werner: Mitarbeiter-Bewertung. Maßstäbe und Methoden der Persönlichkeits- und Fähigkeitsbeurteilung, 2. Auflage, Bad Wörishofen 1970.
Mannheim, Hermann und Wißmann, Karl-Heinz: Die Kosten für Datensicherung und Datenschutz, in: Die Wirtschaftsprüfung, 30. Jg., 1977, S. 473−477.
Mapp, George A.: Planning A Personnel Information System Feasibility And Design Study, in: Personnel Journal, Vol. 50, 1971, S. 28−34.
Marangell, Frank: How to establish a human resource data base, in: Personnel, Vol. 49, 1972, No. 1, S. 53−58.
Marr, Rainer: Das Sozialpotential betriebswirtschaftlicher Forschung. Zur Entwicklung eines Personalinformationssystems auf der Grundlage der innerbetrieblichen Einstellungsforschung, Berlin und München 1979.
Marr, Rainer: Fluktuation. In: Gaugler, Eduard (Hrsg.): Handwörterbuch des Personalwesens, Stuttgart 1975, Sp. 845−855.
Marr, Rainer: Leistungsbereitschaftsbezogene Indikationen in EDV-gestützten Personalplanungssystemen. In: Reber, Gerhard (Hrsg.): Personalinformationssysteme, Stuttgart 1979, S. 96−124.
Marr, Rainer: Siehe: Kupsch, Peter Uwe.
Marr, Rainer und Stitzel, Michael: Personalwirtschaft − ein konfliktorientierter Ansatz, München 1979.
Marschner, Günter: Rechtsprobleme bei der Anwendung von Intelligenztests zur Bewerberauslese, in: Der Betrieb, 24. Jg., 1971, S. 2260−2263.
Martin, Charles C.: Project Management: How to Make it Work, New York 1976.
Marx, Jürg: Auch im Detailhandel: Arbeitsvorbereitung und Personaleinsatzplanung, in: Industrielle Organisation, 46. Jg., 1977, S. 560−563.
Mayer, Arthur (Hrsg.): Organisationspsychologie, Stuttgart 1978.
Mayer, Arthur und Herwig, Bernhard (Hrsg.): Handbuch der Psychologie. 9. Band: Betriebspsychologie, 2. Aufl., Göttingen 1970.
Mayer, Steven J.: EDP Personnel Systems: What Areas Are Being Automated?, in: Personnel Magazin, Vol. 48, 1971, No. 4, S. 29−36.
Mayfield, Eugene C.: Peer Nominations: A Neglected Selection Tool, in: Personnel, Vol. 48, 1971, No. 4, S. 37−43.
Mc Lean, A. J. und Sims, D. B. P.: Job Enrichment from Theoretical Poverty: The State of the Art and Directions for Further Work, in: Personnel Review, Vol. 7, 1978, No. 2, S. 5−10.
Mc Neff, Nancy J. u. a.: Alternatives to Employee Layoffs: Work Sharing and Prelayoff Consultation, in: Personnel, Vol. 55, 1978, No. 1, S. 60−64.
Meffert, Heribert: Siehe: Kirsch, Werner.
Meixner, Hanns-Eberhard: Struktur- und Fortbildungsanalyse als Grundlage eines integrierten Personalverwendungs- und Fortbildungssteuerungssystems im öffentlichen Dienst − dargestellt am Beispiel der Führungskräfte des höheren Verwaltungsdienstes, Diss. Bonn 1977.
Mensch, Gerhard: Personaleinsatzplanung (Personalzuordnungsmodelle). In: Bierfelder, Wilhelm (Hrsg.): Handwörterbuch des öffentlichen Dienstes. Band: Das Personalwesen, Berlin 1976, Sp. 1176−1184.

Mensch, Gerhard: Zur Berücksichtigung mehrerer Zielfunktionen bei der Optimalen Personalanweisung, in: Zeitschrift für betriebswirtschaftliche Forschung, 23. Jg., 1971, S. 200–207.

Mergner, Ulrich; Osterland, Martin und Pelte, Klaus (unter Mitarbeit von Görres, Hans-Joachim): Arbeitsbedingungen im Wandel – Eine Literaturstudie zur Entwicklung von Belastungen und Qualifikationsanforderungen in der BRD –, Göttingen 1975.

Mertens, Peter: Datenverarbeitung im Personalwesen. In: Bierfelder, Wilhelm (Hrsg.): Handwörterbuch des öffentlichen Dienstes. Band: Das Personalwesen, Berlin 1976, Sp. 570–578.

Mertens, Peter: Der Einfluß der Gesellschaftspolitik auf die Willensbildung der Unternehmer. In: Albach, Horst und Sadowski, Dieter (Hrsg.): Die Bedeutung gesellschaftlicher Veränderungen für die Willensbildung im Unternehmen, Berlin 1976, S. 161–178.

Mertens, Peter und Griese, Joachim: Industrielle Datenverarbeitung, Band II: Informations- und Planungssysteme, Wiesbaden 1972.

Metzner, Joachim: Siehe: Hentze, Joachim.

Meyer, Friedrich W.: Aufbau von Arbeitsplatz- und Personal-Informationssystemen, in: Arbeit und Leistung, 27. Jg., 1973, S. 306–310.

Meyer, Friedrich W.: Die Erstellung von Anforderungs- und Fähigkeitsprofilen für arbeits- und personalwirtschaftlich orientierte betriebliche Informationssysteme. In: Schmidt, Herbert; Hagenbruck, Hasso und Sämann, Werner (Hrsg.): Handbuch der Personalplanung, Frankfurt/M. und New York 1975, S. 145–158.

Meyer, Friedrich W.: Siehe: Hackstein, Rolf.

Meyer, Friedrich W.: Siehe: Koch, Günter.

Meyer, Friedrich W. und Schnabel, B.: Psychologische Testverfahren als Bestandteil eines Arbeitsplatz- und Personal-Informationssystems, in: Arbeit und Leistung, 27. Jg., 1973, S. 5–10.

Millar, Jean A.: Organisation Structure and Worker Partizipation, in: Personnel Review, Vol. 8, 1979, No. 2, S. 14–19.

Miller, Holmes E.; Pierskalla, William P. und Rath, Gustave J.: Nurse Scheduling Using Mathematical Programming, in: Operations Research, Vol. 24, 1976, S. 857–870.

Mitchel, J. O.: Assessment centers validity: A longitudinal study, in: Journal of Applied Psychology, Vol. 60, 1975, S. 573–579.

Mittmann, Benjamin und Borman, Lorraine (Hrsg.): Personalized Data Base Systems, Los Angeles 1975.

Möhl, Werner: Siehe: Manekeller, Wolfgang.

Möhrle, Roland: Siehe: Bergmann, Lutz.

Mohr, Annegret: Personalplanung und Betriebsverfassungsgesetz. Beteiligungsmöglichkeiten des Betriebsrats, Köln 1977.

Morgan, R. W.: Siehe: Forbes, A. F.

Morrison, Edward J.: Developing Computer – based Employee Information Systems. The American Management Association Inc., AMA Research Study 99, New York 1969.

Morrison, S. R.: Siehe: Jones, R. C.

Morse, John J.: Person – Job Congruence and Individual Adjustment and Development, in: Human Relations, Vol. 28, 1975, S. 841–861.

Moser, Gudrun: Das Assignment – Problem im Personal-Informations-Entscheidungssystem. In: Reber, Gerhard (Hrsg.): Personalinformationssysteme, Stuttgart 1979, S. 204–264.

Mühlstephan, B.: Siehe: Eickhoff, K. H.

Müller, Wolfgang: Der Entscheidungsprozeß bei einer Standortauswahl, Schriften zur Unternehmensführung, Band 11, Wiesbaden 1970.

Müller-Limmroth, Wolf: Physio-psychische Anforderungs- und Eignungsprofile. Mitwirkungsmöglichkeiten von Arbeitsmedizinern, Physiologen und Psychologen bei der Personalplanung. In: Schmidt, Herbert; Hagenbruck, Hasso und Sämann, Werner (Hrsg.): Handbuch der Personalplanung, Frankfurt/M. und New York 1975, S. 159–167.

Müller-Merbach, Heiner (Hrsg.): Quantitative Ansätze in der Betriebswirtschaftslehre, München 1978.

Mulvey, John M.: Siehe: Dyer, James S.

Mumford, Enid: The Participative Design of Computer Systems, London 1978.

Mundhenke, Ehrhard; Sneed, Harry M. und Zöllner, Uwe: Informationssysteme für Hochschulverwaltung und -politik. Theorie und Praxis politisch-administrativer Informationssysteme, Berlin und New York 1975.

Mundle, Jörg: Motivationsforschung im Dienste der Personaleinsatzplanung, Berlin 1979.

Myers, Charles A.: Siehe: Pigors, Paul.

Nägele, Günter: Siehe: Wolf, Klaus.

Nagel, Kurt: EDV im Personalbereich, Wiesbaden 1977.

Nagel, Kurt: Siehe: Lindemann, Peter.

Neuberger, Oswald: Messung der Arbeitszufriedenheit. Verfahren und Ergebnisse, Stuttgart u. a. 1974.

Nieder, Peter: Ursachen von Fehlzeiten, in: Fortschrittliche Betriebsführung und Industrial Engineering, 26. Jg., 1977, S. 231–233.

Niesing, Hartmut: Siehe: Großmann, Reiner.

Niesing, Hartmut und Uphoff, Hellmut: Kosten-Nutzen-Betrachtungen als Grundlage der Auswahl von Alternativen dargestellt an einem Beispiel aus der Datenerfassung, in: ÖVD Öffentliche Verwaltung und Datenverarbeitung, 2. Jg., 1972, S. 468–476.

Noelle, Gerd F.: Siehe: Arbeitskreis „Organisation international tätiger Unternehmen" der Schmalenbach-Gesellschaft.

Nüßgens, Karl-Heinz: Führungsaufgabe Personalwesen. Analyse und Maßnahmen zur Gestaltung eines Personalinformationssystems, Berlin und New York 1975.

Nüßgens, Karl-Heinz: Methoden der Personalbeschaffungs-, Personalentwicklungs-, Personaleinsatz- und Personalfreistellungsplanung, in: Arbeit und Leistung, 27. Jg., 1973, S. 293–299.

Nüßgens, Karl-Heinz: Siehe: Hackstein, Rolf.

Nutzinger, Hans G.: Siehe: Backhaus, Jürgen.

Obermeier, Georg: Nutzen-Kosten-Analysen zur Gestaltung computergestützter Informationssysteme, München 1977.

O'Donnell, Cyril J.: Siehe: Koontz, Harold D.

Oestreich, Helmut: Personaleinsatzplanung für gewerbliche Arbeitnehmer im Mittel- und Großbetrieb, in: Personalwirtschaft, 6. Jg., 1979, S. 3–6.

Ordemann, Hans-Joachim und Schomerus, Rudolf: Bundesdatenschutzgesetz, München 1977.

Osterland, Martin: Siehe: Mergner, Ulrich.

Pallasch, R. und Rudl, Kurt: Schulstundenpläne mit Hilfe der EDV, in: ADL-Nachrichten, 1973, S. 34–43.

Patten, Thomas H.: Manpower Planning and the Development of Human Resources, New York u. a. 1971.

Pauck, Reinhard: Einsatzplanung für das fliegende Personal einer Luftverkehrsgesellschaft durch Zuordnung von Personen zu Besatzungsumläufen. Arbeitsbericht Nr. 10 des Instituts für Unternehmungsführung und Unternehmensforschung an der Ruhr-Universität Bochum, Bochum 1976.

Paul, Günter: Bedürfnisberücksichtigung durch Mitbestimmung, München 1977.

Pausenberger, Ehrenfried: Siehe: Arbeitskreis „Organisation international tätiger Unternehmen" der Schmalenbach-Gesellschaft.

Pelte, Klaus: Siehe: Mergner, Ulrich.

Peter, Walter: Modellgestützte Personalplanung, dargestellt am Beispiel einer chemischen Großunternehmung, Diss. St. Gallen 1976.

Pfeilmeier, Frank: Time-Sharing & Information Systems, in: Personnel Journal, Vol. 57, 1978, S. 68–75.

Pickardt, Hugo: Organisationsmittel zur Datensicherung. Graphische und verbale Gestaltungsinstrumente, Berlin 1978.

Pierskalla, William P.: Siehe: Miller, Homes E.

Pigors, Paul und Myers, Charles A.: Personnel Administration. A Point of View and a Method, 8. Aufl., New York u. a. 1977.

Pigors, Paul; Myers, Charles A. und Malm, F. T. (Hrsg.): Management of Human Resources, New York u. a. 1973.

Pillat, Rüdiger: EDV im Personalwesen, in: Das Personalbüro in Recht und Praxis (Loseblattsammlung), Freiburg i. Br. 1973, Gruppe 7, S. 207–230.

Pils, M.: Siehe: Heinrich, Lutz J.

Pohl, Hans-Joachim: Unternehmensführung und Mitbestimmung bei technologischem Wandel. Ergebnisse einer empirischen Untersuchung, München 1978.

Pollatscheck, M. A.: Personnel Assignment by Multiobjective Programming, in: Zeitschrift für Operations Research, Band 20, 1976, S. 161–170.

Polzer, Helmut: Siehe: Drumm, Hans-Jürgen.

Pornschlegel, Hans: Siehe: Birkwald, Reimar.

Posth, Martin: Siehe: Habbel, Wolfgang.

Pougin, Erwin: Betriebswirtschaftliche Auswirkungen des Bundesdatenschutzgesetzes, in: Die Betriebswirtschaft, 37. Jg., 1977, S. 523–532.

Price, James L.: The Study of Turnover, Ames, Iowa 1977.

Price, W. L.: Siehe: Ewashko, T. A.

Proll, L. G.: A Simple Method of Assigning Projects to Students, in: Operational Research Quarterly, Vol. 23, 1972, S. 195–201.

Rabe, Uwe: Techniken der Personalbedarfsvorhersage. Beispiele aus der Personalplanung der Deutschen Bundespost. In: Schmidt, Herbert; Hagenbruck, Hasso und Sämann, Werner (Hrsg.): Handbuch der Personalplanung, Frankfurt/M. und New York 1975, S. 258–286.

Rath, Gustave J.: Siehe: Miller, Holmes E.

Rationalisierungs-Kuratorium der Deutschen Wirtschaft (RKW) e.V. (Hrsg.): RKW-Handbuch „Praxis der Personalplanung", Neuwied 1978.

Reber, Gerhard: Arbeitsbewertung. In: Bierfelder, Wilhelm (Hrsg.): Handwörterbuch des öffentlichen Dienstes. Band: Das Personalwesen, Berlin 1976, Sp. 132–144.

Reber, Gerhard: Personales Verhalten im Betrieb. Analyse entscheidungstheoretischer Ansätze, Stuttgart 1973.

Reber, Gerhard (Hrsg.): Personalinformationssysteme, Stuttgart 1979.

Reh, Hans-Joachim: Siehe: Simitis, Spiros.

Reichwald, Rolf: Zur empirischen betriebswirtschaftlichen Zielforschung, in: Zeitschrift für Betriebswirtschaft, 49. Jg., 1979, S. 528–535.

Richardi, Reinhard: Siehe: Dietz, Rolf.

Rinke, Erhard: Möglichkeiten zur Berücksichtigung der Probleme älterer Arbeitnehmer in der betrieblichen Personalplanung. Expertise für das Bundesministerium für Arbeit und Sozialordnung im Rahmen des Forschungsprojektes „Betriebliche Personalplanung", o. O. 1973.

Rippe, Wolfgang: Organisation und Personalwesen, Düsseldorf 1971.

Röpcke, Jochen: Die Strategie der Innovation. Eine system-theoretische Untersuchung der Interaktion von Individuum, Organisation und Markt im Neuerungsprozeß, Diss. Tübingen 1977.

Rosenstiel, Lutz von: Die Ermittlung personaler Eigenschaften motivationaler Art. In: Reber, Gerhard (Hrsg.): Personalinformationssysteme, Stuttgart 1979, S. 51–73.

Rowntree, J. A.: Siehe: Forbes, A. F.

Rudhart, Peter M.: Stillegungsplanung. Grundlagen und Entscheidungsprozeß, Wiesbaden 1978.

Rudl, Kurt: Siehe: Pallasch, R.

Rühl, Günter: Untersuchungen zur Struktur der Arbeitszufriedenheit (AZ), in: Zeitschrift für Arbeitswissenschaft, 32. Jg., 1978, S. 140–160.

Rummel, Christoph: Die Beteiligung des Betriebsrats an der Personalplanung und an personellen Einzelmaßnahmen, Köln 1978.

Rummel, Christoph: Siehe: Gaugler, Eduard.

Sabathil, Peter: Fluktuation von Arbeitskräften. Determinanten, Kosten und Nutzen aus betriebswirtschaftlicher Sicht, München 1977.

Sadowski, Dieter: Pensionierungspolitik. Zur Theorie optimaler Personalplanung im Unternehmen, Stuttgart 1977.

Sadowski, Dieter: Siehe: Albach, Horst.

Sämann, Werner: Entwicklungsstand EDV-gestützter Arbeitsplatz- und Personal-Informationssysteme (APIS), in: Personal, 27. Jg., 1975, S. 314–317.

Sämann, Werner: Siehe: Schmidt, Herbert.

Sämann, W.; Schulte, B. und Weertz, K.: Struktureller Aufbau und Leistungsbreite bestehender Personal-Informationssysteme, AWV-Fachinformation, Frankfurt/M. 1976.
Saha, J. L.: An Algorithm for Bus Scheduling Problems, in: Operational Research Quarterly, Vol. 21, 1970, S. 463–474.
Saynisch, M. (Hrsg.): Projektmanagement. Konzepte, Verfahren, Anwendungen (Deutsche Gesellschaft für Operations-Research, Arbeitsgruppe Netzplantechnik und Projektmanagement), München und Wien 1979.
Seiwert, Lothar: Was wollen die Mitarbeiter? Empirische Untersuchungen zur Zielstruktur der Mitarbeiter, in: Personal, 31. Jg., 1979, S. 149–154.
Seiwert, Lothar: Siehe: Schiemenz, Bernd.
Seiz, Manfred: Siehe: Hellfors, Sven.
Senatsamt für den Verwaltungsdienst, Hamburg: Siehe: Heeger, Helga.
Sheibar, Paul: A Simple Selection System Called „Jobmatch", in: Personnel Journal, Vol. 58, 1979, S. 26–29, 53.
Sheppard, Robert: Siehe: Ahuja, Hira.
Short, Larry E.: Now You Can Micro-Computerize Your Personnel System, in: Personnel Journal, Vol. 58, 1979, S. 154–156, 177.
Sievers, Burkard (Hrsg.): Organisationsentwicklung als Problem, Stuttgart 1977.
Simitis, Spiros: Datenschutz und Arbeitsrecht, in: Arbeit und Recht, 25. Jg., 1977, April, S. 97–108.
Simitis, Spiros; Dammann, Ulrich; Mallmann, Otto und Reh, Hans-Joachim: Kommentar zum Bundesdatenschutzgesetz, Baden-Baden 1978.
Simon, Harald: Systemorientierte Gestaltung der funktionalen und informationellen Struktur des betrieblichen Personalwesens, Diss. TH Karlsruhe 1975.
Simon, Herrmann: Siehe: Albach, Horst.
Sims, D. B. P.: Siehe: Mc Lean, A. J.
Sittig, Carl A.: Motivation durch ein computergestütztes Personal-Informations-System (PIS), in: Personalwirtschaft, 5. Jg., 1978, S. 270–274.
Slesina, Wolfgang unter Mitarbeit von Krüger, Heidi: Zur Theorie und Praxis der Organisationsentwicklung, in: Zeitschrift für Arbeitswissenschaft, 32. Jg., 1978, S. 165–185.
Smith, A. R. (Hrsg.): Models of Manpower Systems, London 1970.
Smith, Robert D.: Siehe: Burack, Elmer.
Sneed, Harry M.: Siehe: Mundhenke, Ehrhard.
Springall, Joan: Personnel Records and the Computer – A Survey, Institut of Personnel Management and the Industrial Society in the UK, London 1971.
Szyperski, Norbert: Siehe: Grochla, Erwin.
Schäfer, Walter: Erfahrungen beim Einsatz von PERSIS (Personal-Informations-System). In: Reber, Gerhard (Hrsg.): Personalinformationssysteme, Stuttgart 1979, S. 397–421.
Schanz, Günther: Verhalten in Wirtschaftsorganisationen. Personalwirtschaftliche und organisationstheoretische Probleme, München 1978.
Schaper, Hans-Heinrich: Datenverarbeitung bei der Bundesanstalt für Arbeit, in: data report, 8. Jg., 1973, Nr. 4, S. 23–27.
Schedl, Irene: Bundesdatenschutzgesetz, Kissing 1977.
Schiemenz, Bernd und Seiwert, Lothar: Ziele und Zielbeziehungen in der Unternehmung, in: Zeitschrift für Betriebswirtschaft, 49. Jg., 1979, S. 581–603.
Schindel, Volker: Entscheidungsorientierte Interpretationen des Informationswertes und ihre jeweilige Eignung zur Beurteilung von Informationsbeschaffungsmaßnahmen, in: Zeitschrift für Betriebswirtschaft, 49. Jg., 1979, S. 39–56.
Schittek, Dieter: Planung des Personaleinsatzes, in: Fortschrittliche Betriebsführung und Industrial Engineering, 26. Jg., 1977, S. 59–61.
Schlaffke, Winfried: Siehe: Tobien, Hubertus von.
Schmalenbach-Gesellschaft, Köln (Hrsg.): Leistung und Kosten im Personalbereich – aus der Sicht der Unternehmensführung (ZfbF Sonderheft 8/78), Wiesbaden 1978.
Schmid, Karlheinz: Psychologische Testverfahren im Personalbereich. Eine Darstellung ihrer rechtlichen Problematik für Personalleiter, Psychologen und Juristen, Köln 1972.

Schmidt, Hartmut: Der ältere Arbeitnehmer im technischen Wandel, München und Wien 1977.
Schmidt, Herbert: Betriebsverfassung und Demokratie im Betrieb. In: Horn, Norbert (Hrsg.): Pro und Contra Arbeitspartizipation. Beiträge zu einer arbeitsorientierten Unternehmensverfassung, Königstein/Ts. 1978, S. 155—186.
Schmidt, Herbert: Das Sozialinformationssystem der Bundesrepublik Deutschland. Sozialinnovation durch Informationstechnologie, Eutin 1977.
Schmidt, Herbert: Personalplanung — ökonomische und gesellschaftliche Bedeutung betrieblicher Personalinformationssysteme, in: Arbeit und Leistung, 27. Jg., 1973, S. 281—289.
Schmidt, Herbert; Hagenbruck, Hasso und Sämann, Werner (Hrsg.): Handbuch der Personalplanung, Frankfurt/M. und New York 1975.
Schmidt, Herbert u. a.: Personal- und Arbeitsplatz-Informationssysteme. Grundlagen-Konzepte-Perspektiven, AWV-Schrift Nr. 126, Frankfurt/M. 1974.
Schmidt, Walter: Ein Beitrag zur Psychologie der Vorgesetztenpersönlichkeit, in: Fortschrittliche Betriebsführung und Industrial Engineering, 27. Jg., 1978, S. 247—251.
Schnabel, B.: Siehe: Meyer, Friedrich W.
Schneider, Hans J.: Wie mache ich eine Soziogramm-Analyse? — Möglichkeiten und Aussagen für die Personalpolitik —, in: Personal, 30. Jg., 1978, S. 281—286.
Schneider, Helmut: Siehe: Knebel, Heinz.
Schnellinger, Franz: Siehe: Eckardstein, Dudo von.
Schobert, Rudolf: Siehe: Dichtl, Erwin.
Schön, B.: Bereich — Zuordnungsprobleme und ihre Lösung mit Hilfe von Entscheidungsbaum-Verfahren, in: Angewandte Informatik, 13. Jg., 1971, Teil 1: S. 519—528; Teil 2: S. 546—556.
Schoenfeld, Hanns-Martin: Personalplanung. In: Fuchs, Josef; Schwantag, Karl — Arbeitsgemeinschaft Planung — AGPLAN — e.V. (Hrsg.): AGPLAN-Handbuch zur Unternehmensplanung, Berlin 1970, Kennzahl 2305.
Schoennauer, Alfred W.: Matching Man and Job in a System Perspective, in: Personnel Journal, Vol. 51, 1972, S. 484—488, 531.
Scholl, Wolfgang: Partizipation und Mitbestimmung bei der Personalplanung (DBW-Depot 77-1-9), Stuttgart 1977.
Scholten, Theo: Zur Wirtschaftlichkeitsanalyse von Datenbanken, Schriftenreihe der Betriebswirtschaftlichen Vereinigung Bonn e.V., Diss. Bonn 1975.
Scholz, Christian: Siehe: Drumm, Hans Jürgen.
Schomerus, Rudolf: Siehe: Ordemann, Hans-Joachim.
Schreyögg, Georg; Steinmann, Horst und Zauner, Brigitte: Arbeitshumanisierung für Angestellte. Job-Enrichment im Verwaltungs- und Dienstleistungsbereich, Stuttgart 1978.
Schuler, Heinz: Leistungsbeurteilung in Organisationen. In: Mayer, Arthur (Hrsg.): Organisationspsychologie, Stuttgart 1978, S. 137—169.
Schulte, B.: Siehe: Sämann, W.
Schulte, Franz Josef: siehe: Benrath, Hans Gottfried.
Schultz-Wild, Rainer: Siehe: Lutz, Burkart.
Schwantag, Karl: Siehe: Fuchs, Josef.
Schwarz, Horst u. a.: Arbeitsplatzbeschreibungen, 6. Aufl., Freiburg i. Br. 1975.
Städele, Gerhard: Personaleinsatzplanung im zentralen Verteilbetrieb, 48. Jg., 1979, S. 97—102.
Stainer, Gareth: Manpower Planning. The Management of Human Resources, London 1971.
Steffen, Reiner: Die Erfassung von Arbeitseinsätzen in der betriebswirtschaftlichen Produktionstheorie, in: Zeitschrift für betriebswirtschaftliche Forschung, 24. Jg., 1972, S. 804—821.
Stege, Dieter und Weinsprach, Friedrich K.: Betriebsverfassungsgesetz. Handbuch für die betriebliche Praxis, 3. Aufl., Köln 1978.
Steguweit, Hans-Dieter: Datenschutzversicherung — zur Abdeckung eines neuen Betriebsrisikos, in: Rationalisierung, 29. Jg., 1978, S. 135—137.
Steinmann, Horst: Siehe: Schreyögg, Georg.
Stephenson, George: Siehe: Tomeski, Edward A.
Stiefel, Rolf Th.: Betriebliches Bildungswesen als Instrument der Organisationsentwicklung, in: Fortschrittliche Betriebsführung und Industrial Engineering, 27. Jg., 1978, S. 77—80.

Stitzel, Michael: Siehe: Marr, Rainer.
Stooß, Friedemann: Probleme der Erfassung von Arbeitsplatzmerkmalen und -anforderungen. In: Reber, Gerhard (Hrsg.): Personalinformationssysteme, Stuttgart 1979, S. 180–202.
Strametz, Dieter und Lometsch, Arndt: Leistungsbeurteilung in deutschen Unternehmen, Königstein/Ts. 1977.
Strutz, Harald: Langfristige Personalplanung auf der Grundlage von Investitionsmodellen, Wiesbaden 1976.
Stubbs, R. J.: Siehe: Hoyle, M. H.
Takamori, Hiroshi: Siehe: Klein, Morton.
Teriet, Bernhard: Job Sharing – eine neue Form der Arbeitsvertragsgestaltung, in: Personal, 29. Jg., 1977, S. 214–217.
Tetz, Frank F.: Evaluating Computer – Based Human Resource Information Systems: Costs vs Benefits, in: Personnel Journal, Vol. 52, 1973, S. 451–455.
Thome, Rainer: Möglichkeiten für eine datenverarbeitungsgerechte Organisation von Aufgaben des öffentlichen Gesundheitswesens, in: ÖVD Öffentliche Verwaltung und Datenverarbeitung, 5. Jg., 1975, S. 348–355.
Thumann, Dierk: Siehe: Heeger, Helga.
Tobien, Hubertus von; Bergler, Reinhold und Schlaffke, Winfried: Der achte Sinn. Kommunikation in der Industriegesellschaft, Köln 1978.
Töpfer, Armin: Corporate Planning and Control in German Industry, in: Long Range Planning, Vol. 11, 1978, S. 58–68.
Tomeski, Edward A und Lazarus, Harold: Information Systems in Personnel, in: Journal of Systems Management, 24. Jg., 1973, Teil I: Heft 8, S. 18–21; Teil II: Heft 9, S. 39–42.
Tomeski, Edward A. und Lazarus, Harold: The Computer and the Personnel Department. Keys to modernizing human resource systems, in: Business Horizons, Vol. 16, 1973, No. 3, S. 61–66.
Tomeski, Edward A.; Yoon, Man B und Stephenson, George: Computer – Related Challenges for Personnel Administrators, in: Personnel Journal, Vol. 55, 1976, S. 300–303.
Triebe, Johannes K.: Eignung und Ausbildung: Vorüberlegungen zu einem eignungsdiagnostischen Konzept, in: Schweizerische Zeitschrift für Psychologie, 34. Jg., 1975, S. 50–67.
Trost, W.: Siehe: Beeckmann, H. H.
Ulich, Eberhard: Fehlzeiten. In: Gaugler, Eduard (Hrsg.): Handwörterbuch des Personalwesens, Stuttgart 1975, Sp. 841–845.
Ulich, Eberhard: Siehe: Bruggemann, Agnes.
Ulich, Peter und Fluri, Edgar: Management. Eine konzentrierte Einführung, 2. Auflage, Bern und Stuttgart 1978.
Uphoff, Hellmut: Siehe: Großmann, Reiner.
Uphoff, Hellmut: Siehe: Niesing, Hartmut.
Uphus, Peter H.: Siehe: Hackstein, Rolf.
Van de Vall, Mark: Siehe: Ghosh, Pradip K.
Van de Vall, Mark und King, Charles C.: Comparing Models of Workers. Participation in Managerial Decision Making. In: Graves, Desmond (Hrsg.): Management Research: A Cross-Cultural Perspective, San Francisco 1973, S. 95–114.
Vaubel, Ludwig: Siehe: Albach, Horst.
Verband der privaten Krankenversicherungen e.V., Köln (Hrsg.): Elektronische Personaldatenverarbeitung, Heft 12 der Veröffentlichungen des Ausschusses für Betriebstechnik, Köln 1972.
Verband für Arbeitsstudien – REFA – e.V. (Hrsg.): Methodenlehre des Arbeitsstudiums. Teil 2: Datenermittlung, 6. Aufl., München 1978.
Verband für Arbeitsstudien und Betriebsorganisation – REFA – e.V. (Hrsg.): Methodenlehre des Arbeitsstudiums. Teil 3: Kostenrechnung, Arbeitsgestaltung, 6. Auflage 1978, München 1978.
Verband für Arbeitsstudien – REFA – e.V. (Hrsg.): Methodenlehre des Arbeitsstudiums. Teil 4: Anforderungsermittlung (Arbeitsbewertung), 4. Aufl., München 1977.
Wächter, Hartmut: Die Verwendung von Markov-Ketten in der Personalplanung, in: Zeitschrift für Betriebswirtschaft, 44. Jg., 1974, S. 243–254.

Walker, Alfred J.: Evaluating Existing Computerized Personnel Data Systems, in: Personnel Journal, Vol. 49, 1970, S. 742–745.

Warner, Michael D.: Scheduling Nursing Personnel According to Nursing Preference: A Mathematical Programming Approach, in: Operations Research, Vol. 24, 1976, S. 842–870.

Weatherbee, Harvard Y.: Siehe: Basset, Glenn A.

Weaver, Charles N.: Siehe: Abouzeid, Kamal M.

Weber, Wolfgang: Personalplanung, Stuttgart 1975.

Wedley, William C.: Siehe: Cawsey, Thomas F.

Weertz, K.: Siehe: Sämann, W.

Weiermair, Klaus: Wirtschaftlichkeit von Personalinformationssystemen. In: Reber, Gerhard (Hrsg.): Personalinformationssysteme, Stuttgart 1979, S. 326–336.

Weigand, Karl Heinz: Personalinformationssysteme: Nutzen und Nutzung im Interessenkonflikt. In: Reber, Gerhard (Hrsg.): Personalinformationssysteme, Stuttgart 1979, S. 282–290.

Weihe, Joachim und Blesgen, Gregor: Kostenmäßige Auswirkungen des Bundesdatenschutzgesetzes für die Wirtschaft, in: Der Betrieb, 30. Jg., 1977, S. 433–438.

Weinmann, Joachim: Strategische Personalplanung. Theoretische Grundlegung und Versuch der Simulation eines integrierten Personalplanungsmodells, Köln 1978.

Weinsprach, Friedrich K.: Siehe: Stege, Dieter.

Weissenberg, Peter: Informationssysteme im Personalbereich. In: Jaggi, B. L. und Görlitz, Rainer (Hrsg.): Handbuch der betrieblichen Informations-Systeme, München 1975, S. 285–303.

Weltz, Friedrich: Siehe: Lutz, Burkart.

Wenzel, Frank: Entscheidungsorientierte Informationsbewertung, Opladen 1975.

Wenzel, Frank: Siehe: Bitz, Michael.

Werckmeister, Georg: Datenschutz im Betrieb, in: Der Betriebsrat, 26. Jg., 1977, S. 187–193.

Werner, Eva: Siehe: Kolb, Meinulf.

Whitemann, R. P.: Siehe: Jones, R. C.

Wiesel, G.: Fragen der Datenerfassung beim Aufbau eines kriminalpolizeilichen Informationssystems, in: ÖVD Öffentliche Verwaltung und Datenverarbeitung, 4. Jg., 1974, S. 343–347.

Wiesner, Herbert: Potentialbeurteilung – Entscheidungshilfe in der Personalentwicklung, in: Personal, 31. Jg., 1979, S. 228–230.

Wingefeld, Volker: Modellansätze zur Lösung von Planungsproblemen im Personalwesen, Diss. Gießen 1976.

Winnes, Ralf: Beschäftigungsabhängige Personalbedarfsplanung – Quantitative Verfahren zur Bestimmung des Personalbedarfs, Königstein/Ts. 1978.

Wirtschafts- und Sozialwissenschaftliches Institut des Deutschen Gewerkschaftsbundes GmbH (WSI) – (Hrsg.): Betriebliche Beschäftigungspolitik und gewerkschaftliche Interessenvertretung. Rationalisierung und Personalplanung als Konfliktfeld, Köln 1977.

Wißmann, Karl-Heinz: Siehe: Mannheim, Hermann.

Wittmann, Waldemar: Siehe: Grochla, Erwin.

Wittstock, Jan: Elemente eines allgemeinen Zielsystems der Unternehmung, in: Zeitschrift für Betriebswirtschaft, 40. Jg., 1970, S. 833–852.

Woelke, Hans Gert: Analytische Bewertung von Angestelltentätigkeiten (I), in: Arbeit und Leistung, 26. Jg., 1972, S. 265–269.

Wolf, Klaus; Kummer, Walter und Nägele, Günter: Erfahrungen bei der Einführung des IBM-Personalinformationssystems PERSIS in einem Maschinenbau-Unternehmen, in: IBM Nachrichten, 27. Jg., 1977, S. 169–175.

Wolfe, Harvey: Siehe: Childs, Martin.

Wundram, Robert: Datenschutz im Betrieb, Berlin 1978.

Yoon, Man B.: Siehe: Tomeski, Edward A.

Youngman, M. u. a.: Analysing Jobs, Farnborough 1978.

Zander, Ernst: Arbeits- und Leistungsbewertung, Heidelberg 1970.

Zander, Ernst: Handbuch der Gehaltsfestsetzung, 3. Aufl., Heidelberg 1972, S. 64 f.

Zander, Ernst und Knebel, Heinz: Taschenbuch für Arbeitsbewertung, Heidelberg 1977.

Zander, Ernst und Knebel, Heinz: Taschenbuch für Leistungsbeurteilung und Leistungszulagen, Heidelberg 1979.
Zangemeister, Christof: Nutzwertanalyse in der Systemtechnik. Eine Methodik zur multidimensionalen Bewertung und Auswahl von Projektalternativen, 4. Aufl., München 1976.
Zauner, Brigitte: Siehe: Schreyögg, Georg.
Zimmermann, Günter: EDV im Personalwesen. Durchdachte Schlüssel senken Programmieraufwand, in: Personalwirtschaft, 6. Jg., 1979, S. 108–112.
Zimmermann, Werner: Planungsrechnung und Entscheidungstechnik. Operations Research Verfahren, Braunschweig 1977.
Zöller, Uwe: Siehe: Mundhenke, Ehrhard.
Zülch, Gert: Anwendung der Profilmethode bei der qualitativen Personaleinsatzplanung, in: Zeitschrift für Arbeitswissenschaft, 30. Jg. (2 NF), 1976, S. 226–233.

Stichwortverzeichnis

Abrechnungsmerkmale 24 ff., 28 f.
Abrechnungsverfahren 29
Abwesenheit 123
Administrative Systeme 33 f., 39 ff., 107 f.
Akzeptanzgrad 66 f.
Allgemeine Merkmale 24 ff., 28 f.
Anforderungsmerkmale 131 ff.
Anforderungsprofile 129 ff.
Angebotsinformationen 136
Anwender 21 ff., 32 ff.
Arbeitnehmer
– ältere 24, 118, 124, 135
– Ausländer 24, 118, 124, 135
– Jugendliche 24, 124, 135
– mindereinsatzfähige 24, 118, 124, 135, 139
– weibliche 24, 124, 135, 139
Arbeitnehmerschutzgesetze 55 f.
Arbeitsbewertung 134 ff.
Arbeitsplatzbeschreibung 131
Arbeitsplatzdatenbank 24 ff., 131 ff., 165 ff.
Arbeitsplatzwechsel 122 f.
Assignment 117
Aufbaukosten 88 ff.
Auslandseinsatz 123 f.
Auswahlrichtlinien 57 ff.
Auszahlungsniveau 169 ff.
Automatisierungsgrad 32 ff.

BDSG 46 ff.
Berechnungsverfahren 29
Betriebsabrechnung 29
Betriebsgröße 120 f.
Betriebskosten 89 ff.
Betriebsverfassungsgesetz 46 ff.
Beurteilungsbögen 143 ff.
Beurteilungsgrundsätze 57 ff.
Beurteilungs-Matrix 65 f.
Bundesdatenschutzgesetz 46 ff.

Datei 47 f.
Datenausgabe 30 ff.
Datenbanksystem 30
Dateneingabe 30 ff.
Datenerfassung 30 ff.
Datenschutz 47 ff.
Detail-Organisation 36 ff.
Dispositive Systeme 33 f., 39 ff., 108 f.
Distanz-Strategie 67 ff.

EDV-Anlagenkonfiguration 24 f., 30 ff.
Effizienz-Analyse 78
Eignungsprofile 129 f., 140 ff.
Eignungsscores 151 ff.
Einführung 38 f., 56 f.
Einsatzmerkmale 24 ff., 28 f.

Flexible Anforderungsprofile 136 ff.
Flexible Eignungsprofile 150 f.

Gehaltsabrechnung 29
Gesamtsystem 17 f.

Hardware-Untersuchung 36 f.

Integrations-Strategie 67 ff.

Kenntnismerkmale 24 ff., 28 f.
Kennzahlenberechnung 29
Kommunikationssystem 34
Kosten-Analyse 87 ff.
Kosten-Nutzen-Analyse 78 f., 84 ff.
Kosten-Zielsetzung 169 ff.

Laufbahnplanung 124
Lohn- und Gehaltsabrechnung 29

Makro-System 32 f.
Matching 43
Mehrfachzielsetzung 160 ff.
Meldewesen 29
Methodenbank 24 f., 29 f., 155 ff., 171 ff.
Mikrocomputer 30
Mikro-System 32 f.
Mitwirkungsrechte 54 ff.
Modellbank 24 f., 29 f., 155 ff., 171 ff.

Niveauänderungen 157 ff.
Nutzen-Analyse 93 ff.
Nutzenangaben 93 ff.
Nutzenbewertung 94 ff.
Nutzenkriterien 95
Nutzer 21 ff., 32 ff.
Nutzwertanalyse 152 ff.

Partizipation 59 ff.
Partizipationsbegriff 60
Partizipationsgrad 60 ff., 66 f.

Partizipationsgrundlage 60 ff.
Partizipations-Kosten 72 ff.
Partizipations-Nutzen 72 ff.
Partizipationsobjekt 60 ff.
Partizipationsoptima 72 ff.
Partizipationsprofile 77
Partizipations-Strategie 67 ff.
Partizipationssubjekt 60 ff., 65 f.
Personalakte 50 ff.
Personal- und Arbeitsplatzinformationssystem
- Aufbau 36 ff.
- Begriff 17
- Einsatzbereich 19 ff.
- Entwicklungsstand 32 ff.
- Inhalt 24 ff.
- Kosten-Nutzen-Analyse 84 ff.
- Standort 17 f.
- Struktur 24 ff.
- Typen 32 ff.
Personalaufwand 88, 91
Personalbedarfsplanung 111
Personalbeschaffungsplanung 112
Personaldatenbank 24 ff., 140 ff., 168 ff.
Personaleinsatzplanung
- Begriff 117
- Informationsgewinnung 131 ff.
- Modelle 155 ff.
- systemgestützte 42, 114, 131 ff.
- Ursachen 120 ff.
- Ziele 125 ff., 160 ff.
Personalentwicklungsplanung 113, 124
Personalfragebogen 57 ff.
Personalkosten 87 ff.
Personalplanung
- Begriff 99
- empirische Erhebungen 105 ff.
- Entwicklungsstand 100 ff.

- Integration 115
- Standort 99 f.
Personenbezogene Daten 47 ff.
Physische Merkmale 24 ff., 28 f.
Planungsmodelle 30
Problemanalyse 36 f.
Projektgruppen 123
Psychische Merkmale 24 ff., 28 f.

Rechtliche Probleme 46 ff.
Reisekostenabrechnung 29
Rentenabrechnung 29

Sachkosten 87 ff.
Schulungsplanung 124
Software-Entwicklung 36 ff.
Sozialabrechnung 29
Sozialinformationssystem 32
Sozioprogramm-Analyse 144 f.
Statistiken 29, 33
Stellenbeschreibung 131
Systemplanung 36 f.

Tätigkeitsbeschreibung 131 ff.
Testverfahren 145 ff.

Verbundsysteme 32
Versetzungs-Zielsetzung 169 ff.
Verwendungszwecke 21 f., 32 ff.
Vorgesetztenbeurteilung 144

Widerstand 67 ff.
Wirtschaftlichkeitsanalyse 78

Zielhierarchie 165 ff.
Zielinhalte 126 ff.
Zielsystem 125 f.